高等学校交通运输专业"十二五"规划系列教材

物流系统规划与设计

WU LIU XI TONG GUI HUA YU SHE JI

（第2版）

编　著　毛海军

东南大学出版社
SOUTHEAST UNIVERSITY PRESS
·南京·

内容提要

本书立足我国现代物流业发展的战略需求与实践要求,在吸收国内外物流系统规划与设计的先进理论与方法的基础上,结合编者在物流规划领域多年积累的实践经验,系统、全面地阐述了几大重要物流系统的规划与设计问题。

本书共分为6个章节,分别从基本理论、企业物流网络、城市物流、物流园区、配送中心等方面,介绍了各类物流系统的规划与设计方法,并结合大量真实实践案例,对相关理论和方法进行了应用。同时对城市地下物流系统也进行了系统阐述。

本书可作为交通运输、物流工程、物流管理、工业工程等本科物流及相关专业教材,相关专业研究生的选用教材,也可作为物流行业管理人员、物流从业人员和研究人员的指导书。

图书在版编目(CIP)数据

物流系统规划与设计/毛海军编著. —2版. —南京:东南大学出版社,2017.1(2023.7重印)

(高等学校交通运输专业"十二五"规划系列教材)

ISBN 978-7-5641-6978-7

Ⅰ.物… Ⅱ.①毛… Ⅲ.物流-系统工程-教材 Ⅳ.F252

中国版本图书馆 CIP 数据核字(2016)第 322900 号

物流系统规划与设计(第2版)

编　　著	毛海军		
选题总策划	李　玉	责任印制	张文礼
责任编辑		封面设计	顾晓阳
出版发行	东南大学出版社		
地　　址	南京四牌楼2号	邮　编	210096
出 版 人	江建中		
经　　销	江苏省新华书店		
印　　刷	广东虎彩云印刷有限公司		
开　　本	700mm×1000mm　1/16		
印　　张	14.75	字　数	378千字
版　　次	2017年1月第2版		
印　　次	2023年7月第3次印刷		
书　　号	ISBN 978-7-5641-6978-7		
印　　数	3501—4000 册		
定　　价	36.80元		

(本社图书若有印装质量问题,请直接与营销部联系,电话:025-83791830)

高等学校交通运输专业"十二五"规划系列教材

编审委员会名单

主 任 委 员　李旭宏
副主任委员　毛海军　朱金福　鲁植雄
委　　　员　(按姓氏笔画排序)
　　　　　　丁　波　毛海军　朱金福　李仲兴　李旭宏　吴建华
　　　　　　张孝祖　顾正洪　鲁植雄　蔡伟义

编写委员会名单

主 任 委 员　李旭宏
副主任委员　毛海军　李玉
委　　　员　(按姓氏笔画排序)
　　　　　　丁　波　马金麟　王国林　王振军　毛海军　左付山
　　　　　　卢志滨　吕立亚　朱彦东　朱艳茹　刘兆斌　江浩斌
　　　　　　李　玉　李仲兴　李旭宏　何民爱　何　杰　宋　伟
　　　　　　张　永　张　远　张萌萌　陈大伟　陈松岩　陈昆山
　　　　　　杭　文　周凌云　孟祥茹　赵国柱　侯占峰　顾正洪
　　　　　　徐晓美　常玉林　崔书堂　梁　坤　鲁植雄　赖焕俊
　　　　　　鲍香台　薛金林　魏新军

执 行 主 编　李　玉

编审委员会委员简介

李旭宏	东南大学交通学院	教授、博导
毛海军	东南大学交通学院	教授、博导
朱金福	南京航空航天大学民航学院	教授、博导
鲁植雄	南京农业大学工学院	教授、博导
李仲兴	江苏大学汽车与交通工程学院	教授、博导
张孝祖	江苏大学汽车与交通工程学院	教授、硕导
顾正洪	中国矿业大学矿业工程学院	副教授、博士
吴建华	淮阴工学院	副院长、教授
蔡伟义	南京林业大学机械电子工程学院	教授、硕导
丁　波	黑龙江工程学院	教授、系副主任

再 版 说 明

近年来，物流业发展受到社会各界广泛关注，特别是随着物流业对国民经济发展的支撑作用不断增强，物流业作为基础性、战略性的产业地位在国家层面上被确立，物流业发展进入一个新的阶段。同时伴随新一代信息技术在物流业的应用和渗透，各种新模式、新业态不断涌现，大量的物流实践对现有的物流理论与方法都提出了新的要求。为适应物流业的发展形势，总结物流系统规划的实践经验和理论成果，我们对全书进行了一次全面修订。除了修正原教材的疏漏之处，还吸收了一些最新的研究成果和实际案例，以使本教材尽量反映物流业发展的现状与趋势。

关于本教材的具体修订工作，特作以下几点说明：

1. 基本保持原教材的体系、结构不变。重点对"城市物流系统规划"和"物流园区规划"两个章节作了修订，篇幅和内容有所改变。

2."城市物流系统规划"一章,增加了"城市物流市场调查""城市物流发展定位"和"城市物流发展重点"三个小节,进一步丰富和完善了城市物流规划体系,使规划方法更具科学性和实践性。

3."物流园区规划"一章,从完善物流园区规划体系的角度,增加了"物流园区战略定位"一节内容,结合物流园区最新发展形势和特点,对物流园区平面布局模式、物流园区规模的分析方法、物流园区赢利模式的内容作了修订。

4.结合编者在实践中积累的大量规划经验,在"城市物流结点的空间布局""物流通道规划""物流园区功能区确定"和"物流园区布局规划"四个部分,更新了案例内容,增加了理论方法的具体应用,弥补了原有案例过于简单、对方法应用不易于理解的问题。

本教材修订工作由江苏省东南大学重点物流研究基地——东南大学交通学院毛海军教授完成。在本次教材的修订工作中,目前已在物流咨询公司专业从事物流规划的孙佳然同学做了大量的工作,董琳、王玥、李虹姗同学参与了部分章节的修订。在修编过程中也参考了许多专家、学者的相关著作及资料,在此一并致谢。

我们本着对读者负责和精益求精的精神,对教材内容及文字进行了认真的校对、校正。但由于时间和篇幅要求及水平所限,部分内容尚未进行完全展开和具体论述,教材难免存在失误,敬请读者批评指正。

编著者
2016 年 10 月

前　言

随着世界经济一体化和全球化趋势的日益增强,现代物流在国民经济发展中的地位和作用已被各级政府、企业和学者所广泛认可。如何科学合理地规划与设计各类物流系统已成为许多决策者需要面对的管理和实践问题。由于我国现代物流业的发展起步总体较晚,相应的理论研究成果及其实践积累不多,现代物流的理论体系尚未形成,现有的理论还难以指导我国现代物流业发展的实践。为此,编者结合多年来参与各类现代物流项目研究与教学实践的经验与积累,立足我国现代物流发展的实践需求,围绕现代物流教育改革与发展的指导要求,针对社会各界关注的物流系统规划与设计中的有关问题展开了本教材的编写工作。

本教材的编写遵循"立足基础、突出重点、联系实际、构建理论体系"的指导原则,在内容编排、呈现方式、章节安排上与已有的物流相关教材有较大差异。本教材的具体特色主要体现在以下几方面:

(1) 展现成果。本教材在城市物流系统规划与物流园区规划等内容上,针对我国目前物流实践迫切需要解决的问题,吸纳了编者大量的项目研究成果,提出了较为完整的城市物流系统与物流园区的规划理论体系。

(2) 借鉴提升。本教材借鉴了国内外大量经典物流教材的编写理念,在企业物流网络和配送中心规划与设计内容的编写体系上进行了大胆创新,力求构建面向实际应用的理论方法。

(3) 注重实用。本教材内容围绕企业物流系统和城市物流系统规划与设计中的实际问题进行设计,通过学习读者可掌握具体问题的解决方法和一般思路。

(4) 易学易用。本教材的每一部分内容尽量配以例子和大量的案例图片,同时总结和归纳了国内外的具体物流案例、设计参数和经验。通过例子和案例的学习,读者可比较容易地掌握本教材的理论方法。

(5) 有前瞻性。本教材系统介绍了城市地下物流系统的基本知识,包括作用、应用现状、类型、关键技术等内容。该部分内容可拓宽读者的视野,增强对城市未来先进物流系统的认识。

在内容编排上,本教材首先从企业物流网络入手,围绕企业物流网络在物流系统中的选址问题,介绍了怎样通过城市物流系统规划进行城市物流空间布局的问题,即企业物流节点的空间载体——物流园区空间布局问题。在此基础上,又介绍了如何进行物流园区平面布局的问题,从而使企业物流节点选址能真正落到实处。在解决了企业物流节点的具体选址问题后,更深入地介绍了配送中心的详细规划设计。从而使本教材串起了"从企业物流—到社会物流—再回到企业物流"的主线,同时还对城市地下物流系统进行了介绍,从城市物流空间发展上串起了"从城市地面物流配送—到城市地下物流配送"的另一条主线。

本教材由东南大学交通学院毛海军教授和张永博士共同编著。由东南大学李旭宏教授任主审,李旭宏教授对本教材的编写提出了许多很有价值的建议。在全书的资料收集、整理、编辑过程中,汤希锋、马成林、王婧、乔新妮、陈晓娇、潘盛艺等同学做了大量的工作,付出了辛勤的劳动。在编写过程中也参考了许多相关专家的著作、教材和有关资料。在此编者对他们一并表示衷心的感谢。

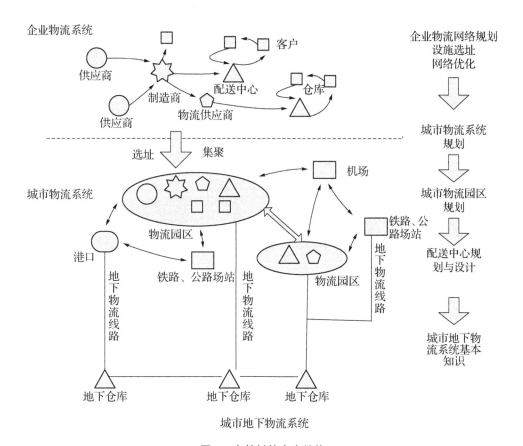

图 1 本教材的内容结构

由于本教材综合了编者的一些研究成果,有些内容还是首次提出,再加上时间仓促,因此难免会存在失误,欢迎读者批评指正,也欢迎广大同仁共同探讨,齐力推进我国现代物流业的发展和物流教育的改革。

编者

2008 年 12 月

目 录

1 物流系统规划基本理论 ·· 1
 1.1 系统概述 ·· 1
  1.1.1 系统特征 ·· 2
  1.1.2 系统分类 ·· 3
 1.2 物流系统概述 ·· 4
  1.2.1 物流系统特征 ··· 4
  1.2.2 物流系统分类 ··· 5
 1.3 物流系统的要素与结构 ··· 6
  1.3.1 物流系统要素 ··· 7
  1.3.2 物流系统结构 ··· 7
 1.4 物流系统规划与设计的原则、内容与步骤 ·· 10
  1.4.1 规划与设计原则 ·· 10
  1.4.2 规划与设计内容 ·· 10
  1.4.3 规划与设计步骤 ·· 11
 1.5 物流系统规划与设计的基本方法 ·· 13
  1.5.1 运筹学方法 ··· 13
  1.5.2 启发式方法 ··· 14
  1.5.3 计算机仿真方法 ·· 15

2 物流网络规划 ··· 18
 2.1 物流网络概述 ·· 18
  2.1.1 概念 ·· 18
  2.1.2 类型 ·· 18
  2.1.3 结构特性 ·· 21

2.2 物流网络规划内容与流程 ······ 22
2.2.1 规划内容 ······ 22
2.2.2 规划流程 ······ 23
2.3 物流网络有关数据采集及其处理 ······ 24
2.3.1 数据采集 ······ 24
2.3.2 数据处理 ······ 24
2.3.3 运输费率估算 ······ 25
2.3.4 里程估计 ······ 27
2.3.5 设施成本 ······ 28
2.3.6 设施能力限制 ······ 28
2.3.7 库存量—周转量的关系 ······ 29
2.3.8 需求预测 ······ 29
2.3.9 其他因素和限制条件 ······ 29
2.4 物流网络建模 ······ 30
2.5 物流网络分配 ······ 31
2.6 物流设施选址 ······ 33
2.6.1 单设施与多设施选址 ······ 33
2.6.2 动态选址 ······ 43

3 城市物流系统规划 ······ 55
3.1 概述 ······ 55
3.1.1 城市物流概念 ······ 55
3.1.2 城市物流特点 ······ 56
3.1.3 城市物流规划内容 ······ 57
3.1.4 城市物流规划流程和方法 ······ 59
3.2 城市物流市场调查 ······ 62
3.2.1 市场调查目的 ······ 62
3.2.2 市场调查内容 ······ 62
3.2.3 市场调查程序 ······ 63
3.2.4 市场调查对象 ······ 64
3.2.5 市场调查方法 ······ 64
3.3 城市物流需求分析及预测 ······ 65
3.3.1 需求分析 ······ 65
3.3.2 需求预测 ······ 67
3.3.3 实例应用 ······ 68
3.4 城市物流发展定位 ······ 76

  3.4.1 区位交通条件 ································ 76
  3.4.2 经济水平与产业结构 ·························· 76
  3.4.3 区域物流业发展水平 ·························· 76
  3.4.4 物流需求与供给水平 ·························· 77
  3.4.5 技术与人才环境 ····························· 77
  3.4.6 政策背景 ································· 77
 3.5 城市物流空间布局规划 ···························· 77
  3.5.1 城市物流结点分类及关系 ······················ 77
  3.5.2 城市物流结点选址 ··························· 80
  3.5.3 城市物流结点功能定位 ······················· 81
  3.5.4 城市物流结点规模 ··························· 82
  3.5.5 城市物流结点空间布局 ······················· 83
 3.6 城市物流通道规划 ······························· 85
  3.6.1 考虑因素 ································· 86
  3.6.2 规划内容 ································· 86
 3.7 城市物流信息平台规划 ···························· 90
  3.7.1 城市物流信息平台的组成类型 ·················· 91
  3.7.2 公共物流信息平台的功能结构 ·················· 92
 3.8 城市物流发展重点 ······························· 94
  3.8.1 基础设施 ································· 94
  3.8.2 供需主体 ································· 94
  3.8.3 专业物流 ································· 95
  3.8.4 配送体系 ································· 95
  3.8.5 物流信息化 ······························· 95
  3.8.6 标准化与绿色化 ····························· 96
  3.8.7 联动与融合 ······························· 96
 3.9 城市物流发展保障体系规划 ························ 96

4 物流园区规划 ······································ 99
 4.1 概述 ··· 99
  4.1.1 物流园区概念 ····························· 99
  4.1.2 物流园区功能 ····························· 100
 4.2 物流园区规划基本理论 ···························· 101
  4.2.1 规划原则 ································· 101
  4.2.2 规划内容 ································· 103
  4.2.3 规划步骤 ································· 104

4.3 物流园区战略定位 ········ 106
4.3.1 物流园区战略定位 ········ 106
4.3.2 物流园区发展模式 ········ 107
4.4 物流园区平面布局规划 ········ 109
4.4.1 物流园区平面布局模式 ········ 109
4.4.2 物流功能区确定 ········ 110
4.4.3 物流园区规模确定 ········ 116
4.4.4 物流园区平面布局 ········ 121
4.5 物流园区道路交通规划 ········ 124
4.5.1 物流园区的交通量预测 ········ 125
4.5.2 物流园区内部路网规划 ········ 126
4.5.3 物流园区出入口规划 ········ 129
4.5.4 物流园区停车设施规划 ········ 131
4.5.5 物流园区交通组织 ········ 134
4.6 物流园区运作模式规划 ········ 140
4.6.1 开发模式 ········ 140
4.6.2 管理模式 ········ 143
4.6.3 赢利模式 ········ 144

5 配送中心规划与设计 ········ 147
5.1 配送中心规划与设计概述 ········ 147
5.1.1 配送中心基本概念 ········ 147
5.1.2 配送中心规划与设计内容、规划路线 ········ 150
5.2 配送中心规划设计相关资料收集与分析 ········ 152
5.2.1 基础资料收集 ········ 152
5.2.2 资料分析方法和结果运用 ········ 153
5.2.3 案例学习一 ········ 157
5.3 配送中心功能区规划 ········ 162
5.3.1 功能区设置 ········ 162
5.3.2 功能区布局 ········ 167
5.3.3 案例学习二 ········ 170
5.4 配送中心平面布置 ········ 173
5.4.1 配送中心内部空间布局设计 ········ 173
5.4.2 配送中心外部布局设计 ········ 186
5.4.3 配送中心周边设施布局 ········ 195

6 城市地下物流系统基本知识 … 200
6.1 城市地下物流系统概述 … 200
6.1.1 概念 … 201
6.1.2 作用 … 201
6.1.3 系统组成 … 202
6.1.4 基本特点 … 202
6.2 国外城市地下物流系统简介 … 203
6.2.1 水力驱动 … 203
6.2.2 气力驱动 … 204
6.2.3 电力驱动 … 205
6.3 城市地下物流系统规划建设关键问题 … 208
6.3.1 规划方面 … 208
6.3.2 设计方面 … 210
6.3.3 建设方面 … 214
6.4 对我国地下物流系统规划建设的启示 … 215
6.4.1 建设城市选择 … 215
6.4.2 城市地下空间保护 … 216
6.4.3 借助城市地理信息系统 … 216
6.4.4 运输包装件的标准化 … 216
6.4.5 投资与运营 … 217

参考文献 … 218

1 物流系统规划基本理论

本章学习目标

➢ 了解系统的基本特征、分类；
➢ 从系统论角度掌握物流系统的特征、分类、要素与结构，能比较不同物流系统的差异；
➢ 掌握物流系统规划设计的框架思路；
➢ 搞清企业物流系统与社会物流系统两者规划与设计中各自的侧重点。

1.1 系统概述

自然界或人类社会中的任何事物都是以系统的形式存在的，系统是客观事物的一种反映和概括。自贝塔朗菲(L. V. Bertalanffy)创立一般系统论以来，随着生产实践的发展和社会的进步，系统理论也得到了深入的发展。但由于依据不同的学科、不同的使用方法以及不同的研究对象，对系统的定义也不尽相同。综合各种定义的特点，系统的概念可以描述为：系统是由相互联系和相互作用的若干要素组成的具有特定结构和功能的有机整体。

系统是由要素组成的。系统是整体，相对于系统而言要素是整体的组成部分。系统和要素是相对的，在特定的情况下要素可以成为系统，同样系统也可以成为要素。要素之间是相互联系、相互作用的，要素之间的相互联系、组合方式及其时空关系的内在表现形式称之为系统的结构。系统的结构决定系统的功能，系统的功能是其结构的反映和体现。

现实存在的系统大都是开放的，与外部环境相互联系、相互作用、相互影响。外部环境向系统输入资源、能源、信息等，系统以其特定的功能对外部环境的输入进行处理，转化成对外部环境产生影响的输出。外部环境的变化会对系统产生限制或干扰；同时，系统的输出反馈给输入以调整或修正输出与系统目标的偏差。系统的一般模式可用图

1-1 表示。

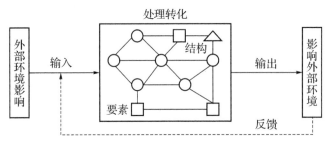

图 1-1 系统的一般模式

1.1.1 系统特征

作为一个系统，一般具有整体性、层次性、边界性、目的性、相关性以及最优性等特征。

1. 整体性

系统是由两个或两个以上有一定区别又有一定联系的要素组成的，系统的整体性主要表现为系统的整体功能。系统的整体功能不是各组成要素的简单叠加，而是表现出各组成要素所没有的新功能，概括的表述就是"整体大于部分之和"。

2. 层次性

组成系统的要素也是系统，称之为子系统，它也由要素组成。因此，系统和要素是相对的，系统相对于它的组成要素是系统，而对于比它更高的系统来讲又是要素，系统是由不同层次的要素组成的。按照不同的属性、特征或目的，系统可以划分为各种不同的层次。

3. 边界性

系统和要素都有明确的边界。由于要素包含于系统之中，所以要素的边界小于系统的边界。同时，系统内不同要素都有各自的边界，不同要素的边界可能产生交叉但不会完全重合。

4. 目的性

任何系统都有其目的，没有目的就不能称其为系统，要素是为了达到特定的目的而相互结合。不同要素的结合、相同要素的不同结合其目的可能都不会相同。

5. 相关性

系统、要素和环境是相互联系、相互作用、相互依存和相互制约的。系统相关的某一部分发生变化，就会影响其他部分的变化，以至整个系统的变化。系统的相关性体现在系统与环境之间、系统与要素之间以及要素与要素之间。

6. 最优性

客观上的各种物质系统，由于其内部条件和外部条件的相互作用，总可以在一定条件下,使得该系统某个方面最大程度或最低程度地接近或适合某种一定的客观标准,即各种系统都具有最优化属性。

1.1.2 系统分类

客观存在的现实系统是多种多样的。为了对系统进行研究,需要对各种具体系统进行分类。系统的分类方法很多,这里采用下述分类方法:

1. 从现实系统的实际内容分类

(1) 一般系统和具体系统。一般系统是指从各种现实系统中抽取特殊内容而得到的具有共性的抽象系统;而存在内容的系统则为具体系统。

(2) 自然、社会和思维系统。思维系统是由人的精神、心理以及思维工具组成的系统;社会系统就是人类系统;除此之外的则为自然系统。

2. 从系统的数学特征分类

(1) 封闭系统和开放系统。与环境产生联系的系统是开放系统;否则是封闭系统。现实存在的系统都是开放的,封闭系统在现实中是不存在的。

(2) 静态系统和动态系统。如果一个系统在某一时刻的输出只与该时刻的输入有关,而与该时刻之前或之后的输入无关,则是静态系统;反之则为动态系统。

(3) 线性系统和非线性系统。当系统的输入和初始状态线性叠加时,其输出也能线性叠加,则是线性系统;否则是非线性系统。现实存在的系统绝大多数是非线性系统。

(4) 连续系统和离散系统。当系统的状态、输入和输出都是离散的,则该系统是离散系统,否则是连续系统。

(5) 确定型系统和不确定型系统。确定型系统是指系统的实时输入和实时状态能唯一确定下一个状态和实时输出;反之则是不确定型系统。

3. 从系统的规模与复杂程度分类

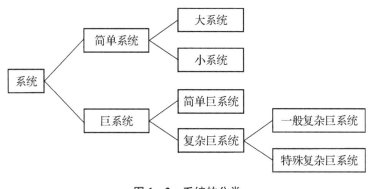

图 1-2 系统的分类

1.2 物流系统概述

物流系统是一个动态的复杂的大系统,是系统思想在物流领域的具体化。物流系统是为了实现一定的物流目标而设计的由相互作用、相互影响的物流要素(或子系统)所构成的有机整体。物流系统的目标是物的空间效益和时间效益,在保证社会再生产顺利进行的条件下,通过对各种物流要素的合理设计和配置,实现最大的经济效益和社会效益。物流系统是社会经济大系统的一个子系统或组成部分。

物流系统的正常活动需要投入一定的人力、物力、资金、信息,通过物流管理、信息处理、物流技术措施等转化处理活动,产生一定的经济效益和提供一定的物流服务,同时把对环境的影响反馈给物流系统的输入以便能够调整和修正物流系统的活动,如图1-3所示。

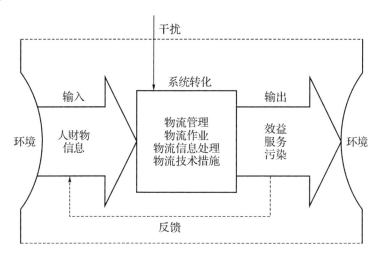

图1-3 物流系统的一般模式

1.2.1 物流系统特征

物流系统除具有一般系统所共有的特征之外,还具有规模庞大、结构复杂、目标众多等大系统所具有的特征。

1. 物流系统是一个大跨度系统

物流系统的地域跨度和时间跨度都很大。现代经济社会中,物流活动经常跨越不同的地域,国际物流的地域跨度更大;在采取储存方式解决产需之间的时间矛盾时,时间跨度往往也很大。大跨度系统带来的主要问题是管理难度加大,对信息依赖程度较高。

2. 物流系统是一个动态系统

社会物资的生产情况、社会物资的需求变化、资源变化以及企业间的合作变化等因素都时刻影响着物流。为了适应经常变化着的外部环境,物流系统的要素需要不断进行调整和完善。如果外部环境变化较大,物流系统需要重组或重新设计。动态系统带来的主要问题是要求系统具有足够的灵活性和可变性。

3．物流系统具有复杂性

物流系统涉及全部的社会物质资源,资源的多样化和大量化导致了物流系统的复杂化。同时,物流活动伴随着大量的物流信息,物流系统要把这些信息进行收集、处理以指导物流活动更好地进行,物流信息处理也是非常复杂的工作。

4．物流系统中存在明显的"效益悖反"现象

"效益悖反"现象在物流系统中普遍存在,比如仓库里的高层堆码可以提高仓库利用率却降低了货物拣选的效率;产品累积到一定数量进行运输可以降低运输成本却增加了库存成本等等。这就需要从系统和全局的角度,对物流的各个环节进行权衡,追求系统而不是局部的最优化。

5．物流系统是一个多目标系统

物流系统的总目标经常不是单一的,要实现物流成本的最小化、服务水平的最大化、对环境影响的最小化等等。因此,要使物流系统满足要求,就必须建立多目标函数,在多目标下寻求物流系统的最优化。

6．物流系统是一个"人机系统"

物流系统是由能完成预定物流任务的人和设备、工具结合而成。具体表现为人作为劳动者、设备或工具的控制者以及监视者这三种基本形式参与物流活动,人是物流系统的主体。因此,在研究物流系统时必须将人和物有机地结合起来加以考察和分析。

1.2.2 物流系统分类

虽然不同领域的物流存在着相同的基本要素,然而由于不同领域物流的对象、目的、范围和范畴的差异,物流系统的分类有着不同的方法和标准。为便于研究,下面从物流系统的性质、空间范围、空间位置、源点与流向及其物流作用等不同角度进行分类。

1．按照物流系统的性质分类

(1) 社会物流。社会物流是以全社会为范畴、面向广大用户的物流,它涉及在商品流通领域发生的所有物流活动,具有宏观性和广泛性,因此也称之为宏观物流。由于社会物流对国民经济的发展产生重大影响,因此社会物流是物流的主要研究对象。

(2) 行业物流。在一个行业内发生的物流活动被称为行业物流。一般情况下同一行业的各个企业在经营上是竞争对手,但为了共同的利益,在物流领域却又相互协作,共同促进行业物流的合理化。

(3) 企业物流。企业物流是指在企业经营范围内由生产或服务活动所形成的物流系统。企业作为现代社会中重要的经济实体,是为社会提供产品和服务的,是物流活动存在的根本。

2. 按照物流活动的空间范围分类

(1) 城市物流。城市物流是指物品在城市内部、或在城市内部与城市郊区之间的实体流动。城市是从事物资生产、商品贸易等活动的集中地,而且也是大量废弃物的产生地。

(2) 区域物流。区域物流有狭义和广义之分,狭义的区域物流指在一个国家之内一定经济区域范围内的物流;广义的区域物流超出了一个国家的范围,在由若干个政治、经济、文化等具有某些共性的国家所建立的自由贸易区内发生的物流。

(3) 国际物流。国际物流是不同国家之间的物流。国际贸易和跨国企业的迅速发展已经让国际物流成为现代物流系统中的重要物流分支。

3. 按照物流所起作用分类

(1) 供应物流。生产企业、流通企业或消费者购入原材料、零部件或产成品的物流过程称为供应物流,也就是物资生产者、持有者到使用者之间的物流。

(2) 生产物流。生产物流包括从原材料的购进入库到产成品的发送出去为止的物流活动的全过程。

(3) 销售物流。生产企业或流通企业售出产品或商品的物流过程称为销售物流,也是指物资的生产者或持有者与用户或消费者之间的物流。

(4) 回收物流与废弃物流。对某些物资的回收和再加工过程形成了回收物流;对商品的生产和流通系统中产生的废弃物的处理过程形成了废弃物流。

4. 按照物流的源点与流向分类

(1) 正向物流。正向物流也就是一般意义上所说的物流,是指物品从供应地到接收地的实体流动过程,根据实际需要将运输、储存、装卸搬运、包装、流通加工、配送、信息处理等基本功能实施有机结合。

(2) 逆向物流。逆向物流是与正向物流相对的物流过程,是一种包含了产品退回、物料替代、物品再利用、废弃物处理、修理和再制造等流程中的物流活动。逆向物流不仅是实现社会可持续发展的重要手段之一,还可以让企业获得非常可观的经济效益。

5. 按照物流活动的空间位置分类

(1) 地下物流。地下物流主要发生在城市,所以具体称为城市地下物流,就是将城外的货物通过各种运输方式运到位于城市边缘的机场、公路或铁路货运站、物流园区等,经处理后由地下物流网络配送到各个终端的物流过程。城市地下物流是一种能够有效缓解日益严峻的城市交通问题的新型物流方式。

(2) 地上物流。由于一般意义上的物流,其基础设施、设备以及物流活动主要存在或发生于地面以上,所以称之为地上物流。

1.3 物流系统的要素与结构

物流系统是由物流要素组成的,各物流要素之间的相互联系和排列组合的方式就是物流系统的结构。结构是物流系统的基本属性,是物流系统的内部形式,是物流系统实现其功能的基础。

1.3.1 物流系统要素

构成物流系统的要素因满足不同的物流服务需求而不同。但就一般而言,物流系统的组成要素包括人力资源、物流设施、物流设备、物流信息系统以及物流组织与管理等,如图1-4所示。

1. 人力资源。物流从业人员是物流系统正常运作不可或缺的关键要素,提高物流从业人员的业务素质是实现物流系统合理化并使其高效运作的根本。

2. 物流设施。物流设施是物流系统运行的基础和物质条件,主要包括物流结点(仓库、港口、车站码头、物流园区、物流中心、配送中心等)、运输通道(铁路、公路、水路、航空、管道)。

3. 物流设备。物流设备是形成劳动手段的各种设备或工具,包括运输设备、仓储设备、搬运设备、包装设备、加工设备以及办公设备和设备维修工具等。

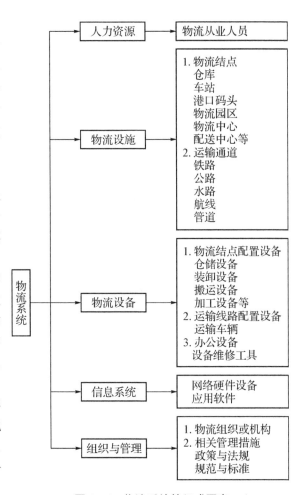

图1-4 物流系统的组成要素

4. 信息系统。信息系统是物流系统的核心,是现代物流区别于传统物流的标志。物流信息系统不仅扩展了物流功能的内涵,还为物流各环节的衔接与协调提供了必要的支撑。

5. 组织与管理。物流组织与管理发挥协调与控制以上各种物流要素、规范物流业务活动,协调相关各方利益冲突等作用,以保证物流系统目标的实现。

1.3.2 物流系统结构

物流系统的要素可组成的结构类型很多,比如物流系统的流动结构、功能结构、供应链物流结构、治理结构、网络结构以及产业结构等等。但是从物流系统的规划与设计的角度来讲,物流系统的功能结构和网络结构尤为重要。

1. 物流系统的功能结构

物流系统的功能要素包括运输、仓储、搬运装卸、流通加工、包装、配送、信息处理等。这些功能要素之间相互联系、相互作用,它们的组合方式以及时空关系的表现形式形成了物流系统的功能结构。

在物流系统的功能结构中,运输与仓储是重要的支撑要素,因为运输创造了"物"的空间价值,仓储创造了"物"的时间价值,而这两种价值是物流服务价值的核心部分。搬运装卸功能伴随运输方式或运输工具的变化、物流作业功能之间的转换而产生;包装、流通加工、配送功能是在流通过程中发生的,但并不是每个物流系统必需的。因此,物流系统的功能结构取决于生产、流通的模式,衡量其是否合理的标准是能否以最低的成本满足生产与流通的需要,而不是功能要素是否完备。

2. 物流系统的网络结构

任何物流系统均可抽象成采用不同类型的网络(简称物流网络)来表达。根据物流网络的结构类型特点,物流网络可有许多划分标准。本书将物流网络划分为社会物流网络和企业物流网络。

- 社会物流网络指从区域公共物流系统抽象而成的物流网络,如长江集装箱物流网络、铁路快速货运网络和社会灾难应急救援物流网络等。
- 企业物流网络指从企业物流系统抽象而成的物流网络,如汽车企业的生产物流网络、啤酒厂的分销网络、热电厂的煤炭供应物流网络等。

从网络结构看,一个网络由线路和点组成。本书将社会物流网络中的点用"结点"来表示,而对于企业物流网络中的点用"节点"来表示(参考了企业供应链中"节点企业"的概念)。在空间形式上,"节点"可设置在"结点"内部。

企业物流系统的网络结构采用两种基本形式,即一种是直送形式,另一种是经过物流节点的形式,其他形式都是这两种基本形式的组合,如图1-5所示。

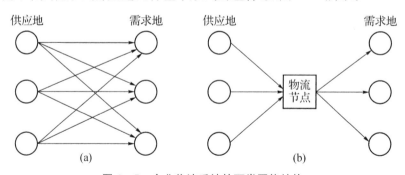

图1-5　企业物流系统的两类网络结构

图(a)是从多个供应地向多个需求地的直送形式。直送的特点是环节少、效率高、节约物流节点的建设运营成本,但运输成本高,服务辐射范围非常有限。图(b)是供应地经过物流节点处理后配送到多个需求地,是物流网络结构的主要形式,其衍生的结构形式有单中心多层次网络结构和多中心多层次网络结构等较为复杂的形式。

(1) 单中心多层次网络结构

单中心多层次的物流网络结构是由若干个配送中心和一个物流中心组成。其中，配送中心覆盖了所有相关集货和送货的区域，同时又与一个物流中心相连。在这种网络结构中，货物既可以通过由物流中心到配送中心的方式到达客户，也可以直接由供应地的配送中心到需求地的配送中心而不通过物流中心的转运，如图1-6所示。

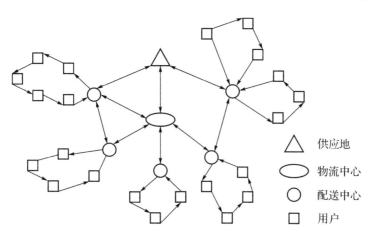

图1-6 单中心多层次物流网络结构

(2) 多中心多层次网络结构

多中心多层次的物流网络结构是由若干个配送中心和若干个物流中心组成。配送中心覆盖了所有相关集货和送货的区域，并与若干物流中心相连，即多中心多层次的物流网络结构允许配送中心选择成本最低的路线。

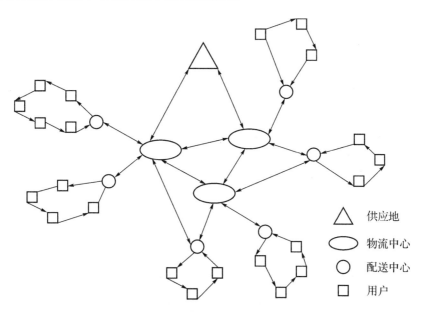

图1-7 多中心多层次物流网络结构

1.4 物流系统规划与设计的原则、内容与步骤

1.4.1 规划与设计原则

社会物流系统与企业物流系统由于前者属于宏观物流,后者属于微观物流。因此在规划与设计上不完全一致,以社会物流系统为例,其规划与设计应遵循以下原则。

1. 服务性原则

物流系统是社会经济大系统的一个子系统,所以物流系统的规划与设计必须服从于社会经济发展的总战略、总目标。物流系统的规划、建设必须与所在区域的社会经济发展各阶段的目标相匹配,并为当地的社会经济发展服务,同时尽量减少对周围环境的负面影响。

2. 系统化原则

物流系统的系统性特征决定了物流系统的规划与设计必须遵循系统化原则,也就是物流系统通过要素之间的协调、配合,要实现的是物流系统的整体目标而不是局部目标,局部目标必须服从整体目标。

3. 网络化原则

物流经营管理、物流作业、物流资源、物流信息等物流系统诸多要素的组织是按照网络方式在一定的地域内进行规划、设计、实施的,所以物流系统的规划与设计必须遵循网络化的原则。

4. 节约性原则

物流系统的规划建设要充分利用现有的物流资源,通过对现有物流资源的利用、改造,实现新建物流系统与原有物流系统的有效兼容与整合,减少土地占用和资金等投入。

5. 统一规划原则

物流系统规划应以城市总体规划与布局为基础,适应城市产业结构调整和空间布局的变化,与城市功能定位和远景发展目标相协调。因此,物流系统规划应与城市总体规划、土地利用规划及其他相关规划相互一致。

6. 循序渐进原则

物流系统规划是一个动态的过程,并要有一定的超前性。因此,必须坚持循序渐进的原则,结合地区实际,权衡近期与远期规划之间的关系,保证系统规划的科学性、合理性。

1.4.2 规划与设计内容

物流系统规划与设计就是根据物流系统的功能要求,以提高系统综合效益(综合效益包括经济效益、社会效益。对企业物流系统更侧重于经济效益)、服务水平、运作效率

为目的,确定各种要素的配置方案。无论是社会物流系统还是企业物流系统的规划与设计,其内容都包括:

1. 物流网络规划

物流网络规划是指在一定的层次和地区范围内确定物流网络合理的空间布局方案。因此,物流设施选址规划和物流线路规划是物流网络规划的重点。

(1) 物流设施选址规划。其主要包括物流设施的数量及其规模、物流设施的设置地点、物流设施的功能等内容。对于业已存在的货运车站、港口码头、仓库等物流设施,重点研究如何对其合理改造和利用、拓展其服务功能。

(2) 物流线路规划。对社会物流系统规划而言,物流线路规划包括铁路、公路、水路、航空和管道等运输网络的配置;而对企业物流系统规划而言,其规划重点是充分利用业已形成或将改造扩展的相应网络,通过分析现有网络是否能够满足物流系统的需求,根据物流系统发展需要,对原有网络进行补充改造,形成满足一定物流服务需求的物流线路方案。

2. 物流设施平面布局规划

物流设施的平面布局规划主要根据物流设施的功能、作业流程以及服务质量等方面的要求,确定物流设施内部各种功能区域的平面布局方案,比如物流园区的功能区布局、配送中心的仓储区、分拣区、加工区、内部通道等的布局。

3. 物流设备选择与布置设计

根据物流系统的作业要求和特点,选择合适的物流设备和工具并制定其布置方案,以提高物流作业的效率,是物流设备选择与布置规划的重点。主要包括仓库货架系统、装卸搬运设备、包装及流通加工设备或工具、分拣设备的选择和平面布置设计等内容。

4. 物流信息系统规划

物流信息系统规划包括企业物流信息系统、物流结点信息系统和公共物流信息系统三个层次的规划。各系统具体规划内容因服务对象的不同而有较大差异。

5. 物流运作系统规划

对于社会宏观物流系统而言,物流运作系统规划主要包括城市物流产业政策保障规划,具体包括综合协调机制的建立、物流供需市场的培育、物流标准化工作的推进、物流人才战略以及为物流基础设施和物流信息系统规划的实施提供所需的政策保障等;而对于企业微观物流系统而言,物流运作系统规划主要包括运作流程、管理组织结构、品牌管理、订单管理等方面的内容。

1.4.3 规划与设计步骤

在进行一个物流系统规划设计之前,必须明确系统规划设计的目标以及各种限制,因为规划目标和各种限制条件对物流系统的规划内容、系统规模、资源的可得性等方面产生决定性影响。

物流系统是由若干个子系统组成的,物流系统的规划设计需要对每一个子系统或环节进行规划设计。每一个子系统的规划设计需要与物流系统其他组成部分的规划设计相互平衡、相互协调。因此，物流系统规划设计首先要确定一个总体的框架，在总体框架的基础上采用系统分析的方法对整个系统的各个部分进行规划设计，最后把各个独立部分结合成一个整体。虽然社会物流系统与企业物流系统的规划设计步骤存在一定的差异，但总体上仍按图1-8所示步骤。

1. 基础资料的调查与分析

物流系统规划与设计的首要工作是根据规划与设计的内容进行大量的相关基础资料的调查收集，以作为系统规划与设计的依据。基础资料的调查收集与分析包括确定所需数据及其数据来源、确定样本的容量、

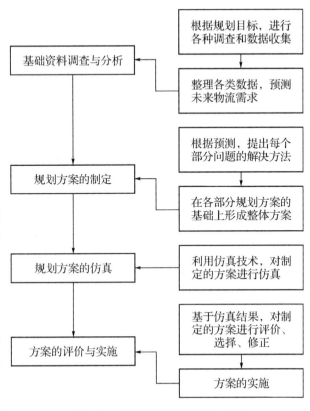

图1-8 物流系统规划与设计步骤

分析所得数据的全面性和准确性、对数据进行分类汇总、确定收集辅助数据的方法、对特殊数据进行估计、利用数学方法对数据进行统计分析等方面的内容。

2. 规划方案的制定

通过对基础资料的分析，根据整体考虑、各部分独立设计、最后将各部分结合成整体的指导思想，分别进行物流网络规划、物流设施平面布局规划、物流设备选择与设计等，最后形成物流系统的整体规划设计方案。

3. 规划方案的仿真

规划方案的仿真过程就是对规划和设计的物流系统模型进行试验的过程，其目的在于利用人为控制的环境条件，通过改变特定的物流参数，观察系统模型的反应，用以预测分析规划方案在现实中实施的现象和过程，进而有助于对规划设计方案进行评价、选择和修正。计算机仿真方法相对于解析法能够更加全面、准确地描述复杂系统及其过程，因此它是物流系统规划与设计的重要方法。

4. 规划方案的评价与实施

基于系统仿真的结果，对制定的规划设计方案进行评价，并选择最优方案实施。方案的实施阶段主要涉及设施的建设、设备与设施的投入运行以及实施效果评价与反馈

等内容。实施效果的跟踪监测,分析方案实施前后的变化,可对方案进行再评估并为方案的修正提供依据。

1.5 物流系统规划与设计的基本方法

在物流系统规划与设计的过程中,定量或定性地分析和掌握系统的功能与特征十分重要。由于物流系统的结构和运作过程的复杂性,因此建立物流系统模型(设计算法、求解结果)是开展这项工作的有效方法和必要基础。所谓物流系统建模就是把物流系统的各个组成部分的特征和变化规律数量化、组成部分之间的关系程式化的过程。其主要方法有运筹学方法、启发式方法和计算机仿真方法等。

1.5.1 运筹学方法

运筹学方法又称传统优化方法,是运用线性规划、网络与图论、存贮论、排队论、动态规划、决策论等规划技术,描述物流系统的数量关系,以便求得最优决策结果。由于物流系统庞大而复杂,考虑到建立整体系统的优化模型一般比较困难,而用计算机求解大型优化问题的时间和成本太大,运筹学方法常被用于物流系统的局部优化,通过结合其他方法求得物流系统的次优解。

1. 线性规划

线性规划可以表达为在给定的约束条件下,求目标函数的极值(最大值或最小值)问题,其数学表达如下:

$$z = c_1 x_1 + c_2 x_2 + \cdots + c_n x_n$$

S.T.

$$a_{11} x_1 + a_{12} x_2 + \cdots + a_{1n} x_n \leqslant b_1$$
$$a_{21} x_1 + a_{22} x_2 + \cdots + a_{2n} x_n \leqslant b_2$$
$$\vdots \qquad \qquad \vdots$$
$$a_{m1} x_1 + a_{m2} x_2 + \cdots + a_{mn} x_n \leqslant b_n$$
$$x_j \geqslant 0, j = 1, 2, \cdots, n$$

其中,$c_j, a_{ij}, b_j (i=1,2,\cdots,m; j=1,2,\cdots,n)$均为已知常数。

如果上述表达式中的决策变量全部限制为整数,则称为整数规划;如果上述表达式中,只有部分变量为整数变量,则称为混合整数线性规划。物流网络规划中的物流节点选址问题、运输计划编制、资源配置等问题都可以通过混合整数线性规划或线性规划来解决。

2. 网络与图论

如果用点表示研究的对象,用边表示各点之间的联系,则这些点和边的集合就是图,即$G = \{V, E\}$,式中表示图V表示边的集合、E表示点的集合。如果给图中的点和边赋予具体的含义和权数,并规定了起点和终点,这样的图就称为网络图。网络模型的求解方法有最短路法、决策树模型、运输问题的图上作业法等。对于求解大型网络模型这些方法非常有效,而利用线性规划方法求解非常困难。

3. 存贮论

库存是保证生产或经营活动能够持续不断地正常进行而采取的一种保障性措施。通过库存调节,生产或经营单位就不会因为短缺而损失收益。但库存需要成本,也是一种投资,当然也就存在风险。为了最大化地减少或规避这种风险,就必须对库存的规模加以控制,寻求合理库存的策略和方法,而存贮论为这一研究提供了理论基础。

4. 排队论

排队论又称为随机服务理论,是一种用于解决服务过程的随机问题的理论方法。在社会经济活动中广泛应用,它能够协调和解决请求服务和提供服务的双方之间所存在的相互制约的关系,前者希望能够尽快得到比较满意的服务,后者则希望在提供服务的过程中能够使服务机构得到最大化的效益。双方的利益目标存在一定程度的冲突,而排队论为协调二者之间的利益冲突提供了方法。

5. 动态规划

动态规划是一种研究多阶段决策问题的理论与方法。所谓多阶段决策问题是指这样一类活动:它可以分成若干个相互联系的阶段,在每一个阶段对应一组可以选取的决策;当每个阶段的决策选定以后,决策过程也就随之确定。把各个阶段的决策综合起来,构成一个决策序列,称为一个策略。当对过程采取某一策略时,可以得到一个确定的效果,采取不同的策略就会得到不同的效果。多阶段的决策问题就是要在所有可能采取的策略中选取一个最优的策略。

1.5.2 启发式方法

启发式方法又称现代优化方法或智能优化方法,是针对传统优化方法的不足,运用一些经验法则来降低优化模型的数学精确程度,并通过模仿人的跟踪校对过程求取物流系统模型的满意解。启发式方法能同时满足详细描述问题和求解的需要,比传统优化算法更为实用,其缺点是难以知道何时求得最优解以及得到的解是否为全局最优解。因此,具体应用时应从实际需要出发,选择合适的方法。

1. 模拟退火法(Simulated Annealing,SA)

模拟退火方法是模拟固体退火原理。将固体加热至充分高,然后让其冷却,加热时,固体内部粒子随温度升高变为无序状,内能增大;而冷却时,粒子渐趋有序,在每个温度都达到平衡态,最后在常温时达到基态,内能减为最小。用固体退火模拟组合优化问题,将内能 E 模拟为目标函数值 f,温度 T 演化成控制参数 t,即得到优化组合问题的模拟退火算法:由初始解 i 和控制参数初值 t 开始,对当前解重复"产生新解→计算目标函数差→接收或舍弃"的迭代,并逐步衰减 t 值,算法终止时的当前解即为所得最优近似解。

2. 禁忌搜索法(Taboo Search or Tabu,TS)

禁忌搜索是对局部领域搜索的一种扩展,是一种全局逐步寻优算法,是对人类智力过程的一种模拟。禁忌搜索算法通过引入一个灵活的存储结构和相应的禁忌准则来避免迂回搜索,并通过藐视准则来赦免一些被禁忌的优良状态,进而保证多样化的有效搜索以最终实现全局优化。禁忌搜索最重要的思想是标记对应已搜索的局部最优解的一些对象,并在进一步的迭代搜索中尽量避开这些对象(而不是绝对禁止循环),从而保证对不同有效搜索途径的探索。

3. 遗传算法(Genetic Algorithm,GA)

遗传算法是一种通过模拟自然进化过程搜索最优解的方法。它是从代表问题可能潜在的解集的一个种群开始的,而一个种群则由经过基因编码的一定数目的个体组成。每个个体实际上是染色体带有特征的实体,染色体作为遗传物质的主要载体,即多个基因的集合,其内部表现是某种基因组合,它决定了个体的形状的外部表现。因此,在一开始需要实现从表现型到基因型的映射即编码工作。初代种群产生之后,按照适者生存、优胜劣汰的原则,逐代演化产生出越来越好的近似解,在每一代根据问题域中个体的适应度大小挑选个体,并借助于自然遗传学的遗传算子进行组合交叉和变异,产生出代表新的解集的种群。这个过程将导致种群像自然进化一样的后生代种群比前代更加适应于环境,末代种群中的最优个体经过解码,可以作为问题近似最优解。

4. 人工神经网络(Artificial Neural Network,ANN)

人工神经网络是模仿生物神经网络功能的一种经验模型。生物神经元受到传入刺激,将其反应又从输出端传到相连的其他神经元,输入和输出之间的变换关系一般是非线性的。神经网络是由若干简单(通常是自适应的)神经元及其层次组织,以大规模并行连接方式构造而成的网络,按照生物神经网络类似的方式处理输入信息。由于神经网络中的神经元之间复杂的连接关系和各神经元传递信号的非线性方式,输入和输出信号之间可以构建出各种各样的关系,因此可以用来作为黑箱模型,表达那些用机理模型还无法精确描述、但输入和输出之间确实存在的客观、确定性或模糊性的规律。常用的神经网络模型有 BP 神经网络模型等。

智能优化领域的算法发展日新月异,比较引人瞩目的还有蚁群算法、粒子群优化算法、捕食搜索算法等。此外,在综合多种方法优点的基础上,找到一种快速有效的新的混合算法,也是当前研究的一个热点问题。

1.5.3 计算机仿真方法

计算机仿真方法是利用数学公式、逻辑表达式、图表等抽象概念来表示实际物流系统的内部状态和输入、输出关系,以便利用计算机对模型进行仿真,通过仿真取得物流系统规划与设计所需要的信息或数据。虽然计算机仿真方法在模拟构造、程序调试、数据整理等方面工作量大,但是由于物流系统结构复杂、不确定性强,所以相对于解析法仍有很大优势,已成为物流系统规划设计的主要方法。

1. 系统动力学法

系统动力学是一门基于系统论，吸取反馈理论与信息论的精髓，并借助计算机仿真技术的交叉学科。按照系统动力学的观点，系统结构的含义包括两个方面：一是指组成部分的子结构及其相互间的关系；二是指系统内部的反馈回路结构及其相互作用。系统的结构与功能分别表示系统的构成与行为的特征，结构与功能有对立统一的关系，在一定条件下可以相互转化。系统动力学能定性和定量地分析研究系统，它采用不同于功能模拟（又称黑箱模拟）的模拟技术，从系统的微观结构入手建模，构造系统的基本结构，进而模拟与分析系统的动态行为。因此，系统动力学模型适合研究系统随时间变换的问题。

2. Petri 网法

Petri 网是一种系统的数学和图形描述与分析工具。对于具有并发、异步、分布、并行、不确定性或随机性的信息处理系统，都可以利用这种工具构造出相应的 Petri 网模型，然后对其进行分析，即可得到有关系统结构和动态行为方面的信息，根据这些信息可以对所研究的系统进行设计和评价。Petri 网能较好地描述系统的结构和各种关系，是能以图形表示的组合模型，具有直观、易懂和易用的优点，对描述和分析具有它独到的优越之处；同时它又是严格定义的数学对象，具有完善的数学理论基础。因此，应用 Petri 网建模方法，对物流系统进行功能描述和建模分析非常有效。

3. Multi-Agent 法

Agent 作为分布式人工智能概念模型，具有自己的行为、目标和知识，是在一定环境下自主运行的实体，具主动性、独立性、智能性、反应性和交互性等特点。多个 Agent 通过协同机制构成多 Agent 系统（Multi-Agent System，MAS），MAS 运作是在对系统中的多个 Agent 目标、资源和知识等进行合理安排的基础上，这些 Agent 通过相互协同和协作，并各自独立地运行，在实现各自的目标基础上来完成 MAS 的总体目标，与现实的物流系统运作具有相似的特征。因此，基于 Multi-Agent 的物流系统模拟具有一定的优越性。

除了上面三种主要方法外，还有用于预测的统计分析法，用于评价的加权函数法、功效系统法以及模糊数学方法等其他方法。物流系统规划与设计中常用的建模方法及其适用范围如表 1-1 所示。

表 1-1 物流系统常用模型及其适用范围

建模方法适用范围	运筹学方法	启发式方法	计算机仿真法	其他方法
系统效益水平			◆	
系统布局、资源配置	◆	◆	◆	
战略联盟选择			◆	
库存策略	◆	◆		
运输车辆及路径选择	◆	◆		

（续表 1-1）

建模方法适用范围	运筹学方法	启发式方法	计算机仿真法	其他方法
运输、生产、采购计划	◆			
需求预测			◆	◆
系统评价			◆	◆

注：◆表示相互对应。

问题思考与训练

1. 什么是系统？系统的特点是什么？有哪些分类方法？
2. 什么是物流系统？其特点和分类方法又有哪些？
3. 物流系统有哪些组成要素？这些要素的内容和功能是什么？
4. 物流系统的结构有哪些分类？并详细叙述其功能结构和网络结构。
5. 物流系统规划与设计的主要内容包括哪些？
6. 物流系统规划与设计常用的方法有哪些？试对其优缺点进行比较，并思考其适用条件。

2 物流网络规划

本章学习目标

- 了解物流网络的组成、类型和结构特性;
- 掌握物流网络规划的内容与流程;
- 掌握物流网络的数学建模方法以及单设施、多设施模型的求解方法;
- 掌握动态规划在物流设施选址中的应用。

2.1 物流网络概述

2.1.1 概念

物流网络是适应物流系统化和社会化的要求发展起来的,是指物流过程中相互联系的组织和设施的集合。具体指由供应商、仓库、配送中心和零售网点等节点组成的网络,原材料、在制品和成品库存在各节点之间的链上流动。

与物流网络相配合的还有信息网络,其中包含有关产品成本、销售收入、库存水平、仓库利用率、仓储费率、运输费率及其他方面的信息。信息网络中的链由两点之间的信息传输构成;信息网络中的节点则承担采集和处理不同数据的任务,如进行订单处理、拣选、备货和更新库存记录等。本章主要从企业物流网络规划的角度进行了阐述。

2.1.2 类型

物流网络由点和线组成,而点和线之间的联系构成了物流网络的结构。

1. 根据结构复杂程度,物流网络可以分为五类,如图 2-1 所示。

- 点状结构

如图 2-1(a),即由孤立的点组成的物流网络,这是物流网络结构类型中一种比较极端的情况,只在封闭的、自给自足的系统中才存在,比如废弃不用的仓库、站台等。

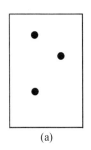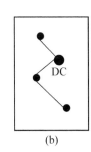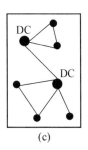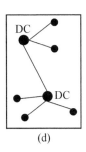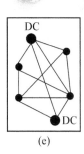

图2-1 物流网络的结构类型

- 线状结构

如图2-1(b),即由点和连接这些点的线组成的,且两点之间只有一条线、没有连成圈的简单网络。一个农副产品的供应链可能符合这样的结构,首先在产地建立配送中心(Distribution Center,DC),然后配送中心将产品收集起来,再卖给沿着公路线上的各个销售点。

- 圈状结构

如图2-1(c),即由至少包含一个连接成圈的线组成的物流网络。例如,一家酒厂在两个市场区域各设置一个DC,每个DC覆盖各自的市场区域,区域内部各供货点之间的商品可以调剂,同时两个配送中心通过干线连接起来,是一种物流效率比较高的物流网络结构。

- 树状结构

如图2-1(d),即无圈但能够连通的网络。汽车物流基本上采取这种结构方式。一个汽车制造商,按市场区域设置分销网络和配送网络,每个细分市场选择一个经销商。公司设立两个DC,中心之间通过干线运输连接,每个DC覆盖一定的市场区域,负责供应不同的经销商,经销商之间的物流是不连通的。

- 网状结构

如图2-1(e),即由点点相连的线组成的网络,是一种非常复杂的网络结构。例如,一家饮料生产商在销售市场上供应一些超市,公司用两个DC来为所有的超市提供饮料配送,配送中心之间通过干线运输连接。每个DC都负责为一定的超市供货,任何一个超市可向任何一个DC或其他超市进货。这样确实方便了超市的饮料销售,有利于超市该饮料的存货控制和及时补货,但物流管理的难度很大。如果没有完善的信息网络和集中统一的数据库支持系统,物流和配送环节就会出现混乱和缺乏效率。

综上所述,点状结构没有什么现实意义;线状结构过于简单,树状结构其物流成本过高,两者适用范围都非常有限;网状结构其网点之间的联系处于原始状态,组织化程度不高。通过对网状结构进行优化,在不改变这种网络的"商流"模式的前提下,将该网络的"物流"模式改造成圈状结构,则物流效率会大大提高。

2. 根据物流网络在实际构建中的模式来分类(以销售物流为例),物流网络可分为两种基本形式,一种是直送形式,另一种是经过物流中心或者配送中心的形式,其他方式都是这两种形式的组合。

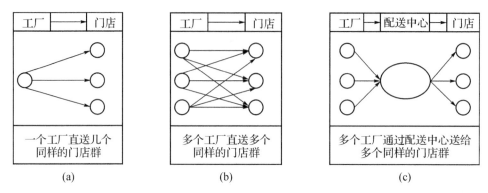

图2-2　物流网络实际构建中的基本形式

由图2-2可以看出,前面两种属于直送模式,环节少,效率可能比较高,但运输成本较高。只在厂商具有强大的配送能力和足够的仓储能力,且客户数量不多时,该模式可以适用。而第三种模式,在厂商和门店中间增加一个配送中心。在承担大规模流通任务的时候,这种模式能提高厂商和门店的物流效率,节约运输成本,增加利润。

以上三种模式可以演化出一种具有普遍意义的模式,即LD-CED模式:以LD为核心、以CED为运作机制的网络构建模式。

LD即指"物流中心(Logistics Center)＋配送中心(Distribution Center)",而CED即"收集(Collection)——交换(Exchange)——发送(Delivery)"。

C:收集(Collection),即将分散的业务对象收集起来;

E:交换(Exchange),即将收集起来的业务对象在集中地的物流中心(配送中心)进行分类、汇总,并按照业务需求进行拣选、组配,然后将目的地相同的业务对象通过干线运输至目的地的物流中心(配送中心),最终把目的地相同的业务对象经过进一步拣选、组配,送至离目的地最近的(或者分工负责那个地区的)配送中心。

D:发送(Delivery),即将发送至配送中心的业务对象进行集中,并统一运送到目的地。

该模式如图2-3所示。

图2-3中物流中心和配送中心都对称地分布在起始点和到达点之间,这样可清楚地看到该模型所说明的各个环节。但是,这种结构在实际中可能是以集成的方式出现的,即图中的两个物流中心可能合并起来变成一个物流中心,两个配送中心也可能与物流中心合并起来,最后可能简化为图2-2(c)那样的典型结构。总之,图2-3可以有各种变化,但不管如何变化,CED模式是不变的。

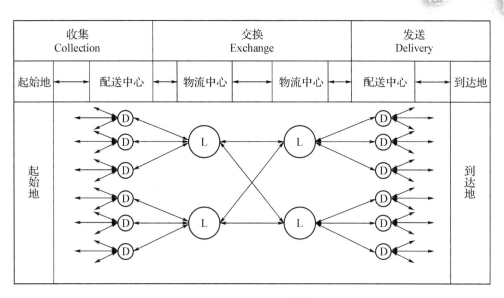

图 2-3 LD-CED 模式

2.1.3 结构特性

1. 层次性。从组织边界的角度看,虽然每个节点企业都是物流网络的成员,但是它们可以通过不同的组织边界体现出来。例如,由于部分企业集团规模非常大,与其他节点企业联系的只是其中一个部门或者一个子公司,且内部结构也非常复杂,企业集团内部就存在着产品供求关系,当用很多小节点来表示内部供求关系结构时,此企业集团就成为整个物流系统网络的一个物流网络子网。

2. 多级性。随着企业间供应、生产、销售关系的复杂化,供应链网络中的节点企业将越来越多。如果把物流网络中相邻两个节点企业间的关系看作供求关系,那么这种关系是多级的,而且每级有多个同类型的节点企业。级数越多,物流网络越长;级数越少,物流网络越短。物流网络结构的多级性增加了物流网络管理的难度。

3. 动态性。物流网络的成员通过物流、信息流、资金流而相互连接起来,它们之间的关系是不确定的,随着时间的推移而不断变动。一方面,某一节点企业在业务上的变动会影响上下游企业的经营状况,甚至影响到整个物流网络中的所有节点企业;另一方面,节点企业存在被其他节点企业选择或者抛弃的可能,这也将影响物流网络中相关节点企业的经营状况。

4. 跨地域性。随着 Internet、电子商务等信息技术的发展以及交通运输条件的改善,物流网络中的节点企业超越了空间的限制,通过在业务上加强合作,共同加速物流、信息流和资金流的协同运作,为各个节点企业创造更多的效益。最终,世界各地的供应商、制造商和分销商将被联结成一体,形成全球物流网络。这种地理上的分散既增加了物流网络管理的难度以及企业间的运输成本,也使企业更多地受到外部因素的干扰。

2.2 物流网络规划内容与流程

2.2.1 规划内容

物流网络规划就是确定产品从供货点到需求点流动的结构,包括使用什么样的物流节点、节点的数量与位置、分派给各节点的产品和客户、产品在节点之间的运输方式等。图2-4所表示的是一个一般化的产品流动网络,可以由基层仓库供给需求,也可以由地区性仓库或直接由工厂、供应商供给。基层仓库由地区仓库供给,或直接由供货点供给。图2-4表示一种概括性的网络结构,实际的产品流通网络可能更复杂或更简单,甚至结构完全不同。

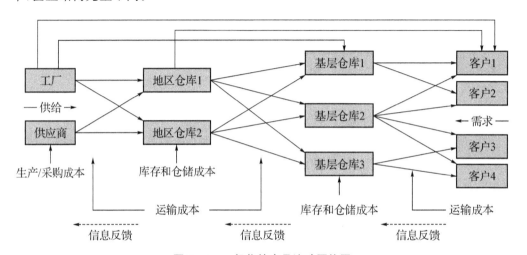

图2-4 一般化的产品流动网络图

物流网络规划要同时考虑空间和时间两方面的因素。空间方面指确定各种节点(如工厂、仓库和零售点)的地理位置。时间方面指保持产品的可得率以满足客户服务目标,涉及库存策略与运输管理。

物流网络规划属于战略性决策。在本章的讨论中,关注以下关键战略决策问题:

1. 确定合适的仓库数量;
2. 确定每个仓库的位置;
3. 确定每个仓库的规模;
4. 为产品分配仓库空间;
5. 确定各仓库为哪些客户提供哪些产品。

假定物流网络中工厂和零售店的地理位置不变,物流网络规划的目的在于设计或重构网络,在满足服务水平要求的条件下,使系统总成本达到最小。该系统总成本包括生产和采购成本、库存持有成本、固定设施成本、设施运营成本(存储、搬运和维护成本)

以及运输成本等。

2.2.2 规划流程

物流网络规划的流程如图 2-5 所示：

1. 现状分析，确定物流网络规划的范围和目标

要对一个企业的物流网络进行规划设计，首先要分析该企业的现状（包括该企业的物流组织结构、物流网络化程度等），找出该企业目前物流网络存在的问题，然后针对这些问题提出物流网络的规划目标。

2. 明确物流网络规划中的约束条件

在规划时，首先要明确物流网络规划的必要性、目的和意义。然后根据物流系统的现状分析，明确物流网络规划中约束条件，如总采购、仓储及配送成本、最小运送时间、平均客户服务水平、仓储及网络处理能力约束等。根据这些条件制定物流网络的基本规划，以便大大缩小选址的范围。

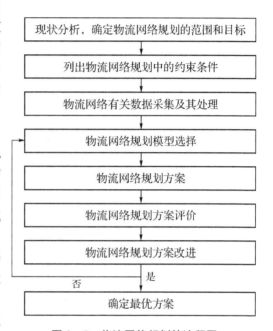

图 2-5 物流网络规划的流程图

其中，客户服务水平对企业的物流成本与物流网络的收益能力影响很大，是网络设计中的关键因素。定义服务水平有多种方式，仓库到客户的距离在很大程度上决定了仓库能否在合理的时间内为顾客服务。因此可将服务水平定义为"到指定仓库之间的距离不超过规定值的客户数占所有此仓库服务的客户数的比例"。例如，服务水平可表示为 95% 的客户离为其服务的仓库的距离在 300 公里以内。客户服务水平的审计可确定企业当前的客户服务水平以及对服务水平的实际期望。另外，物流网络规划中必须兼顾客户服务水平与相应的物流成本。

3. 数据资料的收集及处理

在提出物流网络规划的目标后，就要根据这一目标，收集所有有关的数据资料，确定数据资料的类型、要求及来源，分析可得数据资料的正确性，对得不到的数据资料进行估计等。例如，企业要新建一个产品销售用仓库，就要收集拟建仓库的地理位置、建设成本、管理费用、与工厂及客户间的距离、运输成本、服务水平等资料。收集的数据资料要求完整、准确；对于丢失的中间数据可以用插值法进行估计；对于得不到的数据，通常与未来信息有关，可以用预测的方法进行估计；对于异常数据可以用百分数方法进行

审查,经审查确认的异常数据应该剔出,以免影响数据的准确性。

4. 物流网络规划模型选择

根据物流网络的实际情况,选择合适的模型,如图表技术、计算机仿真模型、启发式模型以及专家系统模型等。

5. 物流网络规划方案

通过资料分析,确定服务目标,然后进行选址决策、运输决策和库存决策,形成物流网络规划方案。

6. 物流网络规划方案评价

方案评价包括对企业物流网络规划实施前和实施后的评价,通过前后比较发现物流网络规划中需改进之处。

7. 物流网络规划方案改进及得到最优方案

根据评价结果,对物流网络进行改进,直至得到最优方案。

2.3 物流网络有关数据采集及其处理

2.3.1 数据采集

物流网络规划需要大量各方面的数据作为决策的基础,这些数据通常包括以下内容:

- 产品:产品线上的所有产品清单及其采购/生产成本;
- 信息传输与订单处理:订单传输时间、订货批量、频率、季节波动、送货时间等;
- 运输过程:运输费率或运输方式的成本等;
- 设施成本及服务能力:固定设施成本、运作成本、搬运成本、仓储费率或仓储成本等,以及设备和设施的服务能力限制;
- 位置:供应商、制造商、零售商、客户及仓储配送中心的地理位置等;
- 客户服务需求和目标:处于不同位置的客户对各种产品的需求、提前期、履约率等。

上述数据来源主要包括商务操作数据文件、财务报表、物流调查与研究、公开的行业信息、以前的经验以及预测等。

2.3.2 数据处理

单纯的数据没有任何用途,必须对收集的数据进行组织、分类和汇总,将其转化为辅助决策的有用信息。进行数据处理时遵循的原则如下:

1. 汇集客户需求

规划者可使用网格或其他聚类技术把相互邻近的顾客汇集起来,将某一单元格里的所有的客户都被视为位于单元格的中心或重心处。一般可按照邮政编码来处理,如

表 2-1 所示。

表 2-1 按邮政编码汇总的某家电企业销售数据举例

客户位置单元格代码	单元格中包含客户数量	年销售总额(元)	年货运总量(吨)	订单的平均规模(件)	平均客户服务要求①	供给厂位置代码	供给仓库位置代码
210018	14	1200000	20	113	1	210011	210009
...	...	...	...	...	...	...	...
...	...	...	...	...	...	...	...
...	...	...	...	...	...	...	...
210005	58	5760000	78	120	1	210011	210009
210001	123	13400000	170	106	2	211100	211100
...	...	...	...	...	...	...	...
211100	80	7800000	112	132	1	211100	211100

① 客户服务要求以客户接受的送货天数表示。

2. 采用产品编码

采用计算机技术、激光技术和产品信息无线编码(射频识别系统,Radio Frequency and Identification System,RF/ID)等新技术进行产品录入,通过条码和光学扫描技术识别不同的产品、包装箱和不同批次的货物。该技术便于快速而准确地传输数据,同时有助于对数据进行分类、筛选和重组,将数据转化为网络规划所需的信息。

3. 进行产品分类组合

企业的产品线中包含成百上千种类别,需要对产品进行分组归类。通常根据以下原则把产品汇集为合理数目的产品组:

- 配送模式:把共用统一配送渠道的产品汇集在一起。
- 产品类型:除了产品型号、款式或包装类型上有所不同,同一类型的产品汇集成一类。

无论何种原则,物流网络规划时通常要求作为分析对象的产品类别不超过20个。

2.3.3 运输费率估算

在物流网络规划中,运输费率是一个重要的问题。由于物流成本是网络规划的主要决策依据,因此必须对各种方式的运输费率做出准确的估算。估算运输费率时应了解企业所用的运输服务的类型,是自有运输还是外部车队的运输。

企业自有卡车运输成本的估算相对简单,涉及每辆车的年费用、年行驶里程、年运量以及卡车的有效运力等,用来计算每单位产品每公里的运输成本。而这些信息只需要掌握详细的运作成本数据以及运输工具的行驶路线就可求得。表 2-2 是对某企业的自备卡车运输费率进行估算的示例。

表 2-2　某企业的自备卡车运输费率估算（元）

数据类型	实际值	周费用
每周总行驶里程	3 000 公里	
每周实际工作时间	70 小时	
每周发车次数	3 次	
司机的工资	12 元/小时	840
额外奖金	工资的 20%	168
油耗（升/10 公里）	3 升/10 公里	900
卡车折旧	320/周	320
维护费	65/周	65
保险费	77/周	77
路桥通行费、餐饮费、装卸费	100/次	300
紧急故障处理费	30/次	90
总成本		2 760
公司自备卡车运输费率＝2 760/3 000＝0.92/公里		

由于车辆并不是在两点间直线行驶，在返回仓库前车辆经停点往往不止一个，因此估计从起点到终点的有效费率就更加困难。假设线路上有 4 个经停点，实际行驶里程是 300 公里（见图 2-6a）；干线运输距离是 200 公里，站点间的运输距离总共为 100 公里。如果实际的运输费率为平均每公里 1.20 元，则 4 个经停点总的实际运输成本是 1.20×300＝360 元。而在规划过程中，通常只估计到达一个客户的单向距离（见图 2-6b），本例中有效距离是（100＋100＋120＋130＝450 公里），则每直线公里的有效费率是 360 元/450 公里＝0.8 元/公里。因此，规划时算出到达客户所在地的直线距离，然后乘以 0.8 元/公里的有效费率就得到前往该客户所在地的运输成本。可见，有效费率与实际费率之间存在较大差别。

从企业资源优化配置的目标出发，企业通常会将一部分产品运输业务交给外部车队来完成。租用外部车队的运输费率由承运企业提供，由于承运企业会根据不同的起点和终点以及之间的距离绘制出运输费率曲线，所以此种情况下估算运输费率较为简单。

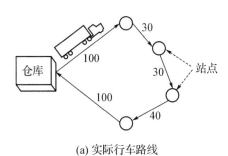 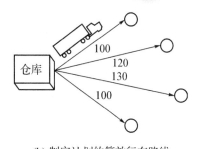

(a) 实际行车路线　　　　　　(b) 制定计划的等效行车路线

图 2-6　自营车辆实际行车路线与等效行车路线的对比

2.3.4　里程估计

除了运输费率,产品运输成本也取决于两点之间的距离。

如果两点的距离比较近,可以用直线网格系统来估计。假如已知点 a 和点 b 的坐标,则两点间的直线距离为:

$$D_{ab} = k\sqrt{(X_a - X_b)^2 + (Y_a - Y_b)^2} \quad (2-1)$$

式中:D_{ab}——点 a 与点 b 间的距离;

X_a, Y_a——点 a 的坐标值;

X_b, Y_b——点 b 的坐标值;

k——将坐标单位转化为距离单位的比例系数。

例 2-1　假如 A 地的坐标是 $X_a = 2, Y_a = 3$,B 地的坐标是 $X_b = 7.6, Y_b = 5$。地图的比例尺(比例系数)或两个连续坐标点之间的距离是 45 公里,估计 A 和 B 之间的距离?

解:A 和 B 之间的直线距离为

$$D_{ab} = 45\sqrt{(7.6-2)^2 + (5-3)^2} = 267.6 \text{ 公里}$$

一般来讲,如果两点的距离比较远时,应利用经纬度坐标和大圆(球面三角形)距离公式,该公式不仅能避免地图的偏差,还考虑了地球的弯曲程度。

已知 lon_a 和 lat_a——分别表示 a 点的经度和纬度(b 点同样,都是指弧度),则从 a 到 b 之间用公里表示的直线距离 D_{ab} 可按照下式计算:

$$D_{ab} = 6\,374\{\arccos[\sin(lat_a) * \sin(lat_b) + \cos(lat_a) * \cos(lat_b) * \cos|lon_b - lon_a|]\} \quad (2-2)$$

例 2-2　已知马德里的坐标是 $lon_a = 3.41\,°W, lat_a = 40.24\,°N$,米兰的坐标是 $lon_b = 9.12\,°E, lat_b = 45.28\,°N$。求位于西班牙马德里的仓库和位于意大利米兰的工厂之间的距离。

解:将上述各坐标值除以 57.3 得到弧度表示的坐标。即 $lon_a = -0.059\,5, lat_a =$

0.702 3, $lon_b = 0.159\ 2$, $lat_b = 0.790\ 2$。因为马德里在格林威治线以西,所以 lon_a 是负值,米兰在格林威治线以东,所以 lon_b 是正值。代入上式得:

$$D_{ab} = 6\ 374\{\arccos[\sin(0.702\ 3) \times \sin(0.790\ 2) + \cos(0.702\ 3) \times \cos(0.790\ 2) \times \cos|0.159\ 2 - (-0.059\ 5)|]\}\ 公里 = 1\ 166\ 公里$$

计算所得的距离总是小于两点间的实际距离。因为运输工具并不是直线行驶,而是在公路、铁路或海运航线的网络中穿行。若采用简单的直线网格系统和公式(2-1),还应考虑两点距离的迂回系数。市内运输的迂回系数可以取 1.41,一般公路的迂回系数近似为 1.21,铁路的迂回系数约为 1.24;若采用经纬度坐标和大圆公式(2-2)计算距离,则公路的迂回系数是 1.17,铁路的迂回系数是 1.20。任意地区的迂回系数都可通过抽取各点间距离的样本,并对实际距离与计算距离之比取其平均值的方法确定。

2.3.5 设施成本

仓库和配送中心的成本包括三个主要部分:

1. 固定成本:包括税收、租金、监管费和折旧费等。固定成本与产品库存数量不成比例,通常与仓库规模(容量)有关(见图 2-7 所示)。从图中可见,在特定范围的仓库规模下,固定成本保持不变。

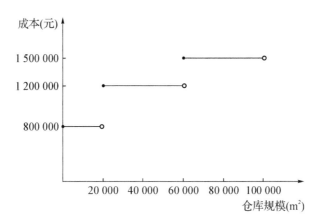

图 2-7 仓库固定成本随仓库容量的变化函数

2. 存储成本:代表库存持有成本,与平均库存水平成比例。

3. 搬运成本:与每年流过仓库的货物量成比例,如劳动力和搬运成本等。

2.3.6 设施能力限制

因工厂、仓库和销售点等设施都有一定的运行能力限制,故在物流网络规划中是一个非常重要的因素。但设施的运行能力并不是一成不变的,可通过多种方法使之在短期内得到一定程度的扩张,以满足紧急情况的需要,如增加班次、使用废弃的空间存放产品、或临时获得额外设备或仓储空间等。

2.3.7 库存量—周转量的关系

由于物流网络规划中涉及仓库的数量、选址与容量决策,因此需要弄清楚仓库的库存量与周转量的关系,以估算物流网络中仓库的平均库存水平。一般来说,平均库存=$\frac{年周转量}{年周转率}$。假如一个企业的仓库周转率目标是每年周转6次,则该仓库的平均库存量是年周转量的1/6。但是这种方法虽然容易理解,却并不十分准确。

更准确的方法是对仓库库存控制数据进行分析,通过库存状态报告,将各仓库的平均库存水平与周转量之间的关系在坐标轴中表现出来,得到一组散点图。将这些点拟合起来,就得到一条平均库存水平—年周转量的关系曲线,并通过最佳的数学表达式拟合该数据曲线。然后根据分派给现有仓库或新仓库的年周转量,就能估计出某特定仓库相应的平均库存水平。如图2-8所示。

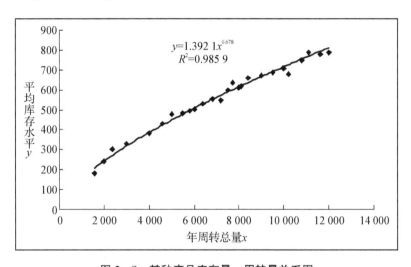

图2-8 某种产品库存量—周转量关系图

2.3.8 需求预测

由于物流网络规划是为企业未来的物流运作而设计,因此在分析时需要基于历史数据和当前数据进行中期或长期预测。在实践中,企业一般采用五年预测数据进行网络设计。

2.3.9 其他因素和限制条件

在搜集了基本的经济数据之后,还需考虑下面一些重要的限制条件:
- 资金限制,如可用于新设施的最高投资额;

- 法律和政治限制，如在评估某潜在选址点时，应避开某些区域；
- 自然资源和基础设施条件限制；
- 人力资源限制，是否有足够数量和质量的人力来支持新的战略；
- 现有的和预期的合同限制；
- 本地行业和税收政策限制；
- 公共利益限制。

这些限制条件对物流网络规划也会产生重要的影响。

2.4　物流网络建模

通常物流网络规划分析中使用的模型主要有以下五种：

1. 图表技术

图表技术泛指大量只借助相对低水平数学分析的直观方法。虽然这类技术不需要深奥的数学分析，但能够综合反映各种现实的约束条件，而且其分析结果并非是低质量的。支持这种分析的方法大量存在并被广泛应用，如图表统计法、加权评分法、电子表格等。借助这些方法，加上分析人员的经验、洞察力，以及对网络设计的良好理解，往往能得到满意的设计方案。

2. 计算机仿真

仿真模型考虑了具体设计和网络性能方面的动态情况。其优点在于能方便地处理随机性的变量要素，将成本、运输方式与运输批量、库存容量与周转率等要素以合理的数量关系加以描述，并通过编制计算机程序进行物流网络的模拟运行。当设计的物流网络不需要翔实和优化的解决方案，或者不是特别关键时，仿真方法则是最合理的选择。

3. 优化模型

优化模型依赖精确的数学过程评价各种可选方案，包括线性规划、非线性规划、整数规划、枚举模型和排序模型等，能保证得到的是针对该问题的数学最优解。但根据这些模型处理的都是静态的参数，如年需求量、平均需求量等，没有考虑在这些时间段上的变化。

4. 启发式模型

启发式模型集成了仿真模型和优化模型的优点，用以寻找复杂的物流网络设计问题的可行解决方案。这种方法用来解决一些较为复杂的物流网络问题，往往需要做出大量的决策，以满足优化模型的要求。通常启发式模型并不保证结果是最优的，但能够得到合理的网络配置解决方案，且该方法具有很好的可操作性。

在物流网络规划中，启发式模型常使用以下规则：

- 仓库的最佳选址往往是在需求最密集的中心点附近；

- 购买量大（如按整车批量购买）的顾客，由供货点直接供给而无需经过仓储系统；
- 如果某产品的仓储成本小于出、入库运输成本的差异，则应该将产品存放在仓库里；
- 在当前配送体系中，增加新的仓库的前提条件是，新增加的仓库能最大化地节约物流总成本；
- 从配送的角度来看，成本最高的客户是那些以小批量购买且位于配送网络末端的客户。

5. 专家系统和决策支持系统

物流网络的设计者，会积累大量解决这些相关问题的工作经验，能够解决一些更复杂的问题。通过掌握规划艺术的技术和知识来弥补当前规划过程所使用的科学方法的不足。一个决策支持系统集成了数据、信息和技术，并辅以计算机程序，最终得到能够支持管理者做出决策的网络解决方案。

2.5 物流网络分配

在物流网络规划中，已经确定了 m 个供应点、n 个仓储配送中心、k 个需求点，要求产品在 n 个仓储配送中心进行分配，即产品由 m 个制造厂经 n 个配送中心配送至 k 个市场区域，要得到最佳的配送网络，使总成本最小。网络结构见图 2-9 所示。

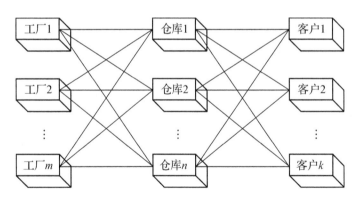

图 2-9 物流网络分配示意图

例 2-3 考虑以下配送系统：
- 一种产品；
- 两个制造厂，以 $C1$ 和 $C2$ 表示；
- 制造厂 $C2$ 的实际产能为 80 000 单位，制造厂 $C1$ 产能无限制；
- 两个制造厂有相同的生产成本；
- 两个现有仓库 $S1$ 和 $S2$ 具有相同的仓库搬运成本；
- 三个客户 $M1$、$M2$ 和 $M3$ 的需求分别是 60 000、90 000 和 70 000 单位；

- 图 2-10 显示了每单位的配送成本。例如从制造厂 C1 到仓库 S2,配送单位产品的成本是 5 元。

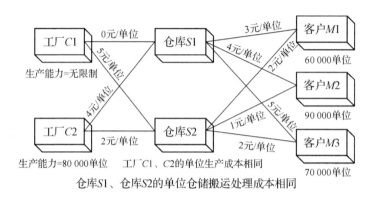

图 2-10 物流网络需求和成本示意图

目标是找到合适的配送策略,以确定供应商经仓库到市场区域的产品流,该策略要满足 C2 的产能约束,满足各市场区域的需求,并最小化总配送成本。首先采用启发式算法,尝试寻找到有效的配送策略。

1. 启发式算法 1

对于每个客户,选择配送成本最低的仓库来满足需求。因此客户 $M1,M2$ 和 $M3$ 都将由仓库 S2 来供货。然后为这个仓库选择配送成本最低的制造厂,即从 C2 配送 80 000 单位,其余的 140 000 单位由 C1 供应。总成本是:

$2×60\,000+1×90\,000+2×70\,000+2×80\,000+5×140\,000=1\,210\,000(元)$

2. 启发式算法 2

对于每个客户,选择仓库和工厂,使入库和出库总的配送成本最低。因此,对于客户 $M1$,考虑路径 C1→S1→M1、C1→S2→M1、C2→S1→M1、C2→S2→M1。在所有这些方案中,C1→S1→M1 费用最少,因此为 $M1$ 选择 S1。通过同样的分析,为 $M2$ 选择 S2,为 $M3$ 选择 S2。

即仓库 S1 需交货 60 000 单位,仓库 S2 要交货 160 000 单位。最好的入库配送模式是从制造厂 C1 向仓库 S1 供应 60 000 单位,从制造厂 C2 向仓库 S2 供应 80 000 单位,从 C1 向仓库 S2 供应 80 000 单位,该策略的总成本是 970 000 元。

启发式模型并不保证结果是最优的,但能够得到合理的网络配置解决方案。即以上两种启发式算法都没有产生最好的或成本最小的策略。为了寻找最好的配送策略,考虑以下优化模型。即将上面的配送问题描述成下面的线性规划问题。

令:X_{ij},Y_{jk} 分别表示从制造厂 i 到仓库 j 和从仓库 j 到客户区 k 的流量,需要解决的线性规划的模型是:

$\text{Min}\{0X_{11}+5X_{12}+4X_{21}+2X_{22}+3Y_{11}+4Y_{12}+5Y_{13}+2Y_{21}+1Y_{22}+2Y_{23}\}$

服从以下约束：

$$X_{21}+X_{22}\leqslant 80\ 000$$
$$X_{11}+X_{21}=Y_{11}+Y_{12}+Y_{13}$$
$$X_{12}+X_{22}=Y_{21}+Y_{22}+Y_{23}$$
$$Y_{11}+Y_{21}=60\ 000$$
$$Y_{12}+Y_{22}=90\ 000$$
$$Y_{13}+Y_{23}=70\ 000$$

所有的流量大于或等于 0。

可以在 Excel 程序中建立这个模型，并使用 Excel 中的线性规划模块来寻找最优策略。得出的最优配送策略如表 2-3 所示：

表 2-3 最优配送策略

仓库	C1	C2	M1	M2	M3
S1	140 000	0	60 000	10 000	70 000
S2	0	80 000	0	80 000	0

经计算，最优策略的总成本为 810 000 元。

2.6 物流设施选址

物流网络中的设施是指物流网络系统中的一些关键节点，如工厂、仓库、销售网点等。物流设施的选址在物流网络规划中起到决定性的作用，其选址决策包括确定各类设施的数量、设施的地理位置、设施的规模等。

本节主要讨论在工厂和零售店的位置确定的情况下，如何选择仓库/物流配送中心的位置。目的在于设计或重构物流网络，在满足服务水平要求的条件下，使系统总成本（包括生产和采购成本、库存保管成本、设施运营成本以及运输成本等）达到最小。

2.6.1 单设施与多设施选址

1. 单设施选址

单设施选址指为单个物流设施选址，最常用的是重心法。它将运输成本作为唯一的选址决策因素，是一种静态的选址方法。该方法的目标是找出重心的位置，使得运输总成本最小。即

$$\text{Min} TC = \sum_{i} Q_i R_i d_i \tag{2-3}$$

其中：TC——运输总成本；

Q_i——节点 i 的运输量;

R_i——待选址设施到节点 i 的运输费率;

d_i——待选址设施到节点 i 的距离。

设施选址的坐标值为:

$$\overline{X} = \frac{\sum_i Q_i R_i X_i / d_i}{\sum_i Q_i R_i / d_i} \tag{2-4}$$

$$\overline{Y} = \frac{\sum_i Q_i R_i Y_i / d_i}{\sum_i Q_i R_i / d_i} \tag{2-5}$$

式中:$(\overline{X}, \overline{Y})$——待选址设施的坐标;

(X_i, Y_i)——产地和需求地的坐标;

$$距离 \, d_i = \sqrt{(X_i - \overline{X})^2 + (Y_i - \overline{Y})^2} \tag{2-6}$$

——$\overline{X}, \overline{Y}$ 的求解公式是由式(2-3)和(2-6)分别求 TC 对 X 和 Y 的偏导,并令其为 0 而导出。

重心法求解步骤:

(1) 确定各产地和需求地的坐标值 X_i, Y_i,同时确定各点货物运输量和直线运输费率;

(2) 不考虑距离因素 d_i,用重心公式估算初始选址点:

$$\overline{X} = \frac{\sum_i Q_i R_i X_i}{\sum_i Q_i R_i}, \tag{2-7}$$

$$\overline{Y} = \frac{\sum_i Q_i R_i Y_i}{\sum_i Q_i R_i}; \tag{2-8}$$

(3) 根据式(2-6),用步骤 2 得到的 $\overline{X}, \overline{Y}$ 计算 d_i;

(4) 将 d_i 代入式(2-4)和(2-5),解出修正的 $\overline{X}, \overline{Y}$ 的坐标值;

(5) 根据修正的 $\overline{X}, \overline{Y}$ 坐标值,再重新计算 d_i;

(6) 重复步骤 4 和 5,直至 $\overline{X}, \overline{Y}$ 的坐标值在连续迭代过程中都不再变化,或变化很小,继续计算没有意义;

(7) 最后,如果需要,利用式(2-3)计算最优选址的总成本。

例 2-4 某企业的两个工厂 $C1, C2$ 分别生产 A, B 两种产品,供应 3 个市场区域($M1, M2, M3$)。工厂和市场的空间分布如图 2-11,货物生产、运输量及运输费率如表 2-4 所示。现需设置一个中转仓库,A, B 两种产品通过该仓库间接向三个市场供货,求仓库的最优选址。

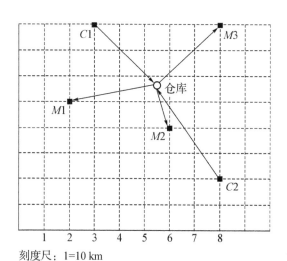

刻度尺:1=10 km

图 2-11 工厂 $C1$、$C2$ 和市场 $M1$、$M2$、$M3$ 及建议的仓库位置图

表 2-4 市场和供应地的坐标,货物运输量和运输费率

节点(i)	产品(P)	运输总量 Q_i(单位)	运输费率 R_i(元/单位/公里)	坐 X_i	标 Y_i
1 $C1$	A	3 000	0.06	3	8
2 $C2$	B	4 000	0.06	8	2
3 $M1$	A&B	2 500	0.1	2	5
4 $M2$	A&B	2 000	0.1	6	4
5 $M3$	A&B	2 500	0.1	8	8

利用公式(2-7)和(2-8),可以确定仓库的初始位置,以表格形式对方程求解,如下表 2-5 所示。

表 2-5 初始参数和变量值

i	X_i	Y_i	V_i	R_i	V_iR_i	$V_iR_iX_i$	$V_iR_iY_i$
1	3	8	3 000	0.06	180	540	1 440
2	8	2	4 000	0.06	240	1 920	480
3	2	5	2 500	0.1	250	500	1 250
4	6	4	2 000	0.1	200	1 200	800
5	8	8	2 500	0.1	250	2 000	2 000
求和					1 120	6 160	5 970

根据上述数据求得:

$$\overline{X}=6\,160/1\,120=5.5$$
$$\overline{Y}=5\,970/1\,120=5.33$$

然后根据式(2-6)、(2-4)和(2-5)反复迭代求出仓库的精确重心位置。本书通过 Lingo 软件程序求出仓库的精确重心位置为 $\overline{X}=5.762,\overline{Y}=4.642$,最小运输总成本为 37 041.8 元。

单设施选址模型的优点是显而易见的——有助于寻找选址问题的最优解,而且这些模型能够充分真实地体现实际问题,即无论从数学还是从实际的角度,这种简化假设都是可取的。采用该模型时,有以下假设条件:

(1) 假定分散于广阔区域的多个消费点需求量集中于某一点。

(2) 不同地点选址而产生的固定设施成本、劳动力成本、库存成本等方面的没有成本差异。

(3) 运输费用与运输距离呈线形关系。

(4) 将不同节点之间的运输视为直线运输,而在现实条件下,节点之间的直线距离与实际发生的行走路线之间存在差异,修正这种差异的方法是将两点之间的直线距离乘上一个修正系数(见 2.3.4)。当然这些修正系数都是经验值,实际中应根据情况灵活调整。

(5) 静态选址假设:不考虑时间价值,即不考虑未来的收益与成本的变化。

2. 多设施选址

对大多数企业而言,经常需要同时决定两个或多个设施的选址,或者在两个或多个设施中进行选择,虽然问题更加复杂,却更加接近实际情况。以仓库选址为例,需要解决的问题有:需设置的仓库的数量、容量及位置;每个仓库服务的顾客群;各仓库的产品供给源;每种产品的库存配置与运输方式等。

(1) 混合整数规划模型

混合整数规划是解决物流网络设计问题常用的数学方法。该问题中,工厂和客户的位置是确定的,而仓库则有一些备选地点;决策目标是在物流网络中确定仓库的数量、容量与位置,使得产品的物流总成本最小。其决策问题的约束条件为:

①各供货厂的产量不能超过其生产能力;

②必须满足所有的市场需求;

③仓库的吞吐量不能超过其吞吐能力;

④仓库必须达到最低吞吐量才可以运营;

⑤同一市场所需的各种产品必须由同一仓库供应。

在掌握以上数据信息后,通过混合整数规划模型的建立和求解,可以得到以下结果:

①物流网络中仓库的数目、地点以及规模;

②工厂生产的产品运往哪个仓库;

③仓库为哪些客户服务；
④整个物流系统运输流的流向和流量；
⑤物流网络的各项成本以及总成本。

图2-12表示工厂、仓库及客户之间的关系：

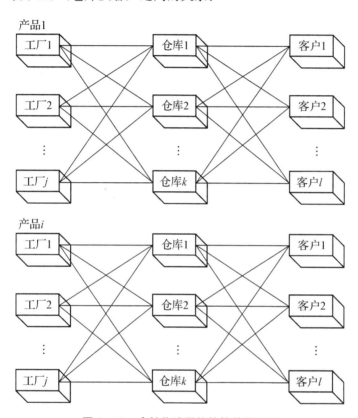

图2-12 仓储物流网络的简单关系图

目标函数为整个物流网络中的总成本最小，建立的模型如下所示：

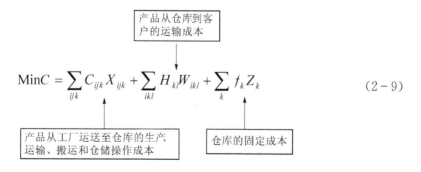

$$\text{Min} C = \sum_{ijk} C_{ijk} X_{ijk} + \sum_{ikl} H_{kl} W_{ikl} + \sum_{k} f_k Z_k \qquad (2-9)$$

约束条件如下：

不能超过工厂的生产能力

$$\sum_k X_{ijk} \leq S_{ij} \quad \text{所有 } ij$$

仓库容量限制

$$\sum_{ij} X_{ijk} \leq M_k \quad \text{所有 } k$$

进出仓库 k 的产品 i 的数量相等

$$\sum_j X_{ijk} = \sum_l W_{ikl}$$

满足所有客户需求

$$\sum_{kl} W_{ikl} = \sum_l D_{il} Y_{kl}$$

每个客户只能由一个仓库提供服务

$$\sum_k Y_{kl} = 1$$

i：产品 i；

j：工厂 j；

k：仓库 k；

l：客户 l；

X_{ijk}——从工厂 j 运送到仓库 k 的产品 i 数量；

W_{ikl}——经仓库 k 运送到客户 l 的产品 i 数量；

C_{ijk}——产品 i 从工厂 j 运送至仓库 k 的单位生产、运输、搬运和仓储操作成本；

H_{kl}——单位产品从仓库 k 到客户 l 的运输成本；

S_{ij}——工厂 j 生产产品 i 的最大生产能力；

M_k——仓库 k 的最大仓储能力；

D_{il}——客户 l 对产品 i 的需求量；

f_k——仓库 k 每年的固定费用；

Z_k——0-1 变量，若仓库 k 投入使用，为 1，否则为 0；

Y_{kl}——0-1 变量，若仓库 k 为客户区 l 提供服务，为 1，否则为 0。

例 2-5 如图 2-13 所示，工厂 1 和工厂 2 都生产两种产品（产品 1 和产品 2），已知两个仓库（仓库 1 和仓库 2）的位置，可由 2 个仓库向 3 个客户（M1、M2、M3）供货，但每个客户只能由同一个仓库供应。仓库 1（W1）的固定成本为 10 万元/年；其周转费用是 2 元/单位，年周转总量为 130 000 单位。仓库 2 的固定成本为 50 万元/年，周转费用为 1 元/单位，处理能力无限制；也不存在维持仓库运营的最低数量限制。现有两个工厂为仓库提供产品，工厂 1 的生产能力有限制（可生产 5 万单位产品 A，6 万单位产品 B），工厂 2 生产任意一种产品都没有生产能力的限制。该如何规划此物流网络？

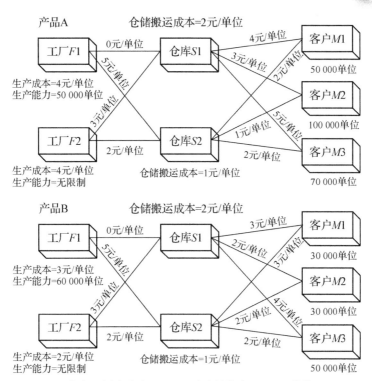

图 2-13 混合整数规划的小型多产品仓库选址问题

按照上述模型求解,其目标函数为:

$$\text{Min} C = \sum_{ijk} C_{ijk} X_{ijk} + \sum_{ikl} H_{kl} W_{ikl} + \sum_k f_k Z_k$$

其中,C_{ijk}——产品 i 从工厂 j 至仓库 k 的单位生产、运输、搬运和仓储操作成本;例中产品 A 从工厂 F1 至仓库 S2 的单位生产、运输、搬运和仓储操作成本 $C_{112}=4+5+1=10$ 元/单位。

按照上述模型建立约束条件,这类问题一般用混合整数规划的计算机软件包来求解,如 Lingo 软件。本书即采用 Lingo 软件来求解该混合整数规划模型。解的结果是仅使用仓库 2,利用工厂 2 供货,总成本是 3 180 000 元。

当然对这类实际问题,由于数据量大,即便使用最先进的计算机,也无法进行求解。现在研究者运用这样一些方法,如将一个多产品问题按产品类别分解成若干子问题,去掉与解无关的部分,估计出近似的数据关系,弥补前文解法的缺陷,从而使计算机运行时间和所需内存空间限制在令人接受的范围。

(2) P—中值模型

P—中值模型指在给定数量和位置的需求点集合和候选仓库位置的集合下,分别

为 P 个仓库找到合适的位置并指派每个需求点到一个特定的仓库,使仓库和需求点之间的配置达到最优化的目标。其中优化的目标可以是运输总费用的最低,也可以是运输的总时间最低等。图 2-14 说明了 P—中值选址模型的原理。

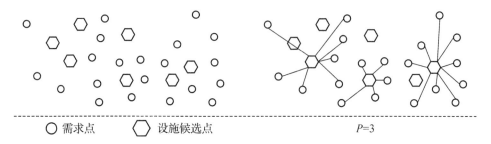

○ 需求点　　⬡ 设施候选点　　　　　　　　　　$P=3$

图 2-14　P—中值选址模型的原理

①模型的建立

根据以上分析,建立模型如下:

目标函数

$$\min \sum_{i \in N} \sum_{j \in M} d_i c_{ij} y_{ij} \qquad (2-10)$$

约束条件如下:

每个需求点只有一个仓库提供服务

$$\sum_{j \in M} y_{ij} = 1 \quad i \in N$$

设立仓库的总数目为 P 个

$$\sum_{j \in M} x_j = P$$

没有设置仓库的候选点不分配需求点

$$y_{ij} \leqslant x_j \quad i \in N, j \in M$$

$$x_j \in \{0,1\} \quad j \in M$$

$$y_{ij} \in \{0,1\} \quad i \in N, j \in M$$

式中:N:$N=\{1,2,\cdots,n\}$,系统中的 n 个需求点;

M:$M=\{1,2,\cdots,m\}$,m 个备选仓库选址点;

d_i:第 i 个需求点的需求;

c_{ij}:从需求点 i 到仓库供给点 j 的单位运输费用或时间;

P——可以建立的仓库的总数目($P<m$);

$$x_j = \begin{cases} 1 & \text{在 } j \text{ 点建立仓库} \\ 0 & \text{否则} \end{cases} \quad j \in M;$$

$$y_{ij} = \begin{cases} 1 & \text{客户 } i \text{ 由仓库 } j \text{ 提供服务} \\ 0 & \text{否则} \end{cases} \quad i \in N, j \in M。$$

②模型求解

求解一个 P—中值模型需要解决两方面问题:

1) 选择合适的仓库位置;
2) 指派客户到相应的仓库中去。

因仓库点无能力限制约束,所以一旦仓库的位置确定以后,再确定每个客户到不同的仓库中,使总费用最小就很简单了。

P—中值模型用来求解设施选址问题时,主要有两大类方法,即精确算法和启发式算法。当用来求解较大规模的仓库选址问题时,通常采用启发式算法进行求解。启发式算法是一种既可得到可行解,又不需要太大计算量的一种方法,虽然不能绝对保证计算的结果是最优的,但是可以保证计算的结果是可行且较好的。常用的启发式算法有贪婪加入算法、贪婪去除算法等,本书介绍贪婪去除算法。其基本步骤如下:

1) 令当前选中设施点数 $k=m$,即将所有 m 个候选点都选中;
2) 将每个客户指派给 k 个设施点中离其距离最近的一个设施点,求出运输总费用 TC;
3) 若 $k=P$,输出 k 个设施点及各客户的指派结果,停止;否则进入 4);
4) 从 k 个设施候选点中确定一个取走点,满足:假设将它取走并将它的客户指派给其他的最近设施点后,总费用增加量最小;
5) 从候选点集合中删去取走点,令 $k=k-1$,转 2);

P—中值模型一般适用于工厂、仓库或配送中心的选址问题,如要求在它们和零售商或客户之间的费用最小。

例 2-6 一饮料生产商经过一段时间的广告宣传,在 8 个地区打开了市场,由于该区域离总部较远,公司拟在该区域新建 2 个仓库,用最低的运输成本来满足该区域的需求。经过一段时间的考察之后得到 4 个候选点,如图 2-15 所示,从候选地址到各个地区的运输成本 c_{ij}、各个地区的需求量 d_i 都已经确定,试选择其中的两个候选点作为仓库地址,使总运输成本最小($P=2$)。

图 2-15 销售地区及仓库候选位置

$$c_{ij} = \begin{pmatrix} 4 & 12 & 20 & 6 \\ 2 & 10 & 25 & 10 \\ 3 & 4 & 16 & 14 \\ 6 & 5 & 9 & 2 \\ 18 & 12 & 7 & 3 \\ 14 & 2 & 4 & 9 \\ 20 & 30 & 2 & 11 \\ 24 & 12 & 6 & 22 \end{pmatrix} \quad d_i = \begin{pmatrix} 100 \\ 50 \\ 120 \\ 80 \\ 200 \\ 70 \\ 60 \\ 100 \end{pmatrix}$$

解：$k=4$，令第 i 个地区指派给 c_{ij} 中最小的候选点。

第一次指派结果为：$A=(a_1,a_2,\cdots,a_8)=(1,1,1,4,4,2,3,3)$，运输总费用 $TC=\sum_{i=1}^{8}c_{ia_i}d_i=2\ 480$。

分别对删去候选点 1,2,3,4 进行分析，并对各自的增量进行计算：

若删去候选点 1，则 $(a_1,a_2,\cdots,a_8)=(4,2,2,4,4,2,3,3)$，$TC=3\ 200$，增量为 $3\ 200-2\ 480=720$；

若删去候选点 2，则 $(a_1,a_2,\cdots,a_8)=(1,1,1,4,4,3,3,3)$，$TC=2\ 620$，增量为 140；

若删去候选点 3，则 $(a_1,a_2,\cdots,a_8)=(1,1,1,4,4,2,4,2)$，$TC=3\ 620$，增量为 1 140；

若删去候选点 4，则 $(a_1,a_2,\cdots,a_8)=(1,1,1,2,3,2,3,3)$，$TC=3\ 520$，增量为 1 040；

因此，移走第 2 个候选点所产生的增量是最小的，所以第一个被移走的候选位置是候选点 2。

此时 $k=3$，$(a_1,a_2,\cdots,a_8)=(1,1,1,4,4,3,3,3)$，$TC=2\ 620$，又分别对删去候选点 1,3,4 进行分析计算如下：

若删去候选点 1，则 $(a_1,a_2,\cdots,a_8)=(4,4,4,4,4,3,3,3)$，$TC=4\ 540$，增量为 $4\ 540-2\ 620=1\ 920$；

若删去候选点 3，则 $(a_1,a_2,\cdots,a_8)=(1,1,1,4,4,4,4,4)$，$TC=5\ 110$，增量为 2 490；

若删去候选点 4，则 $(a_1,a_2,\cdots,a_8)=(1,1,1,1,3,3,3,3)$，$TC=3\ 740$，增量为 1 120；

因此，移走第 4 个候选点所产生的增量最小，所以第二个被移走的候选位置是候选点 4。

此时，$k=2=P$，计算结束，结果为在候选位置 1,3 建新的仓库，运输总成本为 3 740。如图 2-16 所示。

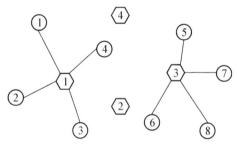

图 2-16 仓库选址及地区指派结果

3. 多设施选址方法评述

• 如何准确和高效地处理库存政策、运输费率结构、生产/采购规模经济中出现的非线性的、不连续的成本关系仍然是数学上的难题。

• 模型只考虑了整个物流网络的成本最小化，而没将客户服务水平作为约束条件。

• 模型对库存和运输决策问题是分开考虑的，未能实现同步求解，因此模型还不是真正的一体化网络规划模型。

2.6.2 动态选址

上述选址模型都是静态选址,没有体现实际中的动态性,根据现有条件进行的仓库选址,在第二年、第五年甚至第十年可能就不是最优位置,如何保证物流网络选址在一定时期内都持续最佳的结果,可以使用既简单可行又能应用于实际的解决方法——动态规划方法。它的优点是简单可行,且可以应用于实际。本节将介绍动态规划方法,该方法是解决多阶段决策最优化的数学方法之一。

1. 动态规划的基本思想

在生产和科学实验中,有一类活动的过程,由于它的特殊性,可将过程分为若干个互相联系的阶段,在它的每一阶段都需要做出决策,从而使整个过程达到最好的活动效果。

各个阶段决策选取不是任意的,它依赖于当前面临的状态,又影响以后的发展。当各个阶段决策确定后,就组成了一个决策序列。这种把一个问题看作一个前后关联且具有链状结构的多阶段过程称为多阶段决策过程,见图 2-17。

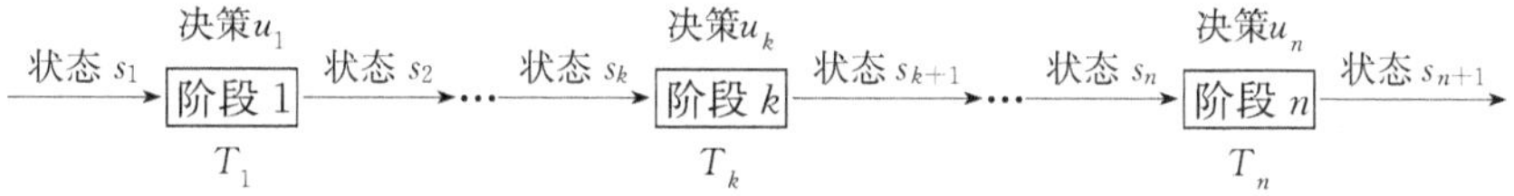

状态 s_1 →[决策 u_1 阶段 1 T_1]→ 状态 s_2 → 状态 s_k →[决策 u_k 阶段 k T_k]→ 状态 s_{k+1} → … → 状态 s_n →[决策 u_n 阶段 n T_n]→ 状态 s_{n+1}

图 2-17 多阶段决策过程图

在多阶段决策问题中,各个阶段采取的决策一般与时间有关。决策依赖于当前的状态,又随即引起状态的转移,一个决策序列就是在变化的状态中产生出来的,故有"动态"的含义。因此,将处理它的方法称为动态规划法。

例 2-7 最短路问题。如图 2-18,给定一个线路网络,两点之间连线上的数字表示两点之间的距离(或费用),试求一条由 A 到 E 的铺管线路,使总距离为最短(或总费用为最小)。

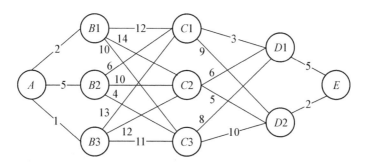

图 2-18 A—E 的铺管线路图

由图 2-18 可知:

- 各个阶段决策不同,铺管线路就不同;
- 当某阶段的初始状态给定时,它直接影响着后面各阶段行进路线和整个线路的长短;
- 后面各阶段的路线的发展不受以前各阶段线路的影响。

可以枚举出 18 条路径,其中最短路径长度为 19。该例题中表现为明显的阶段性。一条从 A 到 E 的最短路径中,任何一点到 E 的距离都是最短的:设 S_i 表示 i 点到 E 的最短路径的长度,则有 $S_A = \min \begin{cases} d_{AB1} + S_{B1} \\ d_{AB2} + S_{B2} \\ d_{AB3} + S_{B3} \end{cases}$。同样,可计算出各阶段中各点到 E 的最短路径,从 E 向回搜索即得 A 到 E 的最短路径。

2. 动态规划的基本概念

(1) 阶段——根据问题的特点和需要,将问题按时间或空间特征分解为若干相互联系的阶段,阶段变量用 k 表示。例如,例 2-7 中根据空间特征将问题分为 4 个阶段。

(2) 状态——各阶段开始时的客观条件。描述状态的变量称为状态变量(s_k);s_k 的取值集合称状态集合(S_k),例题 2-7 中,$S_2 = \{B1, B2, B3\}$。

(3) 决策——某阶段状态确定后,从该状态到下阶段某状态的选择,描述决策的变量称为决策变量($u_k(s_k)$)。$u_k(s_k)$ 的取值集合称允许决策集合($D_k(s_k)$),例题 2-7 中,$D_3(C1) = \{D1, D2\}$。

(4) (后部)子策略——由过程第 k 阶段开始到终点为止,每阶段的决策所组成的序列($P_{k,n}(s_k) = \{u_k(s_k), u_{k+1}(s_{k+1}), \cdots, u_n(s_n)\}$),子策略集合记为 $P_{k,n}$。

(5) 阶段指标——衡量某阶段决策效果的数量指标($v_k(s_k, u_k)$)。

(6) 指标函数——衡量选定策略决策效果的数量指标。用 $V_{k,n}(s_k, P_{k,n})$ 表示第 k 阶段状态为 s_k、后部子策略为 $P_{k,n}$ 时,后部子过程的指标函数值;相应的最优指标函数值记为 $f_k(s_k)$。

3. 动态规划的基本原理

(1) 最优性原理

最优策略具有的基本性质是:无论初始状态和初始决策如何,对于前面决策所确定的某一状态而言,后部子策略必构成最优后部子策略。

最优策略的任何后部子策略也是相应初始状态的最优策略;每个最优策略只能由最优子策略生成。

(2) 求解方法

根据决策过程行进方向与(多阶段)实际问题行进方向的异同,将求解方法分为顺序解法和逆序解法。本书采用逆序解法求解问题。动态规划逆序解法的递推公式

$$\begin{cases} f_k(s_k) = \underset{u_k \in D_k(s_k)}{opt} \{v_k(s_k, u_k) \oplus f_{k+1}(s_{k+1})\} \\ f_{n+1}(s_{n+1}) = 0 \end{cases} \quad k = n, n-1, \cdots, 1 \quad (2-11)$$

其中⊕表示＋或＊，$f_{n+1}(s_{n+1})=0$ 称为边界条件。

（1）当过程和它任何一个过程的指标是它所包含的各阶段指标的和，即
$v_{k,n} = \sum_{j=k}^{n} v_j(s_j, u_j)$ 时，则有
$$f_k(s_k) = opt\{v_k(s_k, u_k) + f_{k+1}(s_{k+1})\} \quad (2-12)$$

（2）当过程和它任何一个过程的指标是它所包含的各阶段指标的积，即
$v_{k,n} = \prod_{j=k}^{n} v_j(s_j, u_j)$ 时，则有
$$f_{n+1}(s_{n+1}) \neq 0, f_k(s_k) = opt\{v_k(s_k, u_k) * f_{k+1}(s_{k+1})\} \quad (2-13)$$

应用：求例题 2-7 中从 A 到 E 的最短路径。

解：可分为 4 个阶段（由 A 到 B、B 到 C、C 到 D、D 到 E）；逐次作出决策，构成从 A 到 E 的一条路径；状态集 $S_1=\{A\}, S_2=\{B1, B2, B3\}, S_3=\{C1, C2, C3\}, S_4=\{D1, D2\}, S_5=\{E\}$；阶段指标 d 为两个相邻节点之间的长度；$f_k(s_k)$ 为从 s_k 到 E 的最短路长度，$f_1(A)$ 是从 A 到 E 的最短距离，即最优策略的值。

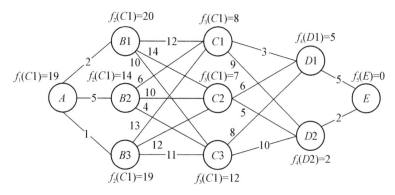

$f_5(E)=0$。

第四阶段：

$f_4(D1)=d(D1\to E)+f_5(E)=5+0=5$；

$f_4(D2)=d(D2\to E)+f_5(E)=2+0=2$。

第三阶段：

$f_3(C1)=\min\begin{Bmatrix}d(C1\to D1)+f_4(D1)\\ d(C1\to D2)+f_4(D2)\end{Bmatrix}=\min\begin{Bmatrix}3+5\\ 9+2\end{Bmatrix}=8$，最优决策 $C1\to D1$；

$f_3(C2)=\min\begin{Bmatrix}d(C2\to D1)+f_4(D1)\\ d(C2\to D2)+f_4(D2)\end{Bmatrix}=\min\begin{Bmatrix}6+5\\ 5+2\end{Bmatrix}=7$，最优决策 $C2\to D2$；

$f_3(C3)=\min\begin{Bmatrix}d(C3\to D1)+f_4(D1)\\ d(C3\to D2)+f_4(D2)\end{Bmatrix}=\min\begin{Bmatrix}8+5\\ 10+2\end{Bmatrix}=12$，最优决策 $C3\to D2$；

第二阶段：

$$f_2(B1)=\min\begin{Bmatrix}d(B1\to C1)+f_3(C1)\\d(B1\to C2)+f_3(C2)\\d(B1\to C3)+f_3(C3)\end{Bmatrix}=\min\begin{Bmatrix}20\\21\\22\end{Bmatrix}=20,最优决策\ B1\to C1;$$

$$f_2(B2)=\min\begin{Bmatrix}d(B2\to C1)+f_3(C1)\\d(B2\to C2)+f_3(C2)\\d(B2\to C3)+f_3(C3)\end{Bmatrix}=\min\begin{Bmatrix}14\\17\\16\end{Bmatrix}=14,最优决策\ B2\to C1;$$

$$f_2(B3)=\min\begin{Bmatrix}d(B3\to C1)+f_3(C1)\\d(B3\to C2)+f_3(C2)\\d(B3\to C3)+f_3(C3)\end{Bmatrix}=\min\begin{Bmatrix}21\\19\\23\end{Bmatrix}=19,最优决策\ B3\to C2。$$

第一阶段：

$$f_1(A)=\min\begin{Bmatrix}d(A\to B1)+f_2(B1)\\d(A\to B2)+f_2(B2)\\d(A\to B3)+f_2(B3)\end{Bmatrix}=\min\begin{Bmatrix}22\\19\\20\end{Bmatrix}=19,最优决策\ A\to B2。$$

因此从 A 到 E 的状态及最优决策为 $A(A,B_2),B_2(B_2,C_1),C_1(C_1,D_1),D_1(D_1,E),E$。从 A 到 E 的最短路径为 19，路线为 $A\to B2\to C1\to D1\to E$。

4. 物流中心动态规划

假设某制造企业将生产的产品通过一个物流中心仓储后再运往一个区域市场（该区域市场由 r 个城市组成）。该公司需要规划物流中心未来 t 年的选址方案。采用动态规划解决多时期物流中心选址问题，需要对应用环境进行一些限制，因此作如下假设：

- 假设动态规划时间跨度为 t 年，分为 n 个规划期，本节以 3 个规划期为例；
- 各规划期物流中心位于不同点时的预期利润现值是可以预测的，每个规划期内只需要建设一个物流中心；
- 物流网络的累积利润：各规划期的预期利润现值减去搬迁成本之和。

（1）动态规划模型参数

因此按照动态规划模型策略的需要，确定各变量及参数：

1）阶段 $n=3$；

2）状态变量 s_k，表示第 k 阶段初的物流中心的位置点；

3）决策变量 u_k，表示第 k 阶段物流中心的选址点；

（2）动态规划模型的建立

首先确定阶段指标（阶段效益）$v_k(s_k,u_k)$，系统某阶段的状态一经确定，执行某一决策所得的效益称为阶段效益，是阶段状态变量 s_k 和阶段决策变量 u_k 的函数，可以得出：$v_k(s_k,u_k)=Q_k(u_k)-T_k(s_k,u_k)$。其中 $Q_k(u_k)$ 为第 k 阶段物流中心选取 u_k 点时的预期利润现值，$T_k(s_k,u_k)$ 为第 k 阶段物流中心由 s_k 点搬迁至 u_k 点的搬迁成本。

因此，可以得到如下动态规划模型：

$$f_k(s_k)=opt\{[Q_k(u_k)-T_k(s_k,u_k)]+f_{k+1}(s_{k+1})\}\quad k=1,2,3 \quad (2-14)$$

一般假设 $f_{n+1}(s_{n+1})=0$，即 $f_4(s_4)=0$。

为求解模型，采用逆推解法，先从最后一个时段算起，即：

$f_3(s_3)=opt\{[Q_3(u_3)-T_3(s_3,u_3)]+f_4(s_4)\}=opt\{[Q_3(u_3)-T_3(s_3,u_3)]\}$；

由最优化原理层层递推，得到 u_1,u_2,u_3，使得网络长期的累积利润达到最大，从而达到了最佳的选址目的。

（3）动态规划模型的应用

例 2-8 根据每个规划期的预期利润现值，求出各规划期物流中心选址的最佳位置，假设第一个规划期物流中心建在 A 点，第二个规划期建在 B 点，第三个规划期建在 C 点，如图 2-19 所示。建设在哪些点三个规划期的累积利润最大，则被选为最终的建设点。

这里设置具体参数表述如下：

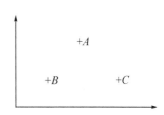

图 2-19 各年物流中心选址点

C_{ip} 表示第 i 个规划期物流中心建设在 p 点的预期利润现值，$i=1,2,3$；$p=1$ 表示建在 A 点，$p=2$ 表示建在 B 点，$p=3$ 表示建在 C 点；

C_{ilp} 表示第 i 个规划期从 l 点搬至 p 点的搬迁成本，l 和 p 分别指 A,B,C，且 l 和 p 取不同点。如 C_{2AB} 表示第二个规划期将物流中心从 A 点搬迁至 B 点的搬迁成本；

$f_i(l)$ 表示第 i 个规划期初物流中心建在 l 点的最大累积利润，f 表示最大累积利润；

$[f_i(l)]$ 表示第 i 个规划期建在 l 点的最大累积利润 $f_i(l)$ 的物流中心选址点

因此单物流中心动态规划的最优解是当 f 取最大时物流中心在各规划期的位置，这里对 f 的计算采用逆推解法，假设第四个时期的净利润为 0（即 $f_4(l)=0$），根据式 (2.14)，计算第三个规划期的累积利润，再递推第二个规划期和第一个规划期的累积利润，求出三个规划期的最大累积利润，具体计算步骤如下：

（1）第三个规划期物流中心的选址决策计算如下表所示。

第三个规划期物流中心选择 p 点的累积利润 = 第三个规划期物流中心建在 p 点的预期利润现值 - 第三个规划期从 l 点搬迁至 p 点的搬迁成本 = $C_{3p}-C_{3lp}$。

表 2-6 第三个规划期物流中心的选址决策计算过程

第三个规划期初物流中心位置	第三个规划期物流中心选择位置	第三个规划期物流中心选址的预期利润现值	第三个规划期搬迁成本	第三个规划期 p 点的累积利润	第三个规划期各选址方案下的最大累积利润	第三个规划期的选址方案
A	A	C_{31}	0	C_{31}	$f_3(A)=\max\{C_{31}, C_{32}-C_{3AB}, C_{33}-C_{3AC}\}$	$A\to[f_3(A)]$
	B	C_{32}	C_{3AB}	$C_{32}-C_{3AB}$		
	C	C_{33}	C_{3AC}	$C_{33}-C_{3AC}$		

(续表 2-6)

第三个规划期初物流中心位置	第三个规划期物流中心选择位置	第三个规划期物流中心选址的预期利润现值	第三个规划期搬迁成本	第三个规划期 p 点的累积利润	第三个规划期各选址方案下的最大累积利润	第三个规划期的选址方案
B	A	C_{31}	C_{3BA}	$C_{31}-C_{3BA}$	$f_3(B)=\max\{C_{31}-C_{3BA}, C_{32}, C_{33}-C_{3BC}\}$	$B\rightarrow[f_3(B)]$
	B	C_{32}	0	C_{32}		
	C	C_{33}	C_{3BC}	$C_{33}-C_{3BC}$		
C	A	C_{31}	C_{3CA}	$C_{31}-C_{3CA}$	$f_3(C)=\max\{C_{31}-C_{3CA}, C_{32}-C_{3CB}, C_{33}\}$	$C\rightarrow[f_3(C)]$
	B	C_{32}	C_{3CB}	$C_{32}-C_{3CB}$		
	C	C_{33}	0	C_{33}		

(2) 第二个规划期和第一个规划期物流中心的选址决策方案,与第三个规划期的方法类似,但稍有变化,第二个规划期物流中心选择 p 点的累积利润＝第二个规划期物流中心建在 p 点的预期利润现值－第二个规划期从 l 点搬迁至 p 点的搬迁成本＋第3个规划期物流中心在 p 点的最大累积利润＝$C_{2p}-C_{2lp}+f_3(p)$。

表 2-7 第二个规划期物流中心的选址决策计算过程

第二个规划期初物流中心位置	第二个规划期物流中心选择位置	第二个规划期物流中心选址的预期利润现值	第二个规划期搬迁成本	第二个规划期 p 点的累积利润	第二个规划期各选址方案下的最大累积利润	第二个规划期的选址方案
A	A	C_{21}	0	$C_{21}+f_3(A)$	$f_2(A)=\max\{C_{21}+f_3(A), C_{22}-C_{2AB}+f_3(B), C_{23}-C_{2AC}+f_3(C)\}$	$A\rightarrow[f_2(A)]$
	B	C_{22}	C_{2AB}	$C_{22}-C_{2AB}+f_3(B)$		
	C	C_{23}	C_{2AC}	$C_{23}-C_{2AC}+f_3(C)$		
B	A	C_{21}	C_{2BA}	$C_{21}-C_{2BA}+f_3(A)$	$f_2(B)=\max\{C_{21}-C_{2BA}+f_3(A), C_{22}+f_3(B), C_{23}-C_{2BC}+f_3(C)\}$	$B\rightarrow[f_2(B)]$
	B	C_{22}	0	$C_{22}+f_3(B)$		
	C	C_{23}	C_{2BC}	$C_{23}-C_{2BC}+f_3(C)$		
C	A	C_{21}	C_{2CA}	$C_{21}-C_{2CA}+f_3(A)$	$f_2(C)=\max\{C_{21}-C_{2CA}+f_3(A), C_{22}-C_{2CB}+f_3(B), C_{23}+f_3(C)\}$	$C\rightarrow[f_2(C)]$
	B	C_{22}	C_{2CB}	$C_{22}-C_{2CB}+f_3(B)$		
	C	C_{23}	0	$C_{23}+f_3(C)$		

(3) 同理,可以得到第一个规划期初物流中心位于 A,B,C 的最佳选址方案:

表 2-8 第一个规划期物流中心的选址决策计算过程

第一个规划期初物流中心位置	第一个规划期物流中心选择位置	第一个规划期物流中心选址的预期利润现值	第一个规划期搬迁成本	第一个规划期 p 点的累积利润	第一个规划期各选址方案下的最大累积利润	第一个规划期的选址方案
A	A	C_{11}	0	$C_{11}+f_2(A)$	$f_1(A)=\max\{C_{11}+f_2(A), C_{12}-C_{1AB}+f_2(B), C_{13}-C_{1AC}+f_2(C)\}$	$A\to[f_1(A)]$
	B	C_{12}	C_{1AB}	$C_{12}-C_{1AB}+f_2(B)$		
	C	C_{13}	C_{1AC}	$C_{13}-C_{1AC}+f_2(C)$		
B	A	C_{11}	C_{1BA}	$C_{11}-C_{1BA}+f_2(A)$	$f_1(B)=\max\{C_{11}-C_{1BA}+f_2(A), C_{12}+f_2(B), C_{13}-C_{1BC}+f_2(C)\}$	$B\to[f_1(B)]$
	B	C_{12}	0	$C_{12}+f_2(B)$		
	C	C_{13}	C_{1BC}	$C_{13}-C_{1BC}+f_2(C)$		
C	A	C_{11}	C_{1CA}	$C_{11}-C_{1CA}+f_2(A)$	$f_1(C)=\max\{C_{11}-C_{1CA}+f_2(A), C_{12}-C_{1CB}+f_2(B), C_{13}+f_2(C)\}$	$C\to[f_1(C)]$
	B	C_{12}	C_{1CB}	$C_{12}-C_{1CB}+f_2(B)$		
	C	C_{13}	0	$C_{13}+f_2(C)$		

将上述结果汇总至表 2-9,可以得到规划期内的物流中心选址方案,列表如 2-9 所示,规划期内最大累积利润 $f=\max\{f_1(A),f_1(B),f_1(C)\}$。

表 2-9 规划期内物流中心选址方案汇总

第一个规划期初物流中心的位置	第一个规划期的选址方案	第一个规划期选址方案下的最大累积利润	第二个规划期的选址方案	第二个规划期选址方案下的最大累积利润	第三个规划期的选址方案	第三个规划期选址方案下的最大累积利润
A	$A\to[f_1(A)]$	$f_1(A)$	$A\to[f_2(A)]$	$f_2(A)$	$A\to[f_3(A)]$	$f_3(A)$
B	$B\to[f_1(B)]$	$f_1(B)$	$B\to[f_2(B)]$	$f_2(B)$	$B\to[f_3(B)]$	$f_3(B)$
C	$C\to[f_1(C)]$	$f_1(C)$	$C\to[f_2(C)]$	$f_2(C)$	$C\to[f_3(C)]$	$f_3(C)$

f 所对应的物流中心选址点,即为物流中心第一个规划期的选址位置,然后根据表(2-9)得到后续规划期物流中心坐落的位置,例如 $f=f_1(A)$,$[f_1(A)]$ 表示 B 点,$[f_2(B)]$ 表示 B 点,$[f_3(B)]$ 表示 C 点,则在规划期内,物流中心第一个规划期建在 B 点,第二个规划期也是 B 点,第三个规划期搬迁至 C 点,可以使总规划期内的累积利润最大。

5. 动态规划结果

假设通过预测与分析得到制造企业各个规划期物流中心位于各点的预期利润现值和物流中心的搬迁贴现成本(两者均通过资金的贴现率换算成了现值),如表 2-10 与表 2-11 所示。

表 2-10　各规划期各选址方案下的预期利润现值　单位:万元

规划期	A	B	C
第一规划期	1 534	1 667	1 777
第二规划期	2 002	1 863	2 170
第三规划期	2 647	2 614	2 320

表 2-11　各规划期物流中心的搬迁贴现成本　单位:万元

规划期	第一规划期	第二规划期	第三规划期
搬迁贴现成本	363	330	300

注:假设在同一规划期从任何一个地点转移到另一个地点的搬迁成本相同。

求解最佳选址点步骤如下:

(1) 第三个规划期物流中心各选址方案下的最大累积利润和选址点为:

$f_3(A) = \max\{C_{31}, C_{32}-C_{3AB}, C_{33}-C_{3AC}\} = \max\{2\,647, 2\,614-300, 2\,320-300\}$
$= 2\,647$,选址点为 A 点;

$f_3(B) = \max\{C_{31}-C_{3BA}, C_{32}, C_{33}-C_{3BC}\} = \max\{2\,647-300, 2\,614, 2\,320-300\}$
$= 2\,614$,选址点为 B 点;

$f_3(C) = \max\{C_{31}-C_{3CA}, C_{32}-C_{3CB}, C_{33}\} = \max\{2\,647-300, 2\,614-300, 2\,320\}$
$= 2\,347$,选址点为 A 点。

(2) 第二个规划期物流中心选址方案下的最大累积利润和选址点为:

$f_2(A) = \max\{C_{21}+f_3(A), C_{22}-C_{2AB}+f_3(B), C_{23}-C_{2AC}+f_3(C)\}$
$= \max\{2\,002+2\,647, 1\,863-330+2\,614, 2\,170-330+2\,347\}$
$= 4\,649$,选址点为 A;

$f_2(B) = \max\{C_{21}-C_{2BA}+f_3(A), C_{22}+f_3(B), C_{23}-C_{2BC}+f_3(C)\}$
$= \max\{2\,002-330+2\,647, 1\,863+2\,614, 2\,170-330+2\,347\}$
$= 4\,477$,选址点为 B;

$f_2(C) = \max\{C_{21}-C_{2CA}+f_3(A), C_{22}-C_{2CB}+f_3(B), C_{23}+f_3(C)\}$
$= \max\{2\,002-330+2\,647, 1\,863-330+2\,614, 2\,170+2\,347\}$
$= 4\,517$,选址点为 C。

(3) 第一个规划期物流中心各选址方案下的最大累积利润和选址点为:

$f_1(A) = \max\{C_{11}+f_2(A), C_{12}-C_{1AB}+f_2(B), C_{13}-C_{1AC}+f_2(C)\}$
$= \max\{1\,534+4\,649, 1\,667-363+4\,477, 1\,777-363+4\,517\}$
$= 6\,183$,选址点为 A;

$f_1(B) = \max\{C_{11}-C_{1BA}+f_2(A), C_{12}+f_2(B), C_{13}-C_{1BC}+f_2(C)\}$
$= \max\{1\,534-363+4\,649, 1\,667+4\,477, 1\,777-363+4\,517\}$
$= 6\,144$,选址点为 B;

$f_1(C) = \max\{C_{11}-C_{1CA}+f_2(A), C_{12}-C_{1CB}+f_2(B), C_{13}+f_2(C)\}$

$= \max\{1\,534-363+4\,649, 1\,667-363+4\,477, 1\,777+4\,517\}$
$= 6\,294$,选址点为C。

表2-12 规划期内物流中心选址方案汇总表 单位:万元

第一个规划期初仓储中心的位置	第一个规划期的最佳选址方案	第一个规划期各选址方案下的最大累积利润	第二个规划期的最佳选址方案	第二个规划期各选址方案下的最大累积利润	第三个规划期的最佳选址方案	第三个规划期各选址方案下的最大累积利润
A	$A \to A$	6 183	$A \to A$	4 649	$A \to A$	2 647
B	$B \to B$	6 144	$B \to B$	4 477	$B \to B$	2 614
C	$C \to C$	6 294	$C \to C$	4 517	$C \to A$	2 347

由以上计算结果和计算公式可得:

$f = \max\{f_1(A), f_1(B), f_1(C)\} = \max\{6\,183, 6\,144, 6\,294\} = 6\,294 = f_1(C)$,即第一个规划期初选址点为$C$,再按顺推方法,求得第二个规划期的选址点为$C$,第三个规划期的选址点为$A$,这样物流网络的累积利润最大,为6 294万元。

动态规划是寻求在一定的规划期内,累积利润最大时物流中心的变化轨迹,该算例的结果是变化的两组轨迹点。在现实情况下,物流中心的搬迁和建设是大规模的工程,可能其建设投资刚开始盈利,或其搬迁对于几年建立的物流网络的影响、机会成本的损失是不能用金钱衡量的,因此需要对几组物流中心选址方案进行最优选择。

对各方案的累积利润进行比较,如图2-20:

由图2-20可知,动态规划的最优方案是$C-C-A$,其累积利润为6 294万元;而单独建在C点,其累积利润为6 267万元($1\,777+2\,170+2\,320=6\,267$),比最优方案少了27万元。

需要说明的是,虽然最优方案少了27万元,但由于没有考虑因搬迁而导致的机会成本损失,因此采用本方法得到的结果可作为物流中心选址决策参考,确定最终的方案还需要考虑其他影响因素。

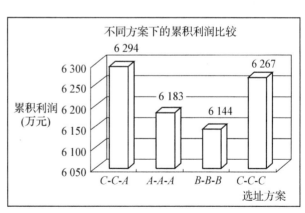

图2-20 三个规划期不同选址方案下的累积利润比较

问题思考与训练

1. 有F1和F2两个制造厂生产同一种产品;且有相同的生产成本;制造厂F1的实际产能为60 000单位;两个现有仓库W1和W2具有相同的仓库搬运及处理

成本;三个市场区域 M1、M2 和 M3 的需求分别是 70 000、100 000 和 60 000 单位。图 2-21 显示了每单位的配送成本。请解决该问题:(1) 用两种启发式模型求有效的配送策略;(2) 利用 Excel 规划求解最佳的配送策略。

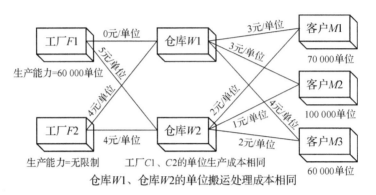

图 2-21 物流网络需求和分配示意图

2. 两个工厂通过一个仓库供应三个市场,各点进出的货流量和相关运输费率以及各点的位置如表 2-13 和图 2-22 所示。请解决如下问题:(1) 使用重心法,找出单一仓库的大致位置;(2) 使用 Lingo 软件,找出单一仓库的最佳位置。

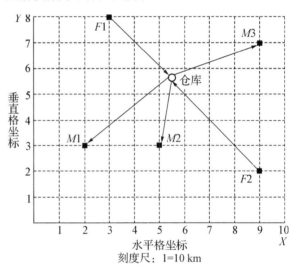

图 2-22 工厂、市场及建议的仓库位置图

表 2-13 货物运输量和运输费率表

节点(i)		货物流量 V_i(单位)	运输费率 R_i(元/单位/公里)
1	工厂 F1	5 000	0.04
2	工厂 F2	7 000	0.04
3	市场 M1	3 500	0.095
4	市场 M2	3 000	0.095
5	市场 M3	5 500	0.095

3. 如图 2-23 所示,工厂 1 和工厂 2 都生产两种产品(产品 1 和产品 2),已确定了两个仓库(仓库 1 和仓库 2)的位置,由 2 个仓库向 3 个客户($M1$、$M2$、$M3$)供货,但每个客户只能由同一个仓库供应。仓库 1($W1$)的固定成本为 20 万元/年;其周转费用是 2 元/单位,年周转总量为 150 000 单位。仓库 2($W2$)的固定成本为 50 万元/年,周转费用为 1 元/单位,处理能力无限制;也不存在维持仓库运营的最低数量限制。现有两个工厂为仓库提供产品,工厂 1 的生产能力有限制(可生产 7 万单位产品 A,6 万单位产品 B),工厂 2 生产任意一种产品都没有生产能力的限制。问该如何规划此物流网络?

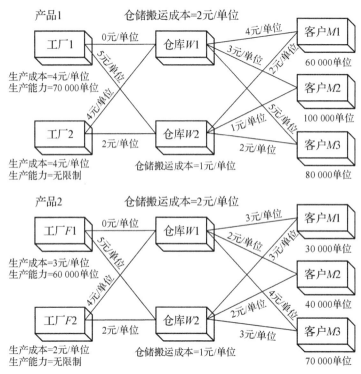

图 2-23 混合整数规划的小型多产品仓库选址问题

4. 一汽车零配件企业供应 7 个临近地区的汽车生产及售后服务配件,公司拟在该区域新建 2 个仓库,用最低的运输成本来满足该区域的需求。经过一段时间的考察之后得到 4 个候选点,如图 2-24 所示,从候选地址到各个地区的运输成本 c_{ij}、各个地区的需求量 d_i 都已经确定。

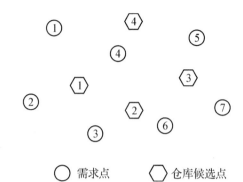

○ 需求点　⬡ 仓库候选点

图 2-24　销售地区及仓库候选位置

$$c_{ij} = \begin{pmatrix} 4 & 12 & 20 & 6 \\ 3 & 10 & 25 & 11 \\ 2 & 4 & 17 & 14 \\ 6 & 5 & 10 & 2 \\ 14 & 12 & 6 & 4 \\ 18 & 2 & 4 & 9 \\ 21 & 30 & 3 & 10 \end{pmatrix} \qquad d_i = \begin{pmatrix} 100 \\ 60 \\ 120 \\ 90 \\ 200 \\ 80 \\ 70 \end{pmatrix}$$

试选择其中的两个候选点作为仓库地址,使总运输成本最小($P=2$)。

5. 假设某制造企业将生产的产品通过一个配送中心分拣、组装再运往一个区域市场,该公司需要规划配送中心未来 3 年的选址方案。已知通过估算得出该企业未来 3 年依次将配送中心定为选址点 A,B,C 处之后可能实现的预期利润现值(如表 2-14)。假设任何一年从一个地点转移到另一个地点的搬迁成本为 24.2 万元,资金的贴现率为 10%。求规划期内配送中心最优的选址方案。

表 2-14　3 年规划期内各选址方案各年的预期利润现值

选址备选地点	第 1 年	第 2 年	第 3 年
A	414	406	415
B	403	423	426
C	396	412	441

3 城市物流系统规划

本章学习目标

➤ 了解城市物流的概念和特点；
➤ 掌握城市物流系统规划的内容和框架；
➤ 掌握城市物流空间布局规划和通道规划的理论与方法；
➤ 了解城市物流信息平台规划和发展政策保障规划的基本内容和思路。

3.1 概述

3.1.1 城市物流概念

城市是从事物资生产、商品交易、文化交流的集中地，也是各种物品的集中消费地，而且还是大量废弃物的产生地。因此，为了保证城市生产、生活的正常进行，原材料的供应、产成品的储存、配送以及废弃物的回收处理等一系列活动必不可少，而这些活动都属于物流活动的范畴。城市是物流活动最为活跃的空间场所，然而由于物流本身的发展变化、物流发展途径的差异以及对物流研究角度的不同等原因，目前各国不同的学者对于城市物流的定义也不尽相同。

日本京都大学的 Tnaiguchi 等是较早论述城市物流的学者，他们在 1999 年对城市物流的定义是："在市场经济中，考虑城市交通环境、交通堵塞和能源消耗，由个体企业全面优化城市区域内的物流和交通行为的过程"。从这个定义可以看出，城市物流是由企业物流所构成，并从城市区域层面考虑交通环境、交通堵塞和能源消耗等社会问题，因此具有明显的社会属性。

德国学者 E. Ecksetin 著的《物流——地区经济发展的重要因素》一书认为："城市物流的任务是为处在城市里的零售商、工商企业和家庭，以城市可以接受的方式，经济、高效地进行物资供应和废弃物清理，以减轻城市的交通和环境负担"。这个定义指出了城市物流的服务对象——城市内的企业和家庭,同时也指出了城市物流应该包括正向物流活动——物资供应和逆向物流活动——废弃物清理。

我国学者崔介何认为:"城市物流是在一定的城市行政区域条件下,为满足城市经济发展要求和城市发展特点而组织的区域性物流"。这是一个广义的城市物流概念,指出了城市物流的界限——城市行政区域和城市物流的层次范畴——区域物流。

我国著名物流专家王之泰在其《新编现代物流学》一书中对城市物流的定义是:"城市物流是以城市为主体的,围绕城市的需求所发生的物流活动,不论城市地域范围大小,物流活动都具有共同的属性"。

从上面的定义可以看出,城市物流就是指物品在城市空间内的实体流动。它属于区域物流的概念范畴,是服务于城市经济发展和居民生活需求的物流活动,也是众多企业微观物流向城市之间宏观物流的过渡,具有企业行为和社会行为双重属性。不论城市地域范围大小,物流活动都有共同的属性。随着新型城镇化进程的加快和网络技术的普及,城市物流在基础设施建设、信息化、政策制定等方面的先进经验,将对农村物流体系的发展带来重要启示。

城市配送是城市物流的重要内容,是指在经济合理区域内,根据客户的要求对物品进行加工、包装、分割、组配等作业,并按时送达指定地点的物流活动。城市配送的主要对象为居民生活用品,也包括部分工业品。

随着电子商务的快速发展,网络购物、电视购物带来的物流需求将成为城市物流发展的新生力量,电子商务 B2C 的需求使到户配送的需求量激增,B2B 的需求则推动了其他各种形式末端配送的全面发展。电商快递、快运专线成为城市物流中规模迅速增长的新业态。

3.1.2 城市物流特点

从城市物流系统规划的角度而言,城市物流具有以下特点:

1. 从范围上看

城市物流是中观层面的物流活动,属于区域物流的范畴。它有一个清晰的界限,其目的是为城市的经济发展和居民的生活需求服务,是为了使城市的功能能够正常地发挥而对物品进行的运输、储存、包装、搬运、流通加工、配送及信息处理等一系列活动。它是把城市中的各种局部的、分散的物流系统作为一个整体来进行研究的。

2. 从内容来看

城市物流所研究的是整个城市的物流结点合理布局、物流结点数量和类型确定、物流结点与交通路网的衔接以及物流产业的发展环境等方面的内容,使之适应城市的功能特点和发展需要。因此,城市物流是对整个城市物流的布局、设施、管理、技术等作宏观上的规划、协调与控制。

3. 从性质上看

城市物流不同于单纯地追求经济效益的企业物流行为,它具有经济主体行为和社会公共行为两种属性。通过对城市物流的合理规划,一方面可以通过集约化、规模化的物流运作,降低企业和社会的物流成本,实现经济效益;另一方面可以实现优化城市用地结构、缓解城市交通拥堵、减少能源消耗及改善城市环境等社会效益。

因此,通过对城市物流的特点分析可以看出,城市物流系统的规划应努力做到以下几点:

(1) 全局性。城市物流系统规划是将整个城市的物流活动作为一个大系统进行整体考虑,而不是对局部的、分散的物流系统进行规划。也就是说,城市物流系统规划追求的是整个城市的物流活动的优化,局部的、分散的物流系统应该服从整体规划的要求。

(2) 全面性。城市物流系统的组成要素中,不仅包括物流结点、物流通道、物流设施等基础设施硬件资源,也包括物流组织、物流管理、物流政策等软件资源,因此物流系统的规划不能仅仅考虑硬件资源的规划,而应该同步考虑软件资源的配套规划。

(3) 前瞻性。城市物流是为城市经济发展和居民生活需求服务的,因此城市物流系统规划不仅要能满足城市当前发展和居民生活当前需求,还应着眼于未来的需求和发展变化。

3.1.3 城市物流规划内容

城市作为区域经济活动的重要主体,其物流活动必然在一定程度上服务于区域经济的需要,其发展应与其外部的区域环境相协调。因此,城市物流系统规划必须以城市为依托,以实现城市功能和它在区域乃至整个国民经济中的战略地位为导向,以促进城市经济发展和满足居民生活需求为目标,运用系统论的观点,把物流各个子系统(环节)联系起来作为一个整体进行综合地规划和管理,以最佳的结构、最好的协作,充分发挥其系统功能,实现整体物流功能合理化。一般而言,城市物流系统规划包括以下主要内容,如图3-1所示。

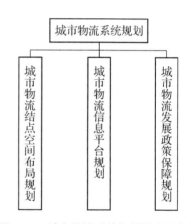

图3-1 城市物流系统规划的主要内容

1. 城市物流基础设施平台规划

城市物流基础设施包括物流空间布局和物流通道,是组织物流系统运行的基础物质条件,包括:

(1) 城市物流空间布局规划

城市物流空间布局规划是城市物流系统规划最为关键的内容,主要是解决城市物流结点的分类及其功能定位、物流结点之间的关系、物流结点的选址及其规模等方面的问题,它受到城市在区域经济中的地位、城市周边的交通基础设施与路网、城市的物流业现状、城市的产业布局以及城市的发展趋势等诸多因素的影响。

(2) 城市物流通道规划

城市物流通道规划的重点是充分利用业已存在或将改造扩建的交通路网,在一定的运输组织方式下,分析现有路网、运输组织方式能否满足物流系统需求,并根据分析结果对现有路网和运输组织方式提出改进意见,形成满足物流发展需求的通道方案。

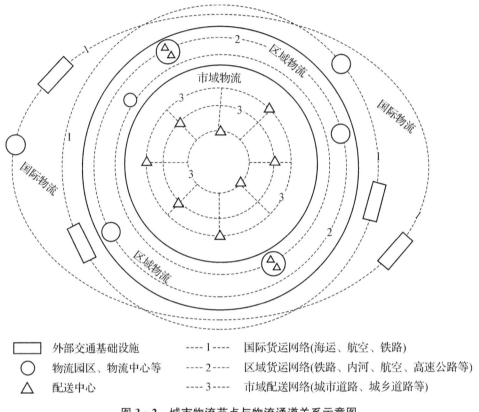

图 3-2 城市物流节点与物流通道关系示意图

2. 城市物流信息平台规划

现代物流强调货物流与信息流的同步流动,信息化是现代物流的重要标志。城市物流信息平台规划的目的是通过物流系统的信息化建设,实现对城市整个物流系统资源的优化整合,为社会物流系统提供共享交互的载体,为企业提供高效、便捷的信息增值服务,从而有效提高物流资源的利用率,实现物流系统的优化运行。

3. 城市物流政策保障平台规划

政策保障平台是由一系列促进物流业健康发展的法律法规、行业管理政策规定、引导行业发展的措施、协同行为规范以及相应成立的组织机构等要素构成。城市物流政策可归结为:物流基础设施发展政策、物流信息化推进政策、现代物流业协调机制、物流人才培养政策等相关政策。物流业的发展离不开市场经济和政府调控的作用。在我国当前国情下,政府作为公共政策的制定者和市场环境的培育者,应该在现代物流业发展过程中有所作为,通过产业调控和政策引导,促进城市现代物流业的大发展,进而实现城市实施物流系统规划的目的。从这种意义上讲,城市物流发展政策保障规划也是城市物流系统规划不可或缺的内容。

3.1.4 城市物流规划流程和方法

城市物流系统规划，需要在总体规划框架的基础上采用系统分析的方法，对各个子系统进行较为详细的规划和设计，如图3-3所示。

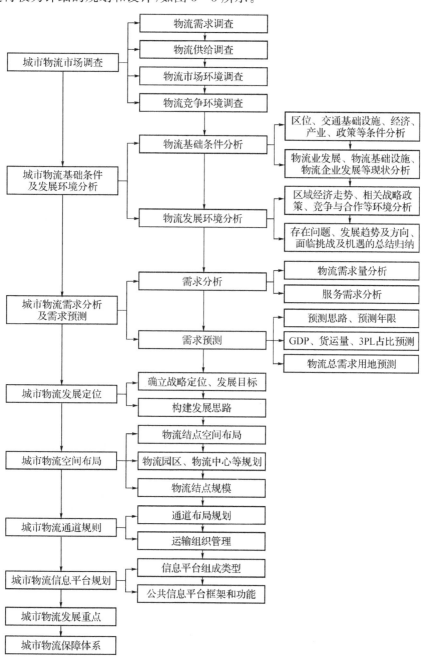

图3-3 城市物流系统规划的基本思路

1. 城市物流市场调查

城市物流市场调查是通过资料的收集与分析,发现当前城市物流发展存在的问题,深入分析问题产生的原因,并挖掘潜在的物流发展市场,提供解决方法与决策依据。物流市场调查的内容主要包括需求调查、供给调查、市场环境调查以及竞争环境调查。

城市物流市场调查需要通过各种渠道广泛、全面地收集城市物流系统规划所需要的各类资料,并借助于各类数学方法对得到的基础资料进行适当的分类整理、数据统计等,形成相应的统计图表,以便为不同规划内容所使用。一般而言,城市物流系统规划所需要的基础资料如表3-1所示。

表3-1 城市物流市场调查的主要内容和资料

调查内容		调查内容细分
经济社会调查与城市综合规划	城市经济地理概况	城区划分、城区概况;经济区域分布;经济辐射能力;外部经济区域对其影响等
	城市物产资源概况	资源储量与布局;资源流量与流向等
	外部资源流入概况	流入资源的类型;流入资源的流量与流向等
	城市企业发展概况	城市产业结构;企业的规模与分布等
	城市信息化建设概括	通信网络建设;ISP运营商服务能力及资费等
	最新城市总体规划	
	最新综合交通规划等	
物流市场需求调查	生产制造企业调查	物流成本、产品库存周期等物流绩效;车辆、仓库、信息系统等物流资源;产品消费范围、运输方式、需求外包以及对城市物流基础设施、物流人才、政府物流行政管理的需求
	商贸企业调查	参照生产制造企业调查
	重点需求资源调查	产业集聚区占地规模、产值、企业状况、物流功能需求、产品年周转量、生产资料年需求量、物流服务主体等;商贸经济中心;大宗物资生产基地;大型交易中心情况等
物流市场供给调查	综合型、专业型物流企业	客户类型、主要业务功能、服务辐射范围、自有车辆、自有仓库、信息化程度、对城市物流基础设施要求、物流人才需求、对政府物流行政管理的建议以及企业发展计划等
	已有物流结点(货运交通枢纽、物流园区、配送中心等)、物流平台	结点硬件设施能力、服务对象、主要业务功能、服务范围、车辆仓库等资源整合情况、信息化建设、增值与配套服务能力;物流平台的资源整合情况、信息化程度

(续表 3-1)

调查内容	调查内容细分	
城市交通基础设施调查	铁路	场站分布；运输能力等
	公路	路网布局；场站分布；运输能力等
	水运	港口分布；吞吐能力；主要航线等
	航空	机场分布；货运能力；主要航线等
	综合运输	枢纽站场分布；货运能力等
	规划物流结点周边交通	路网分布；交通流量等
政府物流政策调查	物流产业发展规划	发展战略定位等
	物流业发展支持政策	财政政策；土地政策；体制政策等

2. 城市物流基础条件及发展环境分析

这一阶段是城市物流系统规划最为关键的阶段，主要包括物流基础条件分析和物流发展环境分析。此阶段的分析是否科学、全面，直接影响到城市物流整体规划的目标和定位，以及相应的工程建设与发展举措。

城市物流基础条件分析，是对城市自身的基本条件与物流现状进行分析，一般包括城市的地理区位、交通基础设施、经济发展、产业条件、政策条件等方面；物流现状分析主要涉及城市物流业总体现状、物流基础设施建设、物流企业发展现状等内容。城市物流发展环境，是指对城市物流发展有促进作用的经济、政治、技术、竞争与合作等方面的宏观条件。一般包括城市所在区域经济环境和产业条件、国内物流业相关政策、先进物流技术的应用以及来自周边物流市场的竞争等。通过以上分析，可以发现城市物流发展过程中存在的问题、面临的机遇与挑战。

3. 城市物流需求分析及需求预测

城市物流需求分析与预测是保证城市物流规划合理性、科学性的重要依据。需求分析主要包括物流需求量分析与服务需求分析两部分。需求预测一般包含城市 GDP 预测、城市货运量预测、第三方物流企业承担比例预测、物流总需求用地预测以及城市物流其他相关需求预测。

4. 城市物流发展定位

城市物流的发展定位，主要解决物流业在城市和区域发展中的地位和作用问题，是进行城市物流规划的首要任务。通过对城市物流发展的影响因素分析，一般包括区位交通、经济产业、区域物流水平、物流供需基础、技术人才以及政策等，对城市物流的服务区域、发展地位和作用、服务功能、目标市场等给出较为合理的定位，进而有针对性地确定城市未来一个时期物流的发展方向、思路和重点。

5. 城市物流空间布局规划

城市物流空间布局是城市物流规划的关键阶段。这一阶段需要确定城市物流结点的分类和关系、物流结点的选址影响因素、功能定位、结点规模确定方法和空间布局，以及物流结点的发展规划等内容。通过以上分析，最终得到城市物流空间布局的总体方案。

6. 城市物流通道规划

综合考虑城市综合交通规划、城市居住与生态环境、现有道路网形态及技术指标、物流需求分布和流向、物流结点可达性、区域物流联通性等因素,进行城市物流通道布局规划和运输组织管理规划,保障货物在城市内外部高效、畅通地流动。

7. 城市物流信息平台规划

城市信息平台规划在充分考虑物流链上的货主、制造和商贸企业、物流企业服务需求的基础上,兼具市场化和公共服务,规划信息平台的功能和框架,为城市物流信息平台规划建设提供发展思路。

8. 城市物流发展重点

该阶段主要明确城市物流发展中涉及物流业相关的基础性、战略性领域的发展思路与具体任务,通过对基础设施、供需主体、专业物流、配送体系、标准化与绿色化、物流业与其他产业融合等方面进行规划落实,推进城市物流规划的实施。

9. 城市物流发展保障体系规划

依据城市物流规划的上述内容,从物流业发展保障角度,对规划落实、协调机制建立、市场管理规范、人才培养和扶持政策等方面,提出相应的策略和建议,为城市物流的发展提供运作保障。

3.2 城市物流市场调查

3.2.1 市场调查目的

全面的市场调查和市场分析是进行物流规划的前提和基础,物流市场调查是对现有物流市场和潜在物流市场的综合研究和分析,其目的在于收集相关物流基础资料、了解物流市场现状,发现目前市场存在的问题,探寻未来市场的发展机会,为城市物流规划提供科学的决策依据。

3.2.2 市场调查内容

1. 物流需求调查

物流需求调查主要包括物流服务需求的规模、质量、结构、时间分布和空间分布等,主要包括三个方面:有效需求、潜在需求、需求增长。有效需求是指现阶段对物流服务的必要需求;潜在需求是指未来随着经济环境、社会环境以及物流服务环境的发展对物流需求的拉动量。需求增长包括两个方面:一是趋势增长物流量,二是诱增物流量。趋势增长物流量是指物流需求随着宏观经济增长趋势相应的增加量;诱增物流量是指物流园区等物流结点的建成运营或周边物流基础设施改造、扩建后,因吸引所产生的额外物流需求量。

2. 物流供给调查

物流供给是一定时期内物流服务能力所能满足物流需求的数量和质量。调查主要包括现阶段物流市场可提供物流服务的能力,包括有效服务能力和潜在服务能力。有效服务能力是指物流系统在实际运作过程中为满足物流需求所体现的能力,主要通过物流量来反映;潜在服务能力包含两个方面的含义,一是由于现阶段物流服务能力完全满足物流需求,因此有部分尚未使用、随着需求增长可以被开发的服务能力。二是随着物流供给侧结构改革的推进,因物流技术进步、物流基础设施、物流政策等方面的改善将会得到加强和提升的物流服务能力。

3. 物流市场环境调查

物流活动和物流需求受到宏观环境的影响,市场环境瞬息万变,时刻保持敏感性才能科学地把握物流需求。市场环境调查包括政治、经济、社会、技术四个方面。政治环境因素对物流行业发展有深刻影响,需要重点调查与物流服务行业相关的政策、法律法规,以及相关的准入制度、行业规范和评价机制。其次是影响物流业发展的经济因素,经济环境调查一方面需要调查目前的宏观经济环境,通过国民生产总值、人均可支配收入等指标来体现国家和地区的经济水平、人民生活水平的提升;再次需要调查工业总产值、进出口贸易额、电商交易额等;同时还需要调查产业发展情况。物流需求与产业发展紧密联系,随着产业结构和产品结构的调整,对物流服务的需求也将随之变化,因此需要调查范围内的产业结构,各产业的发展状况、发展规模、发展水平,重点分析战略性产业以及未来可能发展的新兴产业。技术环境调查主要包括目前物流信息技术的使用和普及情况,物流信息平台的建设以及现代化的管理手段。社会环境调查涉及的范围比较广,居民的受教育程度、文化水平、风俗习惯等都会影响物流服务需求的层次;其次随着生活水平的提高,人们对物流服务的要求日益提高;随着消费习惯的转变、网购和电子商务的兴起,新消费也会对物流带来很大影响;最后还需要关注企业的社会责任感和人文关怀等。

4. 物流竞争调查

物流竞争调查主要是对周边城市物流市场中提供类似物流服务的同类企业或园区的服务能力、盈利能力、管理能力等市场竞争特征的调查。针对同类物流企业的竞争调查包括调查范围内各企业的经营状况、服务范围、核心功能、产品种类、服务水平、信息化程度、市场占有率与主要竞争对手或潜在竞争者的差距等。针对物流园区等物流结点的竞争调查,主要包括目前可提供的服务功能、基础设施情况、辐射范围、与周边同类园区的优劣势等。

3.2.3 市场调查程序

不同的调查具有不同的步骤,根据大量调查经验,基本可以分为前期准备、调查实施、分析总结三个阶段。前期准备:包括调查目的、调查内容、调查方法、调查计划;调查实施:根据制定的调查计划,运用不同的调查方法进行调查,获取需要的资料、数据等;

分析总结：对调查资料进行整理、审核、分析、总结，撰写调查报告。

3.2.4 市场调查对象

物流需求调查主要调查制造企业和商贸企业等货主企业的物流需求、当前物流外包情况等。物流供给调查主要调查运输、仓储、配送、第三方物流等物流企业以及物流园区等物流结点当前可提供的物流服务能力、服务水平等。

同时，还应调查物流发展环境，其主要调查对象是政府物流相关部门以及物流相关行业组织。

3.2.5 市场调查方法

根据调查样本的范围大小，以及调查中采用的工具和手段，可以将市场调查分为普查法、重点调查法、文献调查法、实地调查法、问卷调查法等。

1. 普查法

普查法是以市场总体为调查对象，对所有涉及的企业、园区进行逐一、普遍、全面调查的方法，是为了充分了解现阶段物流市场情况而进行的一次全面调查。这种调查方法的优点是具备全面性、精确性、相对稳定；缺点通常是由专门的普查机构来主持，需要组织统一的人力和物力，耗时长、耗费大、难以深入调查，因此在城市物流规划调查中运用较少。

2. 重点调查法

重点调查法是指在全体调查对象中选择一部分重点企业进行调查，以取得统计数据的一种非全面调查方法。由于重点单位在全体调查对象中只占小部分，调查的标志量在总体中却占较大的比重，因而对这部分重点单位进行调查所取得的统计数据能够反映物流市场发展变化的基本趋势。

重点调查法的前提是确保调查对象的典型性，因此在调查过程中会采用适当的方法来分类。重点调查法常用 80/20 法则于需求调查，例如选取调查范围内占总产量 80％左右的装备制造业中前 20％的企业，通过调查这 20％典型企业的物流需求量，可以基本掌握该产业的需求情况。

3. 文献调查法

搜集和查阅相关文献资料，对物流需求情况进行宏观的了解。文献资料包括：国家和地区政府统计部门定期发布的统计年鉴和统计公报；各级经济部门和行业协会和联合会提供的产业年报；学术期刊、网站上的学术论文、会议论文、调研报告；企业内部的各种报表等资料。

4. 实地调查法

实地调查是由调查人员直接到制造企业、商贸企业、物流企业、专业市场、产业集聚区、物流园区、交通枢纽等场所，通过考察、交流等方式获取城市物流规划所需要的第一手资料。

5. 问卷调查法

调查人员事先设计好问卷，通过访问、邮件、电话等手段让调查对象填写问卷，了解调查对象的基本情况。问卷调查法在市场调研中被广泛应用，确保调查有效的前提和保障是问卷设计的科学性和全面性，需要分层次、多维度的对物流市场进行调查。

针对物流企业主要调查企业的业务现状和未来发展趋势，如：

(1) 核心业务、服务对象、服务范围；
(2) 物流基础设施设备的数量、规格、利用率、能力；
(3) 物流信息技术应用情况；
(4) 物流增值服务开展情况；
(5) 未来对物流设施等方面的需求；
(6) 物流运作中的制约因素等。

针对物流园区等物流节点主要调查：

(1) 区位交通条件；
(2) 占地规模、物流运营面积占比；
(3) 战略定位与市场定位；
(4) 能提供的物流基本功能、增值服务功能以及配套服务功能；
(5) 港口码头、铁路专用线等中转联运设施建设运营情况；
(6) 物流园区运营效率；
(7) 对物流的相关扶持政策等。

3.3 城市物流需求分析及预测

物流需求是指一定时期内社会经济活动对生产、流通、消费领域的原材料、半成品和成品、商品以及废旧物品、废旧材料等的配置作用而产生的对物流在空间、时间和费用方面的要求，涉及运输、仓储、包装、装卸搬运、流通加工、配送以及与之相关的信息需求等物流活动等诸方面。

借助于定性与定量手段，对城市物流需求进行科学的分析和预测，是进行城市物流规划的基础和前提，只有充分了解需求和供给关系，才能保证规划的合理性，实现城市物流需求与供给的平衡，优化城市物流系统。

3.3.1 需求分析

1. 需求内容

社会经济活动对物流的需求是通过各种物流需求量(货运量、仓储量、配送量、流通加工量等)的形式反映出来。物流需求量是物流需求与物流供给、服务水平等相互作用的结果，即在一定的物流服务能力与水平下所实现的物流需求。

当现有物流服务能力满足物流需求的情况下，物流量可以反映物流需求；反之，物流量无法真实反映目前的物流需求,存在部分因现有物流基础设施和服务水平所限,尚未得到满足的潜在需求。

2. 物流规模分析

物流规模分析可以从数量和价值两个角度进行考量。

物流系统包含运输、仓储、包装、装卸搬运、流通加工、配送和信息处理等功能部分。物品在各个环节流动,从而产生各个环节的物流量。顾名思义,数量角度的物流规模是物流活动中运输量、仓储量、包装量、装卸量、配送量、流通加工量和信息处理量等物流服务作业量的总和。从定量的角度,物流规模可以由物流总量和物流周转量反映。

价值角度的物流需求规模即为物流费用。物流总费用是指在一定经济时期的一定经济区域内,物流需求方在物流服务上的总耗费,包括运输费用、仓储费用、物流管理费用等。

3. 物流结构分析

物流结构分析可以分为服务内容需求分析和服务质量需求分析。

服务内容需求分析包括物流基础功能需求分析和增值功能需求分析,基础需求即普遍的运输、仓储、包装、装卸搬运、流通加工、配送和信息处理等服务;增值需求包括商品采购、展示交易、物流监管、电子商务、供应链金融等个性化的客户需求。

服务质量需求分析主要分析物流效率需求、物流时间需求、物流安全性需求、物流可靠性需求等。

4. 物流需求特点

(1) 派生性。在经济生活中,如果对一种商品或劳务的需求是由另一种或几种商品或劳务的需求所衍生出来的,那么对该商品或劳务的需求就是派生性需求。物流需求不是直接需求,而是由于生产制造、商贸流通等社会经济活动派生出的一种次生需求,具有派生性的特点。

(2) 广泛性。只要伴随商业活动、物品交易的发生就会产生物品的转移,物流涉及国民经济从生产到消费的流通领域的各个方面,因此物流带有广泛性。

(3) 多样性。经济活动纷繁复杂,由此衍生的物流需求也具有多样性。不同的企业对物流服务的数量、质量和内容各不相同。不同的货种对运输、仓储、加工、包装的要求不尽一样。不同客户对物流服务也有独特个性的需求。

(4) 时空不平衡性。由于物流需求量与经济发展水平有直接关系,同一时间不同地区、同一地区不同时间对物流服务有不同的需求。生产、销售、需求等的差异都会导致物流需求的时间不平衡性。物流需求的空间不平衡性则受到区域经济差距、资源分布等因素影响。

5. 影响因素

物流需求是由经济活动所产生,因此与经济因素具有直接的相关性。

(1) 国民经济发展水平。物流的发展随着经济的发展而发展,经济发展的规模和速度决定了物流发展的规模和速度,经济结构的转变决定了物流的发展方向和结构。

经济快速发展会刺激物流需求,反之则会抑制物流需求。

(2) 居民消费水平。居民消费水平的提升会带动企业生产,从而增加物流需求;居民消费习惯的改变,则会影响到需求结构和质量。

(3) 产业结构。产业结构的不均衡性决定物流需求的结构特点;产业结构的转型升级导致物流需求特征的变化。

除此以外,部分非经济因素也会对物流需求造成影响。

(4) 城市交通系统。物流活动的运作离不开城市交通系统的支持,城市交通系统是物品流动的载体和通道。城市交通的合理性和通畅性是城市物流规划合理的标志之一,也是保障物流需求得到满足的首要前提。

(5) 物流服务水平。物流服务质量的高低将影响物流需求,例如作业速度、差错率、准时率、货损率等指标的提升都将促进需求方对物流服务的需求。

(6) 宏观政策。物流行业的发展离不开政府的监管与政策支持,政府在物流发展过程中扮演着举足轻重的角色。政府通过加大投资力度、制定相关政策来鼓励、引导、规范、调控物流业的发展,刺激物流需求,扩大需求规模,优化需求结构。

3.3.2 需求预测

1. 预测内容

物流需求预测指标是围绕对物流系统活动的需求来进行分析的指标,包括物流需求量指标和物流需求质量指标。其中物流需求质量指标,难以用数据进行描述,因此只能采用定性方法进行预测。至于物流需求量,由于目前尚未建立物流需求的表征指标体系,一般研究均采用货运量替代物流需求。运输是物流活动的核心内容,货运量在一定程度上可以反映出物流量的规模。

2. 预测步骤

物流需求预测的基本步骤为:确定预测目标、收集历史数据、选择预测方法、进行预测过程、结果分析判断、修正预测结果、输出预测结果。基本步骤如图 3-4 所示。

3. 预测方法

需求预测可以分为定性和定量两大类。

定性预测是依据已掌握的历史资料,由熟悉业务知识、具有丰富经验和综合分析能力的人员与专家,进行主观推测和逻辑推理,预测未来物流需求变化情况的一类预测方法。影响预测的相关信息通常是非量化的、模糊的、主观的,缺乏历史数据,或者与当前预测的相关程度很低。定性预测的优点是简单直观,易于操作;缺点是带有主观性,标准化、精确度不高。主要包括类推预测法、专家预测法、德尔菲法、主观概率法等。

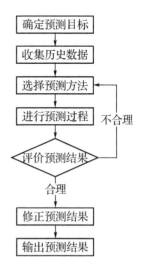

图 3-4 物流需求预测步骤

定量预测是在统计数据和历史资料的基础上,通过建立科学的数学模型来预测未来的发展趋势,包括回归分析法、弹性系数法、趋势外推法等。常用预测方法比较如表3-2所示。

表3-2 常用预测方法比较

预测方法		简介	适用范围	精确度
定性方法	类推预测	运用相似性原理,对比类似区域或城市,通过某些相似性类推出其他的相似性,从而预测出需求的变化规律	长期	一般
	专家预测	组织有关专家,通过会议形式进行需求预测,综合专家意见,得出结论	长期	一般
	德尔菲法	组织有关专家,通过匿名调查,进行多轮反馈整理分析,得出预测结论	长期	一般
	主观概率	对市场趋势分析事件发生的概率做出主观估计,再计算平均值,以此作为市场趋势分析事件的结论	长期	一般
定量方法	因果分析 回归分析	运用因果关系,建立回归分析模型,包括一元回归、多元回归和非线性回归等	短、中长期	很好
	因果分析 弹性系数	运用两个变量之间的弹性系数进行需求预测	中长期	较好
	时间序列 趋势外推	以时间为自变量,运用数学模型,拟合一条趋势线,外推未来需求的变化规律	短、中长期	较好

通常实际的物流需求预测中,为确保预测值的准确性和可靠性,会采用组合预测法。组合预测法是对同一个问题,采用两种以上不同预测方法的预测。它既可是几种定量方法的组合,也可是几种定性的方法的组合,但实践中更多的则是利用定性方法与定量方法的组合。组合的主要目的是综合利用各种方法所提供的信息,尽可能地提高预测精度。

考虑到物流需求的不确定性,因此,通常很难有一个单项预测模型能对其准确拟合并对其变动的因素作出稳定一致的解释。理论和实践研究都表明,在诸种单一预测模型各异且数据来源不同的情况下,组合预测模型可能产生比任何一个独立预测值更好的预测值,组合预测模型能减少预测的系统误差,使预测值更稳定,显著改进预测效果。

3.3.3 实例应用

1. 一元线性回归法

(1) 预测原理:如果预测对象和影响因素线性相关,将预测对象作为因变量 y,将影响因素作为自变量 x，构建一元线性回归模型来阐述两者关系，如公式3-1所示：

$$Y = a + bx + e \tag{3-1}$$

其中，a 是回归常数项，b 是回归系数，e 是误差项。

对于每组观察值 x_i, y_i，满足：

$$y_i = a + bx_i + e_i \tag{3-2}$$

$Y=a+bx$ 是 $Y=a+bx+e$ 的拟合曲线。可以利用最小二乘法原理求出回归系数：

$$R = \frac{\sum(x_i - \bar{x})(y_i - \bar{y})}{\sqrt{\sum(x_i - \bar{x})^2}\sqrt{\sum(y_i - \bar{y})^2}} \tag{3-3}$$

$$\begin{cases} b = \dfrac{\sum(x_i - \bar{x})(y_i - \bar{y})}{\sum(x_i - \bar{x})^2} \\ a = \bar{y} - b\bar{x} \end{cases} \tag{3-4}$$

（2）预测流程（见图3-5）

（3）回归检验

在利用回归模型进行预测时，需要对回归系数、回归方程进行检验，以判定预测模型的合理性和适用性，通常采用 R^2 检验来判定相关性。

例3-1 2005—2015年C市货运量及同期国内生产总值如表3-3所示。预计2016—2020年和2021—2025年C市国内生产总值增长速度分别为7%和6%。请用一元线性回归方法预测2025年C市货运需求。

表3-3 2005—2015年C市货运量及同期国内生产总值

年份	GDP（亿元）	货运量（万吨）
2005	1 308	6 032
2006	1 585	6 855
2007	1 913	8 083
2008	2 266	8 729
2009	2 519	11 206
2010	3 044	13 109
2011	3 581	15 644
2012	3 970	17 154
2013	4 450	18 613
2014	4 902	19 836
2015	5 273	21 634

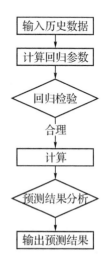

图3-5 线性回归预测流程

解：(1) 建立回归模型。经过分析，发现 C 市货运量与国内生产总值之间存在线性关系，将货运量设为因变量 y，国内生产总值为自变量 x，建立一元线性回归模型：

$$Y = a + bx$$

(2) 计算参数。采用最小二乘法，计算出 $b = 4.04$，$a = 563.42$

(3) 相关检验。相关系数 $R = 0.996\ 1$

在 $\alpha = 0.01$ 时，自由度为 9，得 $R_{0.01} = 0.734\ 79$

显然，$R = 0.991\ 44 > 0.734\ 79 = R_{0.01}$

所以在 $\alpha = 0.01$ 的显著性检验水平上，检验通过，说明 C 市货运量与国内生产总值之间的线性关系 $Y = 563.42 + 4.04x$ 合理。

(4) 将预计的 2025 年 C 市国内生产总值代入上述回归模型，得到 2025 年 C 市货运量为 40 548 万吨。

2. 弹性系数法

弹性是一个相对量，它衡量某一变量的改变所引起的另一变量的相对变化。一般来说，两个变量之间的关系越密切，相应的弹性值越大；反之，两个变量的相关性越小，则弹性值也越小。物流需求弹性则是考察经济总量指标与物流量之间的关系。

货运量的国内生产总值弹性系数 = 货运量平均变化率 / 国内生产总值平均变化率

如果设 $T_1, T_2, \cdots, T_n$ 分别为时期 $1, 2, \cdots, n$ 的货运量，$GDP_1, GDP_2, \cdots, GDP_n$ 分别为时期 $1, 2, \cdots, n$ 的国内生产总值。利用弹性系数法预测的模型为：

$$y_t = y_t'(1+i)^t \tag{3-5}$$

$$i = E_s q = \frac{i'}{q'} q \tag{3-6}$$

式中：y_t——货运需求量在时刻 t 的预测值；

y_t'——货运需求量 y 在当前时刻 t' 的值；

i'——货运需求量在过去一段时间的平均增长率，%；

i——货运需求量在今后一段时间的平均增长率，%；

E_s——货运量的国内生产总值弹性系数；

q'——国内生产总值在过去一段时间的平均增长率，%；

q——国内生产总值在今后一段时间的平均增长率，%。

其中，i' 和 q' 的计算可以采用幂函数计算方法，即

$$i' = \sqrt[n-1]{T_n / T_1} - 1 \tag{3-7}$$

$$q' = \sqrt[n-1]{GDP_n / GDP_1} - 1 \tag{3-8}$$

例 3-2 2005—2015 年 C 市货运量及同期国内生产总值如下表所示。预计 2016—2020 年和 2021—2025 年 C 市国内生产总值增长速度分别为 7% 和 6%。请用弹性系数法预测 2025 年 C 市货运需求。

表3-4　2005—2015年C市货运量及同期国内生产总值

年份	GDP(亿元)	货运量(万吨)
2005	1 308	6 032
2006	1 585	6 855
2007	1 913	8 083
2008	2 266	8 729
2009	2 519	11 206
2010	3 044	13 109
2011	3 581	15 644
2012	3 970	17 154
2013	4 450	18 613
2014	4 902	19 836
2015	5 273	21 634

解：(1) 计算各年的弹性系数，如表3-5所示。

表3-5　弹性系数值

年份	GDP(亿元)	增长率(%)	货运量(万吨)	增长率(%)	弹性系数 E_s
2005	1 308		6 032		
2006	1 585	21.18	6 855	13.64	0.644 3
2007	1 913	20.69	8 083	17.91	0.865 7
2008	2 266	18.45	8 729	7.99	0.433 1
2009	2 519	11.17	11 206	28.38	2.541 6
2010	3 044	20.84	13 109	16.98	0.814 8
2011	3 581	17.64	15 644	19.34	1.096 2
2012	3 970	10.86	17 154	9.65	0.888 6
2013	4 450	12.09	18 613	8.51	0.703 5
2014	4 902	10.16	19 836	6.57	0.646 9
2015	5 273	7.57	21 634	9.06	1.197 7

计算2006—2015年的弹性系数 E_s，

$$i' = \sqrt[10]{21\ 634/6\ 032} - 1 = 13.6\%$$

$$q' = \sqrt[10]{5\ 273/1\ 308} - 1 = 15.0\%$$

$$E_s = \frac{i'}{q} = 0.9067$$

因此取 2025 年的弹性系数为 0.9067。

(2) 2016—2020 年年均货运需求增长速度 = 弹性系数 * (2016—2020 年年均 GDP 增长速度) = 0.9067 * 7% = 6.3469%。

2021—2025 年年均货运需求增长速度 = 弹性系数 * (2021—2025 年年均 GDP 增长速度) = 0.9067 * 6% = 5.4402%。

(3) 2025 年 C 市货运需求量 = 2015 年货运量 * (1 + 6.3469%)^5 * (1 + 5.4402%)^5 = 38352 万吨。

3. 趋势外推法

时间序列就是按时间顺序排列的一种数列,它反映了社会经济现象随时间发展变化的过程和特点。与回归分析相比,它着眼于数据时间前后的相关性。

趋势外推法根据时间序列的长期趋势,以时间为自变量,货运量为因变量,拟合函数 $y = f(t)$,为了拟合数据点,实际中最常用的是一些比较简单的函数模型,如线性模型、多项式模型、指数曲线、生长曲线、包络曲线等。

预测步骤:确定预测目标(货运量);收集历史数据;绘制散点图;拟合曲线;趋势外推;预测说明;预测结果分析。

例 3-3 2005—2015 年 C 市货运量如下表所示。请用趋势外推法预测 2025 年 C 市货运需求。

表 3-6　2005—2015 年 C 市货运量

年份	货运量(万吨)
2005	6032
2006	6855
2007	8083
2008	8729
2009	11206
2010	13109
2011	15644
2012	17154
2013	18613
2014	19836
2015	21634

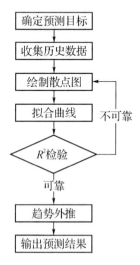

图 3-6　趋势外推预测流程

解:(1) 根据历史数据,以时间为横坐标,C 市历年货运量为纵坐标,绘制散点图,如图 3-7 所示：

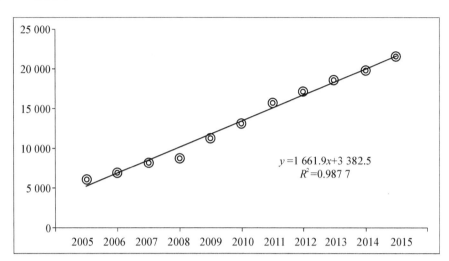

图 3-7　C 市 2005—2015 年货运量

(2) 进行函数曲线的拟合，通过比较分析发现线性方程的拟合程度很好；
(3) 得出曲线的函数表达式，$y=1\,661.9x+3\,382.5$；
(4) 相关性检验 $R^2=0.987\,7$，$R=0.993\,8$
在 $\alpha=0.01$ 时，自由度=9，得 $R_{0.01}=0.734\,79$
显然，$R=0.993\,8>0.734\,79=R_{0.01}$
所以在 $\alpha=0.01$ 的显著性检验水平上，检验通过，说明通过该方程模型的拟合合理。
(5) 利用趋势外推，得到 2025 年 C 市货运量为 38 282 万吨。

4. 组合预测法

组合预测法中，对来自每一种预测模型的需求预测值加以合并的方法是，一个模型的平均历史误差对预测结果进行加权。预测误差越大，表明该项预测模型的预测精度越低，它在组合预测模型中的权重就越低。

假设组合预测法中共使用 n 个独立预测模型，各模型的需求预测值为 $D_1,D_2,\cdots,D_n$，各模型的平均历史误差为 $a_1,a_2,\cdots,a_n$，各预测误差占总误差的比重为 $a_i/\sum_{i=1}^{n}a_i$，误差比重的倒数 $\sum_{i=1}^{n}a_i/a_i$，各模型的加权数为 $(\sum_{i=1}^{n}a_i/a_i)/\sum_{i=1}^{n}(\sum_{i=1}^{n}a_i/a_i)$。

组合预测法的主要步骤如右：

例 3-4　根据例 3-1、3-2 和 3-3 中得到的目标年份需

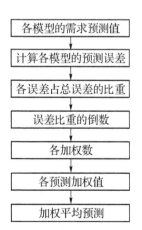

图 3-8　组合预测法步骤

求预测值,采用组合预测法,预测 2025 年 C 市货运需求。

解:分别计算三种预测模型的预测值和预测误差:

表 3-7 回归模型预测误差

年份	货运量—实际(万吨)	线性回归预测值	预测误差(%)
2005	6 032	5 848	3.05
2006	6 855	6 967	1.63
2007	8 083	8 292	2.58
2008	8 729	9 718	11.33
2009	11 206	10 740	4.16
2010	13 109	12 861	1.89
2011	15 644	15 031	3.92
2012	17 154	16 602	3.22
2013	18 613	18 541	0.38
2014	19 836	20 368	2.68
2015	21 634	21 866	1.07
几何平均值			2.41

表 3-8 弹性系数法预测误差

年份	货运量—实际(万吨)	弹性系数预测值	预测误差(%)
2005	6 032		
2006	6 855	6 852	0.04
2007	8 083	7 784	3.70
2008	8 729	9 182	5.19
2009	11 206	9 916	11.51
2010	13 109	12 730	2.89
2011	15 644	14 891	4.81
2012	17 154	17 772	3.60
2013	18 613	19 487	4.70
2014	19 836	21 144	6.59
2015	21 634	22 534	4.16
几何平均值			2.99

表 3-9 趋势外推法预测误差

年份	货运量—实际(万吨)	趋势外推预测值	预测误差(%)
2005	6 032	5 044	16.37
2006	6 855	6 706	2.17
2007	8 083	8 368	3.53
2008	8 729	10 030	14.91
2009	11 206	11 692	4.34
2010	13 109	13 354	1.87
2011	15 644	15 016	4.02
2012	17 154	16 678	2.78
2013	18 613	18 340	1.47
2014	19 836	20 001	0.83
2015	21 634	21 663	0.14
几何平均值			2.54

三种预测模型的特征年份 2025 年需求预测值分别为 $D_1=40\,548$，$D_2=38\,352$，$D_3=38\,283$；平均误差 $=2.41\%$，$=2.99\%$，$=2.54\%$。

表 3-10 模型权数

模型种类	预测误差(%)	占总误差比重	误差比重的倒数	模型的权数
线性回归法	2.41	2.41/7.94	7.94/2.41	0.36
弹性系数法	2.99	2.99/7.94	7.94/2.99	0.29
趋势外推法	2.54	2.54/7.94	7.94/2.54	0.35
合计	7.94	1	9.08	1.00

表 3-11 组合预测值

模型种类	预测值(万吨)	权数	加权值(万吨)
线性回归法	40 578	0.36	14 608
弹性系数法	38 352	0.29	11 122
趋势外推法	38 283	0.35	13 399
合计			39 129

因此，最后得到 2025 年 C 市货运需求预测值为 39 129 万吨。

3.4 城市物流发展定位

城市物流的发展定位有别于企业,更多是基于城市物流发展现状,结合未来城市发展需求,发挥城市区位、交通、资源等比较优势,立足于物流业的服务保障与产业带动功能,以满足区域和城市的经济发展和居民生活需求为目标,进行系统性、前瞻性考虑,并根据城市发展和物流业发展进行动态调整。

城市物流的发展定位,由于城市影响力、经济产业结构、物流供需市场情况等条件的不同,物流业在服务区域、服务对象、物流功能和发展重点等方面表现出不同的特征。因此,在进行城市物流发展定位时,需要考虑以下因素的影响。

3.4.1 区位交通条件

在全球化和区域一体化的背景下,应从宏观层面评估城市所处的地理位置和内外部交通条件,进而明确城市在区域物流、国际物流发展中承担的角色和作用。城市的开放程度和在全球供应链中的位置都将影响其服务范围定位。交通条件应综合考虑公路、铁路、水路、航空、管道多种运输方式和交通枢纽布局,确定城市物流是否具备承担区域物流中转集散、国际物流中转联运等能力。

3.4.2 经济水平与产业结构

物流业是经济发展和产业分工的产物,经济水平和产业结构直接决定了物流需求水平和需求特征。经济发展水平较高的城市,通常物流需求量和外包量也较大。产业分工使得企业逐步剥离物流业务,交由第三方物流企业完成,产业结构直接影响了物流的需求结构和服务领域。工业较为发达的地区,以制造物流、加工物流等围绕产业链的物流需求为主。物流服务与制造、包装加工等环节的融合程度较深。商贸流通业发达的地区,物流主要服务于商贸企业和商贸市场,功能则以交易、分销配送和集散分拨为主。同时也要考虑物流业逐渐作为一种新兴产业,对现有产业结构和布局产生的带动和影响。

3.4.3 区域物流业发展水平

随着区域一体化进程的逐步加快,城市在发展过程中需要更多的考虑区域分工和协作发展。城市物流应发挥本身的区位与资源优势,注重区域协作和城市群内部物流系统建设,加强与周边城市物流系统的衔接和统筹发展。如目前一些大城市面临土地资源紧缺问题,周边中小城市可以作为大城市的配送中心,为其提供城市配送服务。

3.4.4 物流需求与供给水平

需求与供给水平是衡量一个城市物流业发展水平高低的重要标志,城市物流的发展需要需求和供给的高效匹配和相互推动。企业物流外包比例越大,需求的数量和社会化程度越高,资源的整合和共享就越容易实现,对物流供给能力提高的推动作用就越大,而物流供给水平的提升将推动物流需求的进一步释放。

3.4.5 技术与人才环境

技术与人才是城市物流发展的重要保障。物流信息化的建设需要相关技术的支撑,物流信息化与城市在科研投入、技术专利、高新技术产业和物联网等领域的成果和水平紧密相关。物流业是拉动城市就业的重要产业,物流职业涵盖一系列不同水平的技能和专长,包括设备操作和机械师、库存经理、供应链经理、信息技术人士和配送管理人员。物流业需要职业教育、高等院校和研究机构来培训、提供所需的专业工人和中高端管理人才。因此,城市良好的人才和技术环境能够提高物流运作和管理的效率。

3.4.6 政策背景

我国物流业起步较晚,属于新兴产业,发展过程中需要政府和市场的共同作用。近年来,我国出台了一系列的政策规划引导、规范物流业发展,一定程度上表明了物流业的发展重点和方向,代表了一段时间内的发展趋势。城市物流的发展一方面充分发挥市场作用,同时考虑国家和地方的相关政策措施,明确发展导向顺势而为。

随着经济全球化的趋势加深以及专业化分工的发展,物流已成为经济发展不可或缺的因素。物流业也逐步从经济发展的附属角色向引导带动角色转变,城市物流在一个地区发展中发挥的引导和带动作用越来越明显。因此,通过综合考虑以上因素,运用相关分析工具,如 SWOT 分析法、PEST 分析法等,明确物流在城市经济社会发展中的地位作用和发展重点,是城市物流规划的重点内容。

3.5 城市物流空间布局规划

3.5.1 城市物流结点分类及关系

1. 城市物流结点的分类

城市物流结点按照不同的分类标准有不同的分类方法,其中按物流结点的主要功能与服务范围可以划分为物流园区、物流中心、配送中心三种。

物流园区是依托交通区位优势,按照城市空间合理布局的要求,集中建设物流设施,由统一主体运营管理,具备物流服务功能及其配套服务功能,为众多物流相关企业提供设施场所及公共服务,实现物流设施的集约化和物流功能的集成化运作,具有基础性与公共性的物流集中区域。

城市物流中心是若干城市物流功能的集中,是部分相关物流企业集聚的专业型城市物流结点,主要面向社会提供公共的城市物流服务。物流中心的主要功能包括运输、仓储、装卸、搬运、包装、流通加工、信息处理等。

城市配送中心是专门从事配送业务的城市物流场所或组织,主要为特定的用户服务,具有健全的配送功能和完善的信息网络,辐射范围小,物流活动以多品种、小批量为特点,一般根据市场的需求进行布设。

此外,城市物流结点还包括公路货运场站、铁路货运场站、港口、机场等,由于这些传统的货运枢纽一般在城市物流结点规划之前业已存在,因此是影响城市物流结点规划的不能忽视的重要因素。这些传统的货运枢纽在规划之前一般承担城市物流结点的服务功能,在实际的规划过程中也往往依托这些货运枢纽,并通过适当的整合、提升形成新的城市物流结点,从而将其更好地纳入到城市物流结点体系之中。

除了按主要功能与服务范围进行划分城市物流结点之外,还可以进一步根据服务对象和范围将物流园区划分成国际型、区域型和市域型三种类型;根据依托对象划分成货运服务型、生产服务型、商贸服务型和综合服务型四种类型(详见下一章);根据物流结点发展的行业导向不同,将物流结点分为专业型和综合型两种类型。

2. 城市物流结点之间的关系

从实施规划的角度来看,城市物流结点之间的关系主要表现在两个方面:物流结点之间的功能关系和物流结点之间的空间关系。

(1) 城市物流结点之间的功能关系

从物流结点承担的功能来看,物流园区处于城市物流结点的最高层次,一般具有广泛、复杂的综合功能,是综合集约性、专业独立性与公共公益性的完整统一,它不仅包括基本的物流功能,还包括物流的延伸功能,比如展示功能、交易功能、信息功能以及生活配套服务功能等;物流园区作为最高层次的城市物流结点,在城市参与区域物流的活动中扮演重要角色,是区域物流与城市物流衔接的主要场所。物流中心处于城市物流结点的中间层次,其功能主要是承接与处理来自区域和物流园区的物流业务,并将部分物流业务转移给下端的配送中心,因此具有较高的专业独立性和中间连接性。配送中心在城市物流结点中心处于最低层次,主要承接来自物流园区或物流中心的物流业务,直接面向客户提供配送服务,是物流活动最集中、最直接的体现。"物流园区→物流中心→配送中心"是解决城市物流最基本也是较为合理的物流模式,如图3-9所示。

3 城市物流系统规划

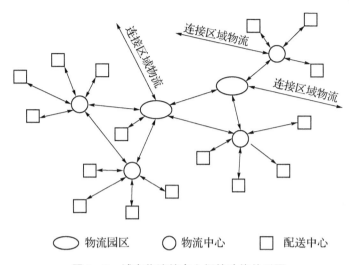

图 3-9 城市物流结点之间的功能关系图

(2) 城市物流结点之间的空间关系

从物流结点空间的关联来看，物流园区作为城市物流资源的空间聚集，是城市土地利用按功能划分思想的产物，通过规划建设物流园区，实现优化城市用地结构、缓解城市交通拥堵等社会效益的目的。从这种意义上讲，物流园区应该是企业属性的物流中心和配送中心的空间聚集，物流中心和配送中心依托物流园区作为社会公共物流平台资源集聚的优势，促进物流运作的集约化、规模化，降低物流成本、提高运作效率，从而实现它们作为企业属性的经济效益。社会属性的物流中心一般是企业属性的物流中心和配送中心的空间集聚，而配送中心则是根据市场需要，独立、广泛布设于靠近消费终端地区。简单地说，物流园区是企业属性的物流中心和配送中心的空间载体，社会属性的物流中心也可以是企业属性的物流中心和配送中心的空间载体，如图 3-10 所示。

本章所讨论的城市物流

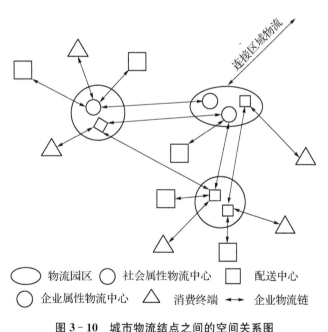

图 3-10 城市物流结点之间的空间关系图

结点是指具有社会属性的物流园区、物流中心,它们一般由政府主导规划建设,是城市公共的物流服务平台;而具有企业属性的物流中心和配送中心,一般由企业自主规划建设,具有一定的封闭性,所以不在探讨范围。

3.5.2 城市物流结点选址

城市物流结点的选址不同于企业属性的物流中心或配送中心选址,因其属于中观经济的范畴,一般很难采用诸如数学规划等方法。目前,对于城市物流结点的选址多是采用城市物流结点布局理论模型,如图3-11所示。

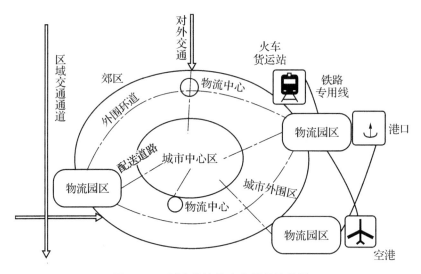

图3-11 城市物流结点布局理论模型

城市物流结点布局主要影响因素有:

1. 便利的交通条件

交通条件是城市物流结点选址的优先性原则,物流业的特点决定了它对运输成本具有高度的敏感性。选址靠近交通枢纽或交通主干线,一方面可以保证物流结点与区域物流活动实现高效的衔接;另一方面可以保证城市物流的快速集散;此外,交通枢纽本来就是物流集散点,大多已经自发集聚了一批传统的物流企业,物流结点选址靠近交通枢纽可以有效避免重复建设,减少投资浪费。这一点对于物流园区和物流中心而言,较为关键。

2. 靠近物流需求地

物流是连接生产与消费的中间环节,这一特性决定了城市物流结点应尽量靠近物流服务需求地。选址靠近产业区、工业区、经济开发区和商贸市场等物流需求地,一方面可以降低需求者的运输成本和交易成本,另一方面可以快速响应需求者的需求变化。这一点对于物流中心和配送中心而言,较为重要。

3. 充足的用地条件

城市物流结点是物流资源的空间集聚，各类物流企业以及各种物流设施都需要一定的占地（仓储设施占地要求更大），不同物流作业的实施也需要占用一定的土地，因此城市物流结点必须有充足的用地进行支撑。考虑物流结点的未来发展，用地还需要具有良好的可扩展性。

除上面三种核心要求外，城市物流结点选址还应该与城市在区域经济乃至国民经济中的地位、城市总体规划、土地利用规划、综合交通规划以及产业布局等相适应，充分考虑区域内已有的物流基础设施资源，实现资源整合与高效利用。只有这样，才能促进城市、产业、交通与物流之间的协调发展，实现城市物流结点布局规划预定目标。

3.5.3 城市物流结点功能定位

城市物流结点的功能定位决定了它的发展方向。城市物流结点的功能定位主要取决于它所依托的交通条件、周边的物流需求主体和已有物流基础。

1. 交通依托条件

交通条件是影响物流结点服务目标范围的重要因素。一般而言，国际型的物流结点主要是开展国际物流服务，比如保税仓储、国际采购、国际中转、商品展示、分销配送等，依托大型开放港口、空港口岸或公路、铁路等陆路口岸的物流结点一般定位成国际型的物流结点；区域型的物流结点主要是提供区域物流服务，比如公路分拨运输、公铁水联运、水水联运、公共配送等，依托两种及其以上类型的区域运输通道（如公路与铁路或铁路与水路）或一种类型的多条干线运输通道（如有几条公路运输干线）的物流结点一般定位成区域型的物流结点；市域型的物流结点主要是提供市域的物流服务，比如生产制造企业的供应链物流、仓储、配送等，位于城市工业园区、经济开发区、商贸市场集聚区或城市中心边缘地区，依托城市主要道路的物流结点适宜定位为市域型的物流结点。

2. 物流需求主体

通常，如果物流结点的周边主要聚集某一产业，服务的产品类型较为单一，比如汽车、钢铁、农产品、医药或服装等，则这类物流结点一般适宜定位成专业型的物流结点，此类结点的服务对象单一、需求特征明显，因此对服务功能的专业性要求较高。而一般定位成综合型的物流结点，服务产业的类型较多，物流需求呈现多样化特征，对物流结点功能的综合性要求较高。但随着物流业对产业的引导带动作用不断增强，定位也要考虑物流结点建设完成后对需求释放的推动，从而刺激新的物流需求的产生。

3. 已有物流基础

物流结点的选址和建设需要实现对原有物流基础设施资源的整合和提升利用。原有物流基础设施一般包括公路和铁路货运场站、港口等设施资源。物流结点功能定位时,要充分考虑原有设施及周边的需求,在原有的物流功能基础上,进行业务和功能的拓展。

城市物流结点的功能定位一方面要从其交通依托条件、周边需求主体和已有物流基础等实际条件出发,科学合理地进行确定;另一方面,还应该从城市物流结点空间布局结构的全局出发,要有利于保证物流结点空间布局结构层次分明、功能协调、整体优化。

3.5.4 城市物流结点规模

根据城市物流结点布局理论模型,可以确定能够建设物流结点的候选地址,但最终选择在哪些候选地址建设物流结点还需要与物流结点的建设规模结合考虑。城市物流结点的建设规模通常受其功能定位、货运发生量、用地条件、交通依托条件、设施设备技术水平等诸多因素的影响,这些影响因素有些可以量化而有些只能定性地分析,因此一般很难采用精确的计算方法对物流结点的建设规模进行具体确定。在实际的物流结点布局规划中,多采用半经验方法进行确定,其步骤如下:

Step1:确定城市物流结点总体建设规模。

若每年的作业天数按 365 天计,则城市物流结点的总体建设规模可以采用以下公式进行计算:

$$S = L \times i_1 \times i_2 \times \alpha / 365 \tag{3-9}$$

式中,S 为城市物流结点总体占地面积(10^4 m^2);L 为预测的规划目标年的全社会货运总量(10^4 t);i_1 为规划目标年第三方物流(3PL)市场占全社会物流市场的比例;i_2 为规划目标年 3PL 通过物流结点发生的作业量占其全部物流作业量的比例;α 为单位作业能力用地参数(m^2/t)。

目标年物流发生量预测值 L 的确定:由于我国目前统计制度和统计方法还不完善,物流量没有列入统计范围,缺乏供给数据,在物流规划中物流发生量一般采用业界最常用的货运发生量来替代,因为一个物流过程可以没有仓储、包装、流通加工等环节,但是运输环节必不可少,从这个角度而言货运发生量最能够反映整个物流业的发展规模和趋势。因此,可以采用物流园区目标年货运发生量或者在货运发生量的基础上作适当调整来表述目标年的物流发生量。

每 1 000 t 日作业量用地面积 α 的确定:由于我国物流园区建设起步晚,还缺乏经验积累,一般可以参照国外物流园区的建设经验进行取值,国外物流园区每 1 000 t 日作业量用地为 0.04~0.08 km^2。国内 α 的取值一般可依据当地物流业发展水平进行适当修正。

Step2:确定城市物流结点的建设数量。

在确定城市物流结点总体建设规模的基础上,结合物流结点布局理论模式,并根据整合现有物流资源原则、环境合理性原则、整体规划与分步实施原则、适度超前原则、统一规划原则等进一步确定物流结点的建设数量，保证物流结点的数量与城市的产业布局、交通网络格局、城市总体规划、土地利用规划等相协调，能够满足城市社会经济发展的需求。

Step3：确定城市物流结点的具体建设规模。

若用 $i=1\sim 4$ 分别表示铁路、公路、水运、航空4种运输方式，则规划目标年不同运输方式的物流量可用 $L_i(\sum_i L_i = L)$ 表示；若用 j 表示城市主要的物流通道（j 应根据实际情况取值），则各种运输方式在不同物流通道上的流向比例可用 $\beta_{ij}(\sum_j \beta_{ij} = 1)$ 表示。则规划目标年各种运输方式在不同物流通道上的预测物流量可以用下式进行计算：

$$L_{ij} = L_i \times \beta_{ij} \tag{3-10}$$

并且满足 $\sum_j L_{ij} = L_i$。则某一物流通道上总的预测物流量可以用下式进行计算：

$$L_j = \sum_i L_{ij} \tag{3-11}$$

相应地在该物流通道方向上物流结点的建设规模可以用下式计算得到：

$$S_j = S \times L_j / L \tag{3-12}$$

在不同物流通道方向的物流结点建设规模确定的基础上，结合该通道方向上拟建的物流结点数量，并根据物流结点的层次及其功能，就可以大致确定该通道方向上拟建的每个物流结点的建设规模。

3.5.5　城市物流结点空间布局

基于城市物流结点选址与其建设规模，便可确定出城市物流结点的空间布局。

案例3.1

本章以长三角某C市为例，根据上述城市物流结点选址与其建设规模确定方法，C市规划目标年物流结点总体建设规模、不同物流通道方向上的物流结点建设规模分别如表3-12、表3-13所示。

表3-12　C市规划目标年物流结点总体建设规模计算表

计算指标	2020年
全市货运总量（万t）	39 129
市区货运比例及总量（%，万t）	80%，31 303
3PL所占市场比例	30%
3PL市场规模（万t）	9 391

(续表 3-12)

计算指标	2020 年
进入物流结点的 3PL 作业量比例	85%
进入物流结点的 3PL 作业量(万 t)	7 982
进入规划物流园区的 3PL 作业量比例	70%
预测规划物流园区的建设规模(km²)	8～15

表 3-13 C 市规划目标年不同物流通道方向上物流结点的建设规模

计算指标	2020 年				
物流通道方向	→无锡、上海	→宜兴、浙江	→镇江、南京	→金坛、安徽	→江阴、泰州
各物流通道方向上货运量比例	38%	12%	18%	13%	19%
各方向上物流结点建设规模(平方公里)	4.56	1.44	2.16	1.56	2.28

综合考虑交通条件、产业布局、需求分布、用地条件以及原有物流基础设施的整合利用,提出建设"五大园区"的城市物流结点布局方案,C 市区城市物流结点类型、建设规模和选址方案如表 3-14 所示。

表 3-14 C 市城市物流结点类型、建设规模与选址方案表

结点名称	结点类型	建设规模(km²)	结点选址
综合物流园区	综合型	2.8	C 市西北部,采取"一园两区"布局方式
临港物流园区	综合型	2.7	C 市北部,紧邻港口
城南物流园区	综合型	4.4	C 市南部
城西物流园区	专业型	0.7	C 市西部,沿 312 国道
城东物流园区	专业型	0.7	C 市东部经济开发区

从 C 市的经济区位条件、交通区位条件、城市空间形态、产业规模及布局、现有物流资源以及用地条件等各种相关因素出发,根据表 3-14 确定的物流结点类型与选址方案,最终确定了 C 市主要物流结点的空间布局方案。C 市市区物流结点空间布局采取"5 大园区"的物流结点空间布局结构,分布如图 3-12 所示。

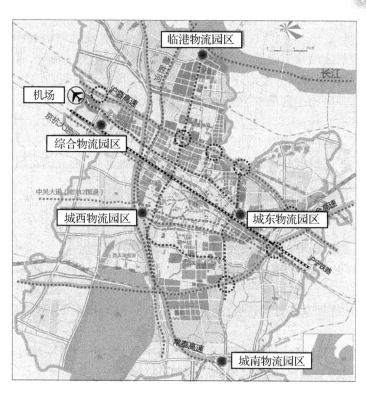

图 3-12　C 市物流结点空间布局示意图

3.6　城市物流通道规划

　　物流通道是一个涉及面很广,有诸多要素构成的、复杂的、庞大的运输组织与管理系统。对于物流通道可以从以下四个方面进行理解:①从硬件设施角度考虑,物流通道必须包括一定的物流结点和交通运输网络,比如物流园区、配送中心、港口、机场以及公路、铁路、航空、水运等线路;②从运输组织角度考虑,物流通道必须考虑采用一定的运输组织方法,比如铁路列车开行方案、飞机的航班安排计划、海运班轮的航行方案等;③从运营和管理角度考虑,物流通道必须拥有物流服务企业参与经营和管理整个物流过程;④从物流规制角度考虑,必须有相应的主管部门对物流通道进行宏观调控和对整个物流过程的监管。

　　从物流通道构成的角度理解物流通道的内涵,其构成一般需要满足两个基本条件:一是发达的硬件设施,包括物流园区、物流中心、配送中心、港口、机场、铁路枢纽等物流结点,以及铁路、公路、航空、水运等交通运输网络;二是完善的软件服务,包括合理的物流组织方式、运营主体和监管制度。因此,物流通道的概念可以解释为:以公路、铁路、航空、水运、管道等交通运输网络为基本骨架,连接一定范围内的物流结点,用于满足货物在区域间流动的一切设施、服务和组织方式的总称。

物流通道具有一定的层次性,一般来说,宏观层面的物流通道用于货物在广域范围内的流动;中观层面的物流通道用于货物在城市与周边区域间的流动;微观层面的物流通道指的是货物在城市内部流动的系统。因此,城市物流通道规划问题是城市与周边区域以及城市内部,用于满足货物流动的一切交通运输网络、物流结点、物流服务和组织方式的优化问题。具体而言就是充分利用业已形成或改造扩展的城市交通运输网络和物流结点,在一定的物流组织方式下,分析现有路网、结点、运营组织方式能否满足城市物流系统需求,并根据分析结果对现有通道提出改进意见,形成满足城市物流发展需求的物流通道方案。

3.6.1 考虑因素

城市物流通道规划过程中,需要综合考虑以下因素:

（1）城市综合交通规划。城市综合交通规划包括公路、铁路、水路、航空、管道多种运输方式组成的综合运输网络布局,以及货运、客运交通规划。物流通道需要以城市综合交通规划为前提和基本骨架,进行通道网络的布局和运输组织管理规划,同时避免客货流冲突。

（2）物流结点可达性。考虑物流园区、物流中心、配送中心,以及港口、机场、铁路货场等物流结点的功能和分布,使物流通道尽可能多地覆盖物流结点。

（3）现有道路网形态及技术指标。考虑城市内既有道路的几何线型、路面条件、容量限制,如道路等级、宽度,转弯半径、立交桥和隧道的净空高度、桥梁承载能力等指标,与物流通道能力进行匹配。

（4）物流需求分布和流向。考虑城市内工业园区、经济开发区、商贸市场等物流需求集聚区的布局,以及物流需求在城市内外部的方向性。

（5）城市居住与生态环境。考虑城市规划中居住区、商业区、生态保护区等关系人居和自然环境的区域,以及交通管制路段等,尽可能减少物流通道对城市居民生活的负面影响,减少交通堵塞、尾气排放和噪音污染等。

（6）区域物流联通性。考虑城市内外部物流通道与区域范围内物流通道的衔接,形成畅通高效的区域物流通道体系。

3.6.2 规划内容

城市物流通道规划主要包括两方面内容,分别为通道布局规划和物流组织管理规划。

1. 通道布局规划

城市物流通道以城市交通运输网络为基础,从城市物流结点连接方向的角度出发,可以将物流通道布局分成城市对外物流通道和城市内部配送网络两大部分。其中,城市对外物流通道骨架主要是由铁路、公路、航空、水运、管道等交通干线网络构成,是城市物流作为区域物流的有机组成部分和参与区域物流的支撑要素;城市内部配送网络骨架主要是由不同等级的城市道路构成,是实现城市物流为城市的生产、生活提供物流需求服务的硬件支撑,如图3-13所示。

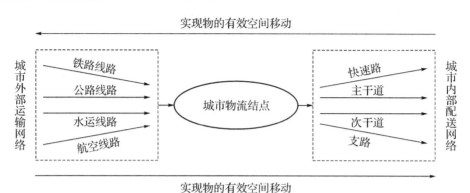

图 3-13 城市物流通道布局的组成示意图

城市对外物流通道是衔接城市物流与区域物流的重要通道,需要综合考虑物流园区、港口、机场、货运场站等物流结点布局,结合区域交通运输网络特性和物流需求方向性,以及当前城市货运道路布局现状,合理布局公路、铁路、航空、水运和管道通道,保证城市物流通道与区域交通运输网络的无缝衔接,满足城市内外部的物流中转集散。

城市内部配送网络主要是为了满足现代城市配送需求和时效性运输的要求。畅通的城市配送通道网络,将大大缓解城市交通压力,减少交通堵塞,也有利于提高配送车辆的使用效率。配送网络规划需要考虑配送中心位置、主要商业网点布局、城市货运道路规划、停车管理和城市交通管制等因素,同时根据配送节点布局,配套相应的道路停车管理措施。

从物流与交通运输的关系来看,交通运输既包括物流交通(货运交通)又包括人流交通(客运交通),因此交通规划是针对物流交通和人流交通的综合性规划,然而交通规划一般更侧重于对交通运输线路的规划,虽然考虑了交通枢纽,但是交通枢纽与物流结点的内涵并不一致;货物运输作为物流活动的核心环节,是物流的重要组成部分,因此货运交通规划也是物流规划考虑的范畴,同时物流活动除了货物运输还包括仓储、流通加工等其他环节,这就决定物流规划不仅要考虑货运路网的规划而且还要考虑物流结点的规划,两者之间的关系可以用图3-14表示。

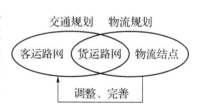

图 3-14 物流规划与交通规划之间的关系示意图

从上面分析可以看出,交通规划与物流规划都涉及货运交通的路网问题,但是两者考虑的角度和出发点并不完全一致。虽然物流结点的选址已经充分考虑了现有的交通运输网络,但是现有的交通运输网络与物流活动的实际需要之间往往存在差异,这时就需要从物流运作的角度出发,对货物交通进行研究,提出对交通规划的调整或修正方案,从而使交通规划变得更加完善,实现交通与物流融合发展。

2. 物流组织管理

传统的货物运输组织和管理方式很难适应现代物流的发展需要,甚至成为制约当前物流发展的瓶颈,现代物流的发展必然需要先进的组织和管理方式。因此,城市物流通道的规划还要针对城市当前物流组织与管理方面存在的问题,提出合理化的建议,为政府相关部门以及相关企业提供有益参考。比如对城市外部而言,要充分利用综合运输网络,大力开展多式联运、集装箱运输等,以实现提高货物运转效率、降低物流成本等目标;对于城市内部而言,要积极引入现代物流理念,广泛采用共同配送等,改善城市配送车辆通行管理和停靠管理,以实现降低物流成本、减少交通环境污染等目标;此外,还应理顺物流业管理机制,联合发改、经信、商务、交通、规划等诸多部门建立综合协调机制,为城市现代物流业的发展创造良好的体制机制环境。

案例 3.2

以 C 市物流通道规划为例,通过对影响因素的分析,规划出城市物流的通道方案。

1. 影响因素分析

参照 3.5.1 的内容,C 市物流通道规划主要考虑和遵循了以下原则:

(1) 以城市综合交通网络为骨架:包括由国道、省道组成的干线公路网络,区域性铁路线、内河航道及港口、机场等及货运航线等。

(2) 尽可能多地覆盖物流结点:物流通道应尽可能多地覆盖到案例 3.1 中规划的 5 大物流园区,以及市域范围内大型的配送中心、铁路场站、港口、机场和公路货运枢纽等物流结点。物流通道应使物流结点间实现网络化连接,便于货物在结点间的流通和集散。

(3) 通道能力与现有货运系统和物流需求相匹配

充分考虑 C 市域内现有道路、港口、机场和物流园区等设施的服务能力和硬件条件,以及产业集聚区、商贸市场的分布情况。物流通道的能力需要与未来货运系统和物流需求发展相匹配,满足货物在城市内外部实现快速、高效的集散流通需求。

(4) 建立与区域间高效联通的物流通道

考虑 C 市的城市总体空间格局以及发展规划,重点打通与上海国际航运中心、与泰州、扬州、无锡、苏州等江苏省内重要物流枢纽城市,以及在铁路运输和长江内河运输方面与新亚欧大陆桥和武汉、重庆等长江沿线地区的货物往来。

2. 物流通道规划方案

综合考虑以上因素,将 C 市物流通道按照联通的区域和方向,划分为国际物流通道、区域物流通道和市域配送通道,如图 3-15 所示。

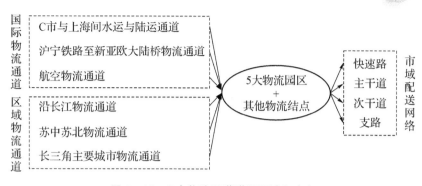

图 3-15　C 市物流通道联通区域和方向

国际物流通道主要包括 C 市与上海之间的水运与陆运物流通道、沪宁铁路至新亚欧大陆桥物流通道，以及航空物流形成的部分国际物流通道；区域物流通道包括沿长江物流通道、苏中苏北物流通道和长三角主要城市物流通道；市域配送通道即主要城市干道组成是服务城区的配送网络。C 市的物流通道规划布局如图 3-16 所示。

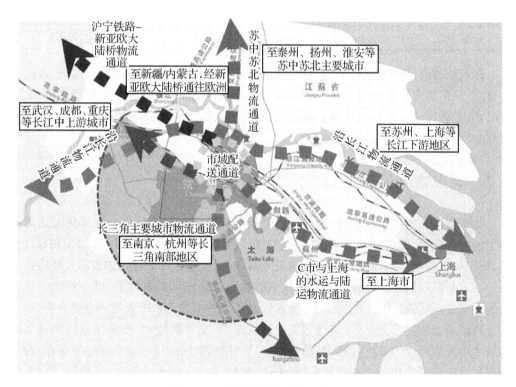

图 3-16　C 市物流通道规划布局方案

各物流通道的具体联通区域、覆盖物流结点和主要运输组织方式如表 3-15 所示。

表 3-15　C 市物流通道规划具体内容

通道名称	联通区域	覆盖物流结点	主要运输组织方式
C 市与上海之间的水运与陆运物流通道	C 市与上海	临港物流园区、综合保税区	公路运输、长江内河运输
沪宁铁路至新亚欧大陆桥物流通道	至新疆/内蒙古—欧洲	铁路货运站、综合物流园区、临港物流园区	铁路运输
沿长江物流通道	至武汉—重庆等长江中上游地区	临港物流园区、港口	长江内河运输
苏中苏北物流通道	至泰州—扬州等苏中苏北城市	城南物流园区、临港物流园区、机场	过江公路、京杭运河运输
长三角主要城市物流通道	至南京/上海/杭州等苏南及长三角主要城市	城南物流园区、综合物流园区、城西物流园区、城东物流园区	公路、长江内河运输
市域配送通道	市域	市域配送中心	城市道路运输

在此物流通道规划方案下，需要充分考虑 C 市经济发展和物流量增长对通道能力的要求，评估现有物流通道的设施和运营组织水平，找出存在的不足和差距，结合实际情况，从基础设施和运营组织两方面提出现有通道的提升和完善措施，以满足未来通道规划的发展要求。

3.7　城市物流信息平台规划

物流不仅是物的实体的流动过程，也是信息传递的过程。信息产生于物流活动各环节的方方面面，并贯穿于物流活动的全过程，通过对信息的采集、传递、加工和有效利用，可以极大地提高物流效率和降低物流成本，因此信息化成为现代物流的重要特征之一。在不断发展的互联网技术和日趋成熟的物流信息技术的支撑下，城市物流信息平台的出现是现代物流业发展的必然，其规划也成为城市物流系统规划的重要内容。

所谓城市物流信息平台，是指运用计算机技术、互联网技术、物流信息技术等手段构筑一个虚拟开放的信息共享、互动的平台。利用信息平台可以实现对物流运作、物流过程和物流管理的相关信息进行采集、传递、存储、加工、发布等活动，从而促进物流信息资源的整合与共享、实现物流设施资源的整合与优化配置以及物流系统优化运行的目的。

伴随大数据、云计算、移动互联网等新一代信息技术的涌现，物流服务的自动化、可视化、可控化、智能化、网络化等智慧化的需求不断加深，"互联网＋高效物流"理念在运输、仓储、配送和供应链等领域的应用越来越突出。因此,利用城市物流信息平台实现物流的智慧化运作,有助于实现城市物流资源集成化、物流服务一体化、物流交易电子化、物流运作标准化以及客户服务个性化。

3.7.1 城市物流信息平台的组成类型

按照运作主体的不同,一个城市的物流信息平台主要包括公共物流信息平台、物流园区(中心)信息平台和企业物流信息系统三个组成部分,如图3-17所示。

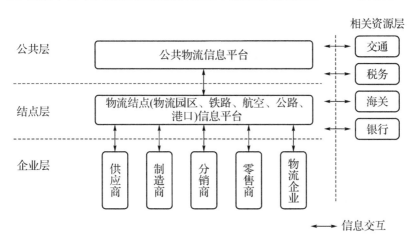

图3-17 城市物流信息平台组成

1. 公共物流信息平台

公共物流信息平台整合城市零散的物流资源和社会服务资源,侧重于服务的公共性和共享性。其一般为政府主导开发,为城市内的物流结点、企业和个人等多个群体提供公共信息服务,具体作用主要包括以下三个方面:

(1) 公共基础信息共享

现代物流是一个整合的过程,涉及很多行业、部门的资源和信息的优化整合,其中交通、海关、银行等部分基础信息的获取对于现代物流发展的作用越来越大,因此企业非常需要对公共基础信息进行共享。但这些信息的获得涉及各行业、部门间的协调问题以及资金投入问题等,企业依靠自身难以获得,因此需要专门的公共物流信息平台来提供这些信息的共享服务。

(2) 物流信息资源与设施资源的整合和共享

对社会物流系统中的各类信息资源进行整合,如货运需求信息、运输、仓储等服务供给信息、不同运输方式班次信息等,并在全社会范围内对这些信息资源进行发布和共享;通过信息资源的整合和共享,实现对仓库、装卸搬运等物流设施资源的同步管理,通过重组、整合、共享,提高物流设施资源的利用率。

(3) 物流供需信息的交互和联通

对供需信息进行实时发布和共享，为供需双方提供沟通和交易的工具和场所，提高信息交互效率。通过整合不同行业、园区和企业的信息，实现资源的互联互通，提升全社会的物流运作效率。

2. 物流结点信息平台

物流园区、港口、铁路场站、机场、公路货运场站等结点信息平台，通过整合车辆、船舶、运输班次、服务企业等信息资源，为入驻结点的企业和个人提供信息共享和增值物流服务，并促进结点内企业的信息化建设，其具体作用主要包括以下三个方面：

(1) 促进物流结点内企业的信息化建设

为物流结点内的企业提供企业物流系统的 ASP（应用程序服务）租赁服务，为企业节约在信息化方面的投资，加速企业的信息化进程。

(2) 信息共享

实现物流结点内物流企业之间的信息共享、物流结点内企业与社会企业之间的信息共享以及物流企业与客户之间的信息共享等。

(3) 物流结点管理信息化

通过对物流园区、港口、机场、铁路和公路场站进行信息化、高效化管理，提升物流结点的管理和服务水平，增强结点的运营效率和吸引程度。

3. 企业物流信息系统

企业物流信息系统主要根据物流企业、工商企业的内部物流信息一体化、网络化、高效化的要求，构建企业信息系统，服务于企业自身物流业务，提高物流运作效率，并逐步要求在供应链上、下游企业以及合作伙伴之间实现信息共享，以实现供应链的协同运作。

另外，根据服务对象的不同，城市物流信息平台还包括围绕汽车、化工、大宗商品的各类专业物流信息平台。城市物流信息平台的开发和运营主体也呈现出日益多元化的特征，部分企业也在开发具有公共服务性质、面向全社会开放的物流信息平台，实现由物流运作方向第四方平台运营商的转型发展。

3.7.2 公共物流信息平台的功能结构

公共物流信息平台的功能结构应根据不同城市物流系统的特点、需求特征和信息化水平来决定。一般而言，公共物流信息平台主要包括行业监管、公共信息服务、业务交易、数据交换和应用系统服务等组成。

1. 行业监管

行业监管功能为政府对物流行业的监督管理和规范运作提供技术支持手段，它具体包括物流企业资质管理、企业诚信管理、行业分析、监管信息发布等功能模块。

2. 公共信息服务

公共信息服务功能主要为用户提供公共基础信息共享，主要包括区域综合交通运输信息共享服务、城市综合信息共享服务、物流企业基础信息共享服务、物流相关信息以及政策法规信息共享服务等。

（1）区域综合交通运输信息共享服务

区域综合交通运输信息一般包括公路路网信息、港口综合信息、机场综合信息、铁路路网信息、铁路运输信息、船公司综合信息、航空公司综合信息等。

（2）城市综合信息共享服务

城市综合信息一般包括城市地理信息、城市路网信息、城市交通管理信息、企事业单位信息等。

（3）物流企业基础信息共享服务

物流企业基础信息一般包括城市物流结点信息、物流企业信息、物流相关企业信息、物流企业资质信息、口岸信息、商检信息以及工商税务信息等。

（4）政策法规信息共享服务

政策法规信息一般包括物流相关的政策以及法规等。

3．业务交易

业务交易功能主要表现在货运交易和电子商务两个方面，通过对交易相关信息的统一有效地组织，使得资源能够有效利用，解决企业在交易过程中信息不对称等问题，从而降低企业的交易成本。

（1）货运交易服务

货运交易服务通过对全社会货运交易的车辆与货物信息的采集与整理，整合社会物流供需资源，提供以多种形式进行货运交易信息的发布、查询、辅助交易的平台，为物流系统运作的优化提供方法和保障，它具体包括供需信息发布与查询功能、货运交易两大功能模块。

（2）电子商务服务

电子商务服务为各种贸易提供信息交流和交易的虚拟平台，具体包括贸易信息发布与查询、电子交易两大功能模块。

4．数据交换

企业信息系统的建设往往是自行建设，缺乏统一的标准，这为企业间的信息交换带来了一定的困难，而信息的集成和共享是供应链管理的重要内容，因此需要按照一定的标准对企业的数据进行转换，实现异构系统间的信息交流，数据交换功能就是实现不同企业异构系统之间数据交换的介质。

5．物流应用系统服务

物流应用系统服务通过物流综合应用系统为物流企业提供企业信息化服务，并整合供应链相关企业的信息资源，实现供应链相关企业之间业务信息的共享与资源的优化整合，它主要包括运输管理系统、仓储管理系统、配送管理系统、客户关系管理、财务管理系统等功能模块。

3.8 城市物流发展重点

城市物流发展的发展重点是指对城市物流具有基础性、决定性作用的领域,可直接影响一个城市物流业基础框架的形成和服务功能的建设。根据城市物流系统的组成要素和研究对象分析,发展重点主要可以从基础设施、供需主体、专业物流、配送体系、物流信息化、标准化与绿色化以及物流业与其他产业的联动发展等方面进行切入。发展重点规划旨在实现物流体系的全面发展,兼顾政府与企业需求、物流硬件与软件环境塑造、社会物流与企业物流统筹规划,构建重点明确、层次清晰、体系完善的城市物流系统。

3.8.1 基础设施

物流基础设施是物流运作的载体,是城市物流发展的前提和基础,主要包括物流结点设施和物流通道设施。城市物流规划应在综合考虑产业布局、交通条件、需求分布和环境限制等因素的前提下,对基础设施进行统筹、协调规划,实现合理布局、系统化发展。

依托交通枢纽和产业集聚区等物流需求集中区域,应重点完善物流园区、物流中心以及港口、机场、货运场站等物流结点设施建设,推动传统公路和铁路场站向综合服务枢纽提升,注重对仓库、旧厂房、闲置空地等既有设施资源的整合利用,吸引周边物流需求、物流企业、配套服务向物流结点集聚。以综合交通运输网络为基础,完善公路、铁路、航空、水路和管道组成的高效、畅通的物流通道体系。重点加强关键物流结点的多式联运体系建设,提高物流园区铁路专用线、水水联运、公铁联运和铁水联运的运行效率,为城市物流发展提供坚实的硬件支撑。

3.8.2 供需主体

需求主体包括城市内部的制造企业、商贸企业和城市居民,以及在城市区域内进行中转集散的客户。供给主体指的是能够提供如运输、仓储、配送等物流核心业务的物流企业、第三方物流和供应链管理企业。目前我国的第三方物流市场所占的比例较小,大多数物流企业的规模较小、运作能力较低,很难提供能够满足工商企业需要的一体化物流服务,出现工商企业不愿将其物流业务外包的现象,造成物流需求得不到充分释放,物流企业发展艰难,形成一种恶性循环。这也是造成我国物流成本居高不下的重要原因之一。

一方面需要促进物流需求的社会化,推动企业物流业务剥离,使企业能够专注于制造等核心环节,从而实现物流需求的充分释放,提高需求社会化水平。同时加强对物流企业的培育,提高第三方、第四方物流企业的比例,通过整合运输、仓储、配送等环节,提高一体化、综合化的供应链物流服务水平。

3.8.3 专业物流

专业物流是伴随产业专业化分工而产生的物流服务,是为特定产业提供专业化、精细化、个性化和一体化的物流服务,对设施设备和服务的专业性要求较高。随着企业对传统服务整合和专业化服务创新等方面需求的出现,提供专业化服务已成为第三方物流企业的发展方向,其中,钢铁、食品、医药、化工、汽车物流等是比较具有代表性的专业物流领域。

专业物流逐渐呈现出"横向一体化,纵向专业化"的供应链发展模式,物流功能向增值与创新服务方向提升。因此,专业物流服务的发展,要依托城市的优势产业和特色产业,推动传统运输、仓储企业依托原有的物流业务基础和客户、设施、经营网络等方面的优势,加快转型发展,同时引进国际先进的专业物流服务企业,运用先进的经营理念、技术和管理模式,发展专业化、一体化的供应链服务,对城市产业发展提供重要支撑。

3.8.4 配送体系

随着城市产业布局的调整、现代消费方式的不断升级、电子商务技术的广泛应用以及城市工商业发展模式的日趋多元,小批量、多频次、时效性强的直接配送、住宅配送以及"门到门"的配送需求日益增长。城市配送是指服务于城区以及市近郊的货物配送活动,在经济合理区域内,根据客户的要求对物品进行加工、包装、分割、组配等作业,并按时送达指定地点的物流活动。

城市配送主要服务于零售商、连锁店和消费者,是解决民生物流需求、完成城市物流活动"最后一公里"的关键环节,是城市物流体系的重要组成部分。城市配送体系建设主要包括配送网络建设、配送模式选择以及配送管理体系建设。城市物流应逐步完善由配送中心、末端配送站和配送通道组成的配送网络,优化配送路径,提高配送活动的可达性和覆盖范围;推进城乡配送公共信息平台建设,实现社会零散配送资源的统一调配和管理;积极推广"货的"、"定制化配送公交"、"网订店取(送)"、自动提货柜等新型末端配送模式,发展共同配送,提高配送的社会化、集约化程度和物流设备利用率;加强配送车辆的通行管理,结合城市交通条件,方便配送车辆的通行,提高配送车辆通行效率。

3.8.5 物流信息化

提升城市物流信息化水平,应重点推动物流企业信息化和社会化公共信息平台的建设。鼓励和推广物流新技术、新装备,如自动识别、物联网、大数据、云计算等,加强在物流车辆管理、仓库自动化管理、共同配送、供应链物流、业务优化等重点领域的应用。通过构筑一个虚拟、开放、共享、互动的城市物流公共信息平台,实现对物流运作、物流过程和物流管理的相关信息进行采集、传递、加工、发布、交易、跟踪等活动,从而促进物流信息资源的整合与共享、实现物流设施资源的整合与优化配置以及物流系统优化运行的目的。

3.8.6 标准化与绿色化

物流标准化在提高物流效率、降低物流成本方面发挥重要作用。标准化建设,一是要完善相关物流标准的制定,如物流术语、计量、设施技术标准和数据传输标准等;同时进行标准化设施设备的推广,如标准化托盘、集装箱、装卸设施、条形码等通用性较强的技术装备。

伴随资源约束趋紧、环境污染加重、城市交通压力加大,城市发展对绿色物流的要求越来越迫切。因此需要物流业在发展过程中正确处理好与自然和环境的关系,利用先进的运输组织模式和绿色低碳技术降低对环境的污染,如推广甩挂运输、多式联运、共同配送等低环境负荷的组织模式,鼓励企业采用节能型设施和装备。

3.8.7 联动与融合

伴随着专业分工与核心竞争力理念的渗透,产业链上的企业逐渐将物流等非核心业务剥离,将更多的精力投入核心竞争力的打造。物流业在经济发展中的地位也逐渐由附属地位向引导角色转变,物流业与制造、商贸、金融、电商、互联网等产业各环节的融合程度不断加深。

物流业与产业联动是两者在政府引导和市场机制共同作用下,进行需求与供给的联系、互动和匹配,以实现两者的资源联合、优势互补、信息互动、互惠互利。本质是互动主体对彼此经济行为及需求的交互及反应,核心是互惠性的资源共享。联动的实现,需要物流企业与需求方建立一种新型的合作伙伴关系,融入制造、流通、金融、售后服务等供应链关键环节,形成长期性的融合发展。

3.9 城市物流发展保障体系规划

发达国家的经济发展经验表明,市场经济越发展,流通的作用就越重要。从这种意义上来讲,现代物流业的兴起是经济、技术发展到一定阶段的产物,也是社会分工发展的必然。一方面,社会经济的发展需要相应的物流业作为支撑;另一方面,物流业的发展又会反作用于经济的发展,促进产业结构、企业组织结构的调整与优化,形成经济发展新的动力。然而,由于我国经济体制的历史原因,物流业发展还处于相对落后的起步阶段。近年来,伴随着我国经济的快速发展,物流业引起了政府和企业的广泛关注,并呈现出迅猛发展的良好势头。

在这种大的背景下,国内很多城市将物流业作为当地经济发展的支柱产业或者产业支柱进行规划。考虑到我国的实际情况,如果没有政府政策的指导、扶持与保障,物流业的发展将面临许多的阻碍,因此,国内城市在进行物流系统规划时,应将物流发展政策保障规划作为不可忽视的规划内容,以期为物流业的健康、持续发展创造良好的体制和市场环境。

一般而言,城市物流发展保障体系规划应着重考虑以下几个方面:

1. 规划的引导落实

城市物流业发展规划是综合考虑城市发展、经济和产业结构、物流供需水平以及各项规划等因素制定的,明确了城市物流发展的方向和重点,具有一定的前瞻性、指导性和可操作性。因此,城市物流业的发展要遵循规划引导,加强物流业发展规划与区域规划、城市规划、土地利用规划、综合交通规划的衔接和融合。紧紧围绕发展定位,形成层次清晰、重点明确的发展路径,循序渐进地推进物流业各项重点项目的落实,实现城市物流科学、规范、高效发展。

2. 综合协调机制的建立

当前,我国的市场经济体制尚未完全建立,与物流业相关的交通、工商、税务、海关、商检等分属不同的政府部门,且不同区域的部门存在行政壁垒,缺乏对物流业的统筹管理,条块分割的客观存在已经成为现代物流业发展的严重阻碍。因此,城市物流发展需要理顺物流业管理机制,积极探索物流业大管理格局,强化各部门物流政策综合协调机制,形成协调完善的物流业管理体制,为现代物流业的发展提供体制保障。

3. 物流市场的管理与规范

目前,物流市场仍处于小、散、乱状态,相关法律法规仍不健全,物流从业人员、物流企业的信用评价体系尚未建立,市场整体缺乏有效的行业监管和信用保障。市场发展的不规范极大地降低了物流运作效率,提高了物流成本。因此,城市物流发展应充分发挥政府监督和市场调节作用,进一步健全物流业相关法律法规体系,加强物流市场监督管理,完善物流企业和从业人员信用记录,建立跨地区、跨行业的物流信用体系。提高物流市场集中度和集约化运作水平,减少低水平无序竞争,为现代物流业发展塑造健康、公平、诚信的市场环境。

4. 物流专业人才的培养

目前我国的物流专业人才还处于短缺状态,尤其是具有较强工程应用能力与管理能力的综合性物流人才更是匮乏,这已经成为制约现代物流业快速发展的主要制约因素。因此,政府、企业、高校各方应针对城市与企业具体情况,构建职业技术院校、高等院校、研究机构和企业共同参与、产学研一体化的物流人才培养机制。加强对物流从业人员的培训,为现代物流发展提供人才保障。

5. 物流扶持政策的健全

物流产业的发展离不开良好的物流市场环境,而物流市场环境的建立离不开有关政策法规的扶持与引导。因此,城市物流发展保障体系要针对性地提出政府应给予物流产业的扶持政策、优惠政策以及引导政策。保障物流业用地,将物流业用地规划纳入城市总体规划和土地利用总体规划。设立物流业专项发展基金用于扶持物流基础设施和重点项目。通过建立多元化的投融资环境,拓宽物流业投融资渠道。同时治理和规范物流业行政事业收费和经营服务性收费,取消不合理收费项目。降低物流企业税收负担,给予发展良好的企业、项目相关税收优惠。

此外,城市物流发展政策保障规划还应该包括加强物流统计工作、促进物流业与相关产业的协调发展以及加强对现代物流运行客观规律的实证研究等内容。

问题思考与训练

1. 比较北京、上海等特大城市与连云港、绍兴等城市物流之间的差异。
2. 简述城市物流系统规划的原则、步骤和主要内容。
3. 请描述城市物流空间布局的基本内容。
4. 简述城市物流公共信息平台的作用,论述其建设与运营模式。
5. 政策对城市物流发展的作用十分重要,当前我国现代物流业发展中哪些政策需要加强?不同的阶段是否应制定差异化的政策,为什么?
6. 请以你所在城市作为案例,结合本章的学习内容,对你所在城市的物流系统进行规划,提出你的规划思路和方案。
7. 试设计针对制造企业的物流需求调查表。
8. 2005—2015 年某市货运量及同期国内生产总值如下表所示。预计 2016—2020 年和 2021—2025 年该市国内生产总值增长速度分别为 8% 和 6%。请用组合预测法预测 2025 年该市货运需求。

年份	货运量(万吨)	国内生产总值(亿元)
2005	18 200	2 413
2006	18 300	2 822
2007	19 900	3 340
2008	20 800	3 814
2009	26 000	4 230
2010	30 600	5 130
2011	35 700	6 145
2012	42 000	7 201
2013	44 000	8 012
2014	50 000	8 821
2015	56 000	9 721

4 物流园区规划

本章学习目标

- 了解物流园区与其他物流结点的差异;
- 了解物流园区的基本概念和功能;
- 掌握物流园区规划的基本步骤和关键内容;
- 掌握物流园区的道路交通组织方法;
- 掌握物流园区的运作模式。

4.1 概述

4.1.1 物流园区概念

物流园区(Logistics Park)最早出现在 20 世纪 60 年代的日本,也被称为物流基地或物流团地(Distribution Park),其早期是以缓解城市交通压力为主要目的而建设;随后物流园区在欧美国家也得到了快速发展,一般被称为货运村(Freight Village)或物流中心(Logistics Center),主要是为降低物流成本而建设。由于物流园区给其所在城市和物流企业带来了极大的社会社会效益和经济效益,随着现代物流业在我国的起步发展,许多城市也在纷纷规划和建设物流园区。因此,物流园区是物流业发展到一定阶段的必然产物,也是物流业发展到一定阶段所产生的新型物流集聚业态。

由于各国物流业的产生背景、发展环境、发展方式等因素不同,所以对物流园区的称呼和定义也不尽相同,目前对物流园区概念的表述主要有以下几种代表性观点:

(1) 物流园区是一家或多家物流(配送)企业在空间上集中布局的场所,是具有一定规模和综合服务功能的物流集结点。物流园区主要是一个空间概念,与工业园区、科技园区的概念一样,是具有产业一致性或相关性且集中连片的物流用地空间。

(2) 物流园区是指在物流作业集中的地区,在几种运输方式的衔接地,将多种物流设施和不同类型的物流企业在空间上集中布置的场所,也是一个有一定规模和具有多种服务功能的物流企业集结点。

(3) 物流园区一般是两种以上不同类型的物流企业或物流中心集聚在一起,空间布局上集中了具有综合职能和高效率物流设施的区域性物流企业。

(4) 物流园区是政府从城市整体利益出发,为解决城市功能紊乱,缓解城市交通拥挤,减轻环境压力,顺应物流业发展趋势,实现"货畅其流",在郊区或城乡结合部主要交通干道附近开辟专用土地,通过逐步配套完善各项基础设施、服务设施,提供各种优惠政策,吸引大型物流(配送)中心在此聚集,使其获得规模效益,降低物流成本,同时减轻大型配送中心在市中心分布带来的种种不利影响的场所。

(5) 物流园区是对物流组织管理节点进行相对集中建设和发展的,具有经济开发性质的城市物流功能区域;同时也是依托相关物流服务设施进行一系列物流活动的、具有产业发展性质的经济功能区。

从上述各概念可以看出,有的概念强调物流园区的空间属性,有的强调其交通区位特性,有的概念是从集聚效应角度给出的,有的则是从城市功能分区的角度给出等等。随着物流业的进一步发展,物流园区所发挥的作用也远远超过了早期建设赋予它们的使命。但各国关于物流园区的概念内涵、建设目的、服务功能基本趋同。

本书综合各种物流园区的表达,定义如下:物流园区是依托交通区位优势,按照城市空间合理布局的要求,集中建设物流设施,由统一主体运营管理,具备物流服务功能及其配套服务功能,为众多物流相关企业提供设施场所及公共服务,实现物流设施的集约化和物流功能的集成化运作,具有基础性与公共性的物流集中区域。

通过科学、合理地规划建设,物流园区不仅可以优化城市用地结构、缓解城市交通,还可以形成物流资源的集聚效应,进而促进物流产业的升级和地区经济的发展,所以具有显著的社会效益。这也是物流园区一般作为城市大型公共基础设施并由政府规划建设的重要原因之一。此外,物流资源的空间集聚,使物流设施设备、物流信息、物流管理等资源共享更易于实现,物流设施设备的利用率得以提高、物流规模经济得以实现。这不仅降低了入驻园区企业的物流成本,也降低了全社会物流的总成本,使物流园区规划建设的经济效益同时又得以体现。

4.1.2 物流园区功能

物流园区一般都具有广泛、复杂的综合功能,是综合集约性、独立专业性和公共公益性的完整统一。物流园区所应具备的功能是由物流园区的战略定位和市场需求决定的,不同的战略定位和市场需求对其功能要求不尽相同。一般情况下,按照功能的完善程度,将物流园区功能分为基础物流功能、增值服务功能和配套服务功能。

1. 基础物流功能

基础物流功能是与物流的功能要素直接对应,为物流各个环节提供最基础的服务,主要包含运输、仓储、装卸搬运、包装、流通加工、配送、信息处理等服务。

2. 增值服务功能

增值功能是通过延伸产业链上下游,拓展基础服务,为客户提供高附加值的多元化服务,主要包括:
- 展示交易:主要是为各类商品展示和交易活动提供场所和条件。
- 信息平台:提供国内外物流行业权威信息和运输、仓储、市场等信息的发布、查询、统计、交易等信息服务。
- 加工服务:为客户提供原料初加工、配套装配、条码生成、标签印刷、贴标签、改包装等流通加工服务。
- 金融服务:为客户提供税务登记、投融资、财务咨询和管理、订单管理、结算管理、物流金融等服务。
- 技术服务:为客户提供各种先进物流技术装备使用或租赁服务,实现货物全程在线跟踪,帮助客户维护运输设备及通讯设施等。
- 投资与咨询服务:为客户提供投资分析和物流方案咨询,如配送、运输方案的规划与选择、库存控制策略与供应链集成方案制定等。

3. 配套服务功能

主要为园区入驻企业和人员提供行政、商务和生活配套服务,主要包括:
- 商务服务、管理服务:为入驻园区的企业提供工商注册登记、优惠政策咨询、法律咨询等服务;履行对园区的行政事务管理、物业管理、投资管理等服务职能,并提供物流相关人才培训等服务。
- 生活服务:为园区工作人员及客户提供商务办公、车辆停放、检测维修、通讯、邮政、餐饮、住宿等生活服务。

从上面的分析可以看出,现代物流园区已经远远超出传统物流业的概念,它不仅是简单的货物集散地而且是大型的商品采购展示中心;不仅实现物流资源的空间集聚,更实现物流资源的优化组合;不仅是基本的物流服务设施的集中区,更是功能协同的服务综合体。

4.2 物流园区规划基本理论

4.2.1 规划原则

物流园区规划建设的关键是实现外部与内部的一致性。对外部而言,就是要明确物流园区在区域物流系统中的地位和作用;对内部而言,则是要求物流园区各组成部分有机结合与相互协调,有利于物流园区整体优势的发挥。为实现物流园区的战略目标,在规划物流园区的过程中,应遵循以下原则:

1. 与经济发展相适应原则

一个地区经济的发展与物流的发展是相互作用、相互影响的。首先,经济发展是物流发展的基础,推动着物流业不断向前发展;其次,物流是为经济发展服务的,因此物流的发展要跟上经济发展的步伐,否则物流发展的滞后又会制约经济发展。因此,物流园区的规划要与地区经济发展水平相适应,遵从为地区经济发展服务的宗旨。

2. 科学选址原则

物流园区选址是物流园区规划的首要工作。选址是否合理直接决定了物流园区规划的成败,因此必须坚持科学、审慎的态度。影响物流园区选址的因素很多,比如交通区位条件、用地条件、物流市场需求、竞争环境等,包含了经济、社会、自然诸多方面的因素。在选址规划过程中,要综合考虑各种影响因素,保证选址的科学、合理,能为物流园区规划目标的实现创造良好的前提条件。

3. 市场导向原则

物流市场需求是物流园区产生的内在动力,也是物流园区规划重要的基础条件。物流园区的规划必然要以市场需求为导向,这包含两个层面的内容:一是物流市场需求从宏观层面决定了物流园区在区域物流网络中所处的层次与地位;二是物流市场需求从微观层面决定了物流园区内部的组成部分、功能、流程、运作管理和效率。

4. 统一规划原则

物流园区规划是一项涉及面很广的工作,不仅包括选址、信息平台规划、内部路网规划等技术层面的内容,还包括运作模式、政策保障以及管理手段等运作层面的内容,而且这些内容并不彼此孤立,而是相互作用和联系。因此,必须从系统工程的角度处理好这些规划内容与物流园区整体规划的关系,做到统一规划。

5. 盘活存量原则

任何城市在物流园区规划之前都存在众多的物流企业,分布着大量的物流资源。虽然已有的物流资源质量参差不齐,甚至有的规模很小、技术装备落后、作业方式比较传统,已无法满足现代物流发展要求,但规划物流园区时不能无视这些物流资源的存在,而应本着节约的原则盘活存量。依据资源优化配置和整合的原则,通过对其进行改造升级,以物流园区规划为契机规范、引导它们走现代物流发展之路。

6. 循序渐进、适度超前原则

社会经济的快速发展使其对物流业的要求不断提高,这也要求物流园区规划具有前瞻性。换言之物流园区规划应是一个高起点的中长期规划,要具有一定的超前性。但是,任何盲目、不切实际的超前都可能造成巨大的浪费,故必须坚持循序渐进的原则,结合地区实际,在客观分析物流业发展现状与未来发展趋势的基础上,进行物流园区的科学规划。

7. 市场化运作原则

规划建设物流园区,既要由政府牵头统一规划和指导协调,又要坚持市场化运作原则。政府要按照市场经济要求转变职能,强化服务意识;物流园区的运作应以企业为主体,在物流园区的开发建设、企业的进驻和资源整合等方面,都要依靠完善的基础设施、先进的技术装备、良好的经营环境等来吸引物流企业和投资者共同参与。

8. 与城市总体规划协调原则

物流园区规划在一定程度上属于政府行为,是城市规划的组成部分。物流园区的规划应以城市总体规划和布局为依据,顺应城市产业结构调整和空间布局的变化需求,应与城市功能定位和远景发展目标相协调。

4.2.2 规划内容

物流园区规划是指对城市区域物流用地进行选址定位、确定战略定位和发展模式、规划空间布局,对区内功能进行设计,对设施、设备进行配置,以及对物流园区经营方针和管理模式等进行策划的过程。物流园区的规划建设是一项系统工程,其物流活动范围广阔,既有城市的、区域的、全国的活动领域,又有跨国的活动领域;物流流程复杂,须经过运输、仓储、配送、包装、搬运装卸、流通加工、配送、信

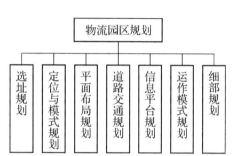

图4-1 物流园区规划的基本内容

息处理等环节;物流园区规划涉及面极广,涉及工业、农业、商贸、交通、城市规划、国土、环保等部门。因此,物流园区规划包括许多方面的内容,如图4-1所示。

1. 选址规划

物流园区的选址规划是解决"物流园区应该建在什么地方"的问题。物流园区是城市物流系统中层次最高的物流结点。

2. 战略定位

战略定位是园区规划的首要环节,是园区规划的核心,是为园区创造一种独特、有利的价值定位,针对竞争环境确立相应的优势地位。如果说,园区的功能及布局是"身",园区定位则是"魂"。定位准确的物流园区,能够更好地吸引企业和产业的集聚,实现差异化竞争和发展。战略定位中也要考虑园区的发展模式,解决物流园区未来经营方向与其周边相关产业之间的关系定位。

3. 平面布局规划

平面布局规划是物流园区规划最为重要的内容之一。物流园区的平面布局规划主要解决三个方面的内容:一是"物流园区应该由哪些功能区组成?";二是"这些功能区要占多大规模?"的问题;三是"这些功能区之间相对位置关系怎样?"。

4. 细部规划

物流园区的细部规划主要包括物流设施布置规划、物流设备设计与选择以及作业流程设计等内容。

5. 信息平台规划

物流园区是物流相关资源的集聚地,是采集信息、整合资源为社会提供物流服务的重要场所。随着不断发展的互联网技术和日趋成熟的信息技术在物流领域的广泛应

用,物流园区信息平台的重要性日益显现,其规划也成为物流园区规划的重要内容。

6. 道路交通规划

物流园区内部道路是物流园区的骨架,一方面它把物流园区的各组成部分连接成为一个整体,另一方面它还实现了物流园区与外部交通的有效衔接;同时,它也是园区消防通道和园区景观构成的重要因素。园区内部的路网不仅对功能分区的布局产生影响,还对车辆、人员的进出以及车辆回转等动线产生影响。物流园区道路交通规划主要包括路网布局、出入口规划设计、交通组织等方面的内容。

7. 运作模式规划

物流园区的运作模式规划主要是解决"物流园区应该如何去建设"以及"物流园区建成以后如何运营"两个问题。具体而言,物流园区的运作模式规划主要包括投资开发模式、管理模式、赢利模式等方面的内容。

4.2.3 规划步骤

物流园区规划是一个动态的规划过程,即利用定性与定量分析相结合的方法,充分考虑各类因素,制订出可行规划方案,并经过不断的信息反馈和修正,选出最优方案的过程,具体步骤如图4-2所示。

1. 计划开始与组成

这一阶段的主要任务是项目筹备,即成立或委托专门的组织机构进行规划,并明确任务、确定规划进度以及就物流园区规划的一系列问题达成共识。

2. 需求分析阶段

(1) 基础资料收集

收集物流园区规划所需的资料,并保证所得信息或数据的正确性与充分性。一般而言,基础资料主要包括城市社会经济情况、城市综合规划、城市物流市场现状、政府的物流政策、园区选址周边路网及交通状况等方面。其中,城市的社会经济情况包括城市经济地理条件、城市物产资源分布情况、内外部资源流入流出情况、城市经济发展状况、城市主导产业发展;城市综合规划包括:土地利用总体规划、城市总体规划、综合交通规划等资料;城市物流市场现状主要包括物流市场需求与物流市场供给两个方面的资料,物流市场需求资料主要通过对生产制造企业、商贸企业以及开发区、大型市场群、商贸经济中心等重点需求资源的调查获取,物流市场供给资料主要通过对大型综合性物流企业、以仓储或运输为主的中小型物流企业以及枢纽站场或船代、货代为主业的企业等调查获取;政府的物流政策主要包括政府的物流产业发展规划、物流业发展支持政策等方面的资料;周边网络及交通状况主要包括物流园区选址周边的路网结构、布局、现状交通量等资料。

(2) 规划条件设定

规划条件设定是指要了解业主单位或委托单位对规划建设物流园区的意图、想法与要求,并作为物流园区规划的指导思想或限定条件。

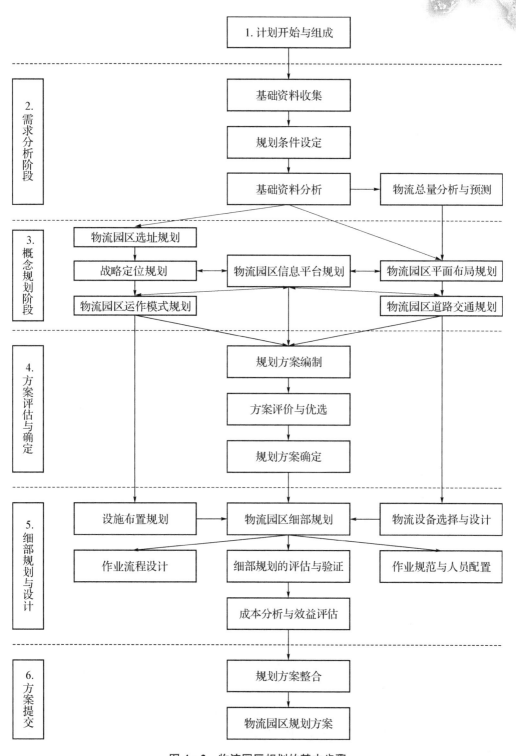

图 4-2 物流园区规划的基本步骤

(3) 基础资料分析

基础资料分析主要是将收集到的基础资料进行分类汇总,利用一定的数据分析或处理方法,得出物流园区规划所需的数据或信息。

(4) 物流总量分析与预测

通过对基础资料的分析,统计出当前物流总量,并借助时间序列平滑、线性回归、神经网络等预测方法,预测规划目标年的物流量,作为物流园区规划的重要参考依据。(具体的物流需求预测方法详见第三章"城市物流需求预测"和"城市物流结点的规模")

3. 概念规划阶段

概念规划是相对细部规划而言的,是其细部规划的基础,即物流园区的细部规划是在其概念规划的基础上才能进行。物流园区概念规划包括选址规划、战略定位、平面布局规划、道路交通规划、信息平台规划及运作模式规划等。

4. 方案评估与确定

将概念规划的各部分整合起来,形成物流园区的概念规划方案。概念规划方案往往不是一个而是几个可行方案,可以采用层次分析、模糊综合评判、数据包络分析等方法对可行方案进行优选,选出最优方案。

在细部规划完成后,将概念规划与细部规划整合,就形成了物流园区规划的完整方案。

4.3 物流园区战略定位

4.3.1 物流园区战略定位

物流园区的战略定位以需求分析为前提,解决的是园区未来的发展方向、重点和路径问题。一般来说,物流园区战略定位需要考虑三个方面的因素,即市场范围、服务对象和主要功能。

1. 市场范围

市场范围指的是物流园区服务的区域,一般与物流园区的区位和交通条件直接有关。如物流园区依托大型港口、机场而建,具有国际物流网络,则物流园区的市场范围能够辐射联通国际区域和国内区域;如依托国内主要铁路枢纽和大型公路枢纽,则市场范围主要服务所在区域,面向若干省份和城市。

市场范围影响物流园区的基础设施和服务功能,如服务国际物流和区域物流的园区,需要建设完善的多式联运设施和中转集散设施,对服务国际物流的园区则还需要提供保税物流等功能。

2. 服务对象

服务对象指的是物流园区服务的产业和企业。服务的产业一般为园区辐射范围内、具有较大物流需求的产业类型,如汽车产业、钢铁产业、化工产业、商贸业等。产业类型直接影响物流园区入驻的企业类型和服务功能。服务的企业指的是入驻物流园区的、具有公共服务需求的企业,包括物流企业和非物流企业。物流企业包括运输、仓储、加工、配送、第三方物流、供应链管理等企业;非物流企业一般为周边从事某类产业的企业,如贸易企业、加工企业等。物流园区为入驻的企业提供有针对性的公共服务。

服务对象直接影响物流园区的功能和设施设备配置。如主要服务于医药产业的医药物流园区,对仓储、配送等专业化设施设备要求较高。电商企业对仓配一体化设施需求量较大。

3. 主要功能

主要功能是根据服务的范围和对象,确定物流园区为客户提供的服务类型,一般分为基础物流功能、增值服务功能和配套服务功能。如依托大型机场而建、面向电商和区域分销商的园区,主要功能包括航空快递分拨集散、区域分销等功能。依托大型港口而建的国际性物流园区,主要功能可能包括保税物流、多式联运、集装箱物流等。不同物流园区的功能定位一般具有较大的差异性。

4.3.2 物流园区发展模式

通俗来讲,模式就是人们从生产、生活经验中总结出来的解决某一类问题的方法上升到理论层面的产物,是一种能够帮助人们尽快提出方案、完成任务的指导方针。模式并非是千篇一律的,也不具有普适性,它会因其领域及条件的不同而不同。物流园区的发展模式主要是指物流园区为实现发展目标所采取的发展措施和选择的发展道路,是园区对外部发展环境和自身发展条件进行主动优化和选择的结果,它主要取决于其所在城市或区域的经济发展水平、产业特征和园区自身特点。当前我国物流园区的发展模式主要有"物流+贸易"、"物流+产业链"、"物流+金融"、"物流+项目"和"物流+互联网"模式等。

1. "物流+贸易"模式

"物流+贸易"模式是由物流业与商贸流通相结合而形成,物流园区入驻企业的物流运作嵌入供应链之中,与分销企业、电商企业、批发零售企业建立合作关系,实现物流与商流的良性互动。一方面工商企业可以充分利用园区的物流平台优势打造产品的展示和销售平台,增加销售机会并能够为客户提供高效、便捷的销售物流服务;另一方贸易的繁荣不仅使物流需求增加,也会对物流提出更高的要求,这样又会促进物流业更好更快地发展。这种模式不仅适合于建在制造业较为发达城市的物流园区,也适合于建在消费型城市的物流园区,展示交易区这一个功能分区的划分其实就是为满足这种发展模式的需要。

2. "物流＋产业链"模式

"物流＋产业链"模式是随着物流园区与周边产业的融合发展不断加深、集聚能力逐步增强而出现的一种模式，是"物流＋产业"模式的升级。物流园区依托自身便捷的集散分拨条件和物流资源集聚优势，围绕服务的核心产业，延伸产业链，向上游可以延伸拓展到技术研发环节，向下游延伸则可以使产业链到达开拓市场环节和售后服务环节，促使产业链上下游企业在园区内集聚实现链条化发展，成为产业链的枢纽。园区服务功能由初级的物流服务向深加工服务、展示交易、信息服务和金融保险服务拓展，实现由基础物流服务向高级的增值服务功能的转变。此外，园区还可以为某一种产业的集中采购和分销建设电子商务网站和实体的展示交易平台，实现产业链的线上线下同步发展。这种模式适用于物流园区依托大型交通枢纽、具有明显的交通优势，拥有如汽车、大宗商品、装备制造等产业链纵深较长的货源资源，同时集聚了一批供应链管理企业。

3. "物流＋金融"模式

"物流＋金融"模式是基于物流增值链中的供应商、终端用户、金融机构和物流企业等各方的共同需要而产生和发展的，是近些年出现的新概念。广义的"物流＋金融"模式是指在整个供应链管理过程中，通过应用和开发各种金融产品，有效地组织和调剂物流领域中货币资金的流动，实现商流、资金流、物流和信息流的有机统一，提高供应链运作效率的融资经营活动，最终实现物流业和金融业融合化发展的态势；狭义的"物流＋金融"模式是指在供应链管理过程中，第三方物流运营商与金融机构向客户提供商品和货币，完成结算和实现融资的活动，以及为客户提供采购执行、分销执行等服务，实现同生共长的一种经济模式。"物流＋金融"模式往往和其他模式共存在一个物流园区中。

通过对该模式广义和狭义概念的分析可以看出，"物流＋金融"模式是物流业与金融业相互渗透发展而形成的，不仅是金融资本业务创新的结果（如物流银行、仓单质押等），也是物流业发展壮大的需要。

4. "物流＋项目"模式

"物流＋项目"模式是将项目管理思想引入物流运作和管理之中而形成的。根据美国项目专业资质认证委员会主席 Paul Grace 的观点，"在当今社会，一切都是项目，一切也将成为项目"。项目实际上就是一个计划要解决的问题或是一个计划要完成的任务，具有一次性、独特性和目标的确定性等特点。大到一个大型的土木工程，小到一个客户的订单，为满足其物流需求而开展的整个物流活动过程都可以视作一个项目，只是不同的项目所采用的业务管理方式、组织管理方式和成本管理方式等不同而已。

5. "物流＋互联网"模式

"物流＋互联网"，就是在物流园区发展过程中将线上平台与线下资源融合，实现实体平台与信息平台的联动发展,是伴随互联网在各行各业的不断渗透发展起来的。具体来说,采用这种发展模式的物流园区需要利用线下实体网络布局以及交易中心的优势,建设功能完善、操作便捷、安全可靠的线上信息平台,将货源、物流企业以及车源进行整合,为制造企业和商贸企业、物流公司、个人车主提供高效准确的物流交易服务,从而解决货主和车主信息不对称、运输过程不透明等问题,实现线上的交易、支付、车辆监控与线下的物流操作过程融合汇通。这种模式既可以单独存在,也可以与其他模式结合运用,适用于园区基础设施和服务功能完善、车源和货源等线下资源充足以及信息化建设水平较高的物流园区。

4.4 物流园区平面布局规划

物流园区的规划建设是一个投资巨大、影响长期的城市基础设施工程,因此其平面布局规划是园区整体规划最重要的内容之一。一个良好的物流园区平面布局规划应该具有土地集约利用、流程顺畅、交通易于组织、便于物流企业入驻等特点。需要指出的是,作为城市大型基础设施工程,物流园区的建设不是一蹴而就,而是需要一定周期的。因此物流园区平面布局规划必须考虑建设周期这一特性,合理确定建设时序问题,即合理安排不同建设阶段的建设内容。对于每个阶段的建设开发,首先要保证能够满足当时的市场需求和运作需求,其次还要考虑到建设项目启动的难易程度,优先建设易于启动的项目不仅有利于保证物流园区建设进度而且有利于对物流园区招商产生良好的示范效应。当然,建设时序的安排是在物流园区总体平面布局规划基础上完成的,只有这样才能保证物流园区整体建设开发的一致性和有效性。

4.4.1 物流园区平面布局模式

目前,国内外物流园区的平面布局规划模式可以归纳为三种:功能区式布局模式、地块式布局模式以及混合布局模式。

功能区式布局模式是指将物流园区按照物流功能或物流经营主体的行业性质划分不同功能的子区,比如有的物流园区划分了仓储配送区、流通加工区、保税物流区等。

地块式布局模式是指利用自然条件(比如河流、道路等)或人为地把物流园区内部土地分成若干大小不一的地块,不界定各地块的功能性质或者只粗略界定,由符合用地经营要求的企业根据需要租赁相应的地块,并进行自用设施设备的建设。

混合布局模式就是在一个物流园区内上述布局模式同时存在。把大的园区分成几个子区,对各子区并不进行严格的经营限制,根据园区发展需要和企业自身需求进行建设。例如总体上将一个物流园区分割成若干大型地块,某些地块直接出售给大型物流企业进行自建自营,而某些地块内进行详细功能分区布置,进行基础物流设施建设,然后出租给一些中小型物流企业,或者对某些地块进行概念园式区设计。

物流园区平面布局三种模式的优缺点和适用条件如表4-1所示。

表4-1 物流园区三种平面布局模式比较

布局模式	优点	缺点	适用条件
功能区式布局模式	同类设施统一规划和建设于某一功能区,可以最大限度地提高设施的共享率和效率;利于同类企业之间的协作	灵活性较差,可能会因为物流需求量预测不准而造成设施建设多余或不足;无法满足入驻企业的个性化需求	适合由主体企业引导开发的物流园区、依托大型枢纽的物流园区以及专业型物流园区
地块式布局模式	用地灵活性高,可减少物流基础设施的超前投入;入驻企业可以根据自身需求进行自建自营	物流流程链缺乏统一规划,物流资源分散,不利于整合优化;入驻企业初建周期长,投入高	适用于物流市场发育良好的区域或城市,物流园区内以几家大型企业为主导
混合布局模式	结合了功能区式和地块式布局模式的优点,在用地集中性与灵活性、设施共享与个性化需求方面能有效协调	监管不力可能造成过多非物流设施和非物流业务占用物流用地	大型综合性物流园区

目前,我国物流业还处于发展起步阶段,第三方物流主体依然是中小企业,实力较弱,这一阶段的物流发展还是应以整合物流资源、转变传统枢纽单一功能为方向,物流园区平面布局应以功能区式布局模式为主,科学划分功能区和配置规模、合理布置。随着物流产业的不断发展和物流市场的不断成熟,根据物流发展的需求,可以尝试地块式布局模式、混合式布局模式。对功能区式布局模式而言,物流园区的平面布局规划主要包括物流园区的功能组成、规模和布局三个方面的内容。

4.4.2 物流功能区确定

物流园区的功能区确定是解决"物流园区应该由哪些功能分区组成"的问题。物流园区的功能分区的确定受到市场需求、战略定位、发展模式等诸多因素的影响。综观国内外已建的物流园区,功能区域的划分各具特色,不同的物流园区功能区域的划分不尽相同,即便同一个物流园区也可能因为战略定位不同而导致功能区域划分的不同。一般而言,物流园区功能区域的划分应遵循以下几个原则:

1. 以市场需求为导向

从根本上来讲,物流是为社会生产、生活服务的,也就是说为社会的生产、生活提供满足需要的服务是物流发展的宗旨。因此,社会的生产、生活需要怎样的物流服务,物流业就应该能够提供怎样的物流服务,物流园区就应该设置相应的功能分区为这些服务的开展提供必要的支撑。

2. 坚持市场拉动与政府推动相结合

物流是为社会的生产、生活服务的,同时它又反作用于社会的生产、生活,两者之间的这种关系决定了物流园区的规划要具有一定的超前性,仅仅依靠市场需求的拉动往往很难满足需求。因此,政府一般会从地区经济发展的长远出发对物流园区的规划给出战略性、前瞻性的定位指导,推动物流的发展更好地为经济发展服务,这就决定了物流园区功能区域的划分不仅要能满足当前经济发展需求,还要能够根据经济发展的相关规划满足未来一段时间内经济发展需求。

3. 适度归并与整合,促进用地合理化

物流园区是一个服务综合体,一般为社会的生产、生活提供种类繁多的服务,而且随着社会经济的不断发展,园区需要提供的服务也会不断分化、增多,而每种服务一般都需要相应的功能分区提供支撑,这样很容易造成功能区域的划分过于细小和散乱,不利于土地利用的合理化,因此往往需要把一些功能相近的分区进行适度的归并与整合。

4. 便于企业入驻与运营

企业是物流园区从事物流运营活动的主体,物流园区建成以后,通过招商吸引物流相关企业入驻进而开展物流业务。如果功能区域划分不合理,容易造成企业开展物流业务受到限制,甚至一些物流业务无法正常开展,因此功能区域的划分要充分考虑物流相关企业的运营方式,便于它们物流业务的开展。

5. 系统性原则

物流园区与功能分区之间是系统与要素的关系,功能分区是物流园区的组成要素,因此功能分区之间在功能上必须具有互补性、协作性与整体性。一方面这些功能分区要能够独立承担相应的功能服务,另一方面这些功能分区组成的物流园区要能够承担层次更高、功能更强的综合服务,体现出物流园区系统化、层次化的运作能力。

对于物流园区整体服务结构而言,客户是服务对象,客户的具体需求(即社会生产、生活需要,也即市场需求)是服务内容,功能分区(包括在该功能分区上配置的设施、设备等)是服务载体,物流企业是服务主体。在明确物流园区服务结构的基础上,结合上述原则,以服务对象为核心、以战略定位为补充,执果索因地进行分析,形成功能区域划分的具体思路,如图4-3所示。

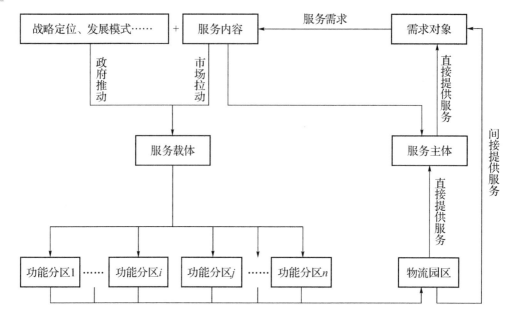

图 4-3 功能区域划分的思路示意

通过调查统计，我国现有物流园区的功能分区一般包括公路货运区、仓储配送区、流通加工区、展示交易区、保税物流区、综合服务区、企业基地区等。

(1) 公路货运区

运输是现代物流的核心环节之一。物流园区承担着合理化运输组织、加强综合运输系统完善的使命，因此公路货运区是许多物流园区中重要的组成部分。

(2) 仓储配送区

仓储、配送是物流的核心作业环节，也是物流园区的核心功能。考虑到仓储与配送作业两者之间的紧密联系，物流园区一般将两者整合而划分仓储配送区，作为货物仓储、配送的作业场所。

(3) 流通加工区

流通加工是现代物流作业环节之一，是实现物流增值服务的重要途径。对于流通加工服务市场需求较大的物流园区一般划分流通加工区，作为原料初加工、配套装配、条码生成、标签印刷、贴标签、改包装等活动的作业场所。

(4) 展示交易区

依托园区货物集聚辐射的优势，划分展示交易区为商品提供展示平台、为供需双方提供交易平台，实现以物流带动商贸开发、以商贸促进物流发展，是物流与商流联动发展的集中体现。

(5) 保税物流区

划分保税物流区是为适应现代物流运作与国际贸易发展的需求，适应跨国企业的全球运作和经济全球化的发展。其优势在于可以在该功能区域办理进出口通关业务，如果是 B 型保税物流中心,则货物进入该区域就视同出口,可享受出口退税政策等。

(6) 综合服务区

综合服务区一般是物流园区行政管理机构所在分区,也是为物流园区提供政务、商务、生活等配套服务的场所,是归并和整合了相近的功能服务而形成的。

(7) 企业基地区

企业基地区就是在物流园区内划分出一个分区,采用企业自主开发的模式,让企业自建自营,它是物流园区功能区式布局模式融入了地块式布局模式思想的产物。

物流园区功能分区的划分并没有严格、统一的形式,不同的市场需求、功能定位、发展模式,可能会有不同的功能分区,有时又会因为功能服务的侧重不同而造成功能分区的命名不同等等,这就需要在具体的功能区域划分上坚持原则而又不失灵活地加以处理。

案例 4.1

江苏无锡市无锡西站物流园区

根据图 4-3 提出的功能区域划分思路,以江苏无锡市西站物流园区为例,按照三个步骤进行功能分区的划分。

步骤一:确定物流园区功能内容

江苏无锡西站物流园区依托公铁水空联运优势,以及较为雄厚的钢铁产业基础和居民消费需求,以城市配送、电子商务、多式联运、钢铁物流供应链为特色,打造与之相适应的三大基地。根据物流园区的发展定位和需求主体的功能需求,园区的功能内容如图 4-4 所示。

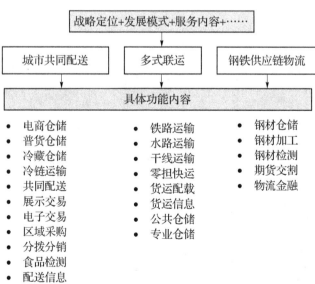

图 4-4 无锡西站物流园区功能内容

步骤二：确定物流园区功能模块

将上述各个功能内容，按照功能相近的原则，进行适度归并与整合，得到物流园区的功能模块如图 4-5 所示。

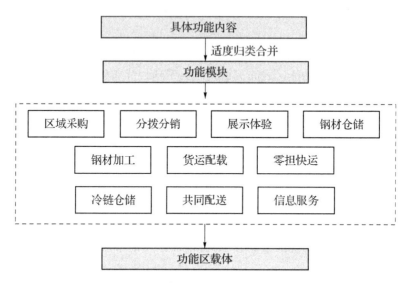

图 4-5　无锡西站物流园区功能模块

步骤三：得到功能分区划分方案

确定各个功能模块需要的空间载体，将物流园区划分为钢铁物流区、多式联运区、城市配送区、快消品电商物流区和工业品电商物流区五个功能分区，划分方案如图 4-6 所示。

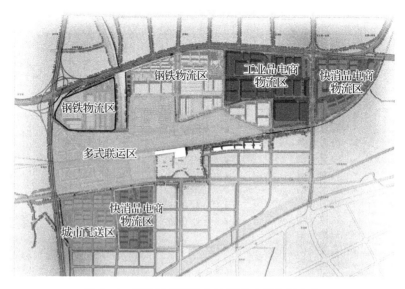

图 4-6　江苏无锡西站物流园区功能分区方案

案例 4.2

江苏盐城市电商快递专业物流园区

江苏盐城市电商快递专业物流园区定位于服务全市的快递集散中心和辐射江苏苏北地区的电商物流基地,旨在实现快递服务与电子商务上下游产业协调发展。按照案例 4.1 的三个步骤,电商快递专业物流园区的功能区划分思路和方法如图 4-7 所示。

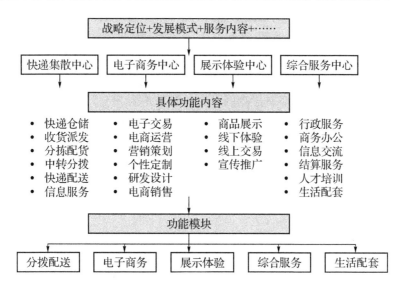

图 4-7 盐城市电商快递物流园区功能模块

最终得出功能分区划分方案如图 4-8 所示。

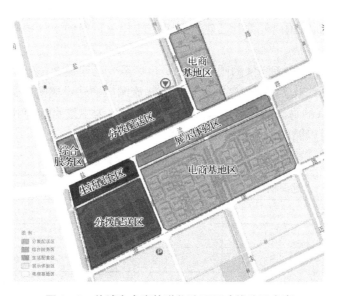

图 4-8 盐城市电商快递物流园区功能分区方案

4.4.3 物流园区规模确定

物流园区的规模确定是解决"物流园区的总体占地规模以及各功能分区占地规模的大小"的问题。关于物流园区的占地规模,国内外尚无严格统一的标准,一方面它受到战略定位、货运需求量、用地条件、交通的依托条件、设施设备的技术水平及物流运作水平等诸多因素的影响,不同的客观因素可能导致物流园区的占地规模不同;另一方面,物流园区不仅仅具有单一的物流功能,更是一个服务综合体,有的功能分区占地规模可以定量计算,比如仓储配送区、流通加工区、保税物流区等,但有的功能分区无法定量计算而只能定性地分析,如综合服务区、企业基地区等。因此,对于物流园区具体建设规模,一方面要借鉴国内外已建成物流园区的经验,特别是一些重要的技术参数;另一方面要从地区实际出发,在考虑各种影响因素的基础上,坚持定量计算与定性分析相结合。

通过上面的分析,形成了物流园区占地规模确定的两种思路与方法:一是类比分析的方法,即通过将规划的物流园区与国内外已建成物流园区作相应的比较,借鉴并调整一些参数,来确定规划的物流园区总体及各功能分区的占地规模;二是定量、定性相结合的分析方法,即对于占地规模可以定量计算的功能分区就采用定量计算的方法,对于无法定量计算的功能分区则采用定性分析的方法加以确定。

1. 类比分析法

采用类比分析法确定物流园区占地规模,关键是要做好三个方面的工作:一是要广泛地收集资料,不同国家、不同类型、不同规划目的等已建成物流园区的资料都应尽量收集,资料收集的越充分越有利;二是要根据规划需要,对收集的资料进行整理、分析,统计出相应的技术参数;三是要深入分析资料中的物流园区与规划的物流园区建设背景条件之间的区别,对统计的技术参数做出适当的调整,用以指导规划的物流园区占地规模的确定。下面将国内外部分已建物流园区的相关资料做了一些整理与统计,以供规划参考之用。

日本是最早建设物流园区的国家,自 1965 年至今已建成 20 多个大规模的物流园区,平均占地规模约 0.74 km^2,其中东京 4 个物流园区的建设规模与运营指标如表 4 - 2 所示。由于东京的物流园区是以缓解城市交通压力为主要目标而建设的,以城市配送为主要业务,所以园区占地规模相对较小。

表 4 - 2 日本东京物流园区占地面积和运营指标

物流园区	占地面积(km^2)	日均物流量(t/d)	每 1 000 t 占地面积(km^2)
Adachi	0.33	8 335	0.040
Habashi	0.31	7 262	0.043
Keihin	0.63	10 150	0.062
Koshigaya	0.49	7 964	0.062

相对日本的物流园区,德国已建的物流园区更多的带有交通运输枢纽的性质,一般占地规模较大,平均占地规模约 1.18 km²,其中部分物流园区建设规模如表 4-3 所示。

表 4-3 德国部分物流园区建设规模

物流园区	占地面积(km²)	物流作业面积(m²)	依托的运输方式	仓库面积(m²)
Bremen	2.0	1 200 000	公铁水空	330 000
Weilam Rhein	0.26	60 000	公铁水空	3 000
Trier	0.64	360 000	公铁水空	15 000
Rheine	0.76	240 000	公铁水空	35 000
Nurnberg	2.55	256 000	公铁水空	406 000
Leipzig	0.96	282 000	公铁空	126 000
Emsland	0.48	—	公铁水	35 000
Frankfurt	1.22	582 000	公铁	—

韩国在富谷和梁山建设的两个物流园区,占地都是 0.33 km²;荷兰统计的 14 个物流园区的平均占地规模 0.49 km²;英国的物流园区规模则要小许多,建设的第一个物流园区占地不到 0.01 km²。一般来说,国外物流园区的占地规模多在 1 km² 以内,每 1 000 t 日作业量用地为 0.04~0.08 km²。

由于物流园区具有良好的社会效益和经济效益,近几年来也引起我国政府和社会的广泛关注,特别是广州、深圳、北京、上海、南京、苏州等经济较为发达城市在物流园区规划建设方面步伐迈得更快,表 4-4 列举了我国部分物流园区的用地情况。

表 4-4 我国部分物流园区的用地情况

物流园区	占地面积(km²)	依托的运输方式
上海外高桥保税物流园区	1.02	公铁水空
上海浦东空港物流园区	0.2	公铁空
上海西北综合物流园区	2.63	公路
北京空港物流基地	6.2	公空
天津空港物流园区	0.95	公铁水空
南京龙潭物流园区	7.58	公铁水管
苏州工业园物流园区	8.38	公路
深圳平湖物流基地	6	公铁水
深圳盐田港保税物流园区	0.5	公铁水
深圳笋岗—清水河物流园区	2.37	公水空

物流园区由于受到市场需求、战略定位、发展模式等因素的影响,功能分区的划分不尽相同;同样由于受到货物需求量、设施设备的技术水平、规模效益等因素的影响,功能分区的占地规模也差异很大。据调查统计,国外物流园区的建筑覆盖率一般为40%～50%,其中仓储设施约占物流园区建筑面积的85%,其余的为信息、车辆维修、餐饮等配套服务设施,表4-5给出了欧洲物流园区的面积分配统计情况。

表4-5 欧洲部分物流园区的面积分配统计情况

用地类型	物流园区数量(个)	占总面积比例(%)
企业用地面积	29	35.3
物流园区内道路占地面积	27	5.8
综合运输设施占地面积	27	4.4
其他面积	24	1.8
内部生态平衡面积	26	12.3
外部生态平衡面积	22	25.6
预留发展用地面积	27	14.5

国内物流园区的面积分配,以国内最大的专业型钢铁物流园区玖隆钢铁物流园区为例,仓储区为单项最大用地,占地面积达101公顷,占总面积的47.5%,这在国内物流园区中也比较有典型性,表明仓储业务仍然是物流园区主要功能。以采购交易区和综合配套服务区为代表的商业性质用地面积为40.3公顷,占总用地面积的18.8%,较初期物流园区的商业用地比例有了较大程度的提高,表明物流园区在商业和配套方面的功能逐步完善。同时,园区的配套设施中,生产型配套和生活型配套较为均衡。

2. 定量、定性相结合分析法

在计算物流园区各功能区的面积时,通常分为三个部分进行考虑:(1)物流功能区,决定着整体园区物流作业能力,主要有公路货运区、仓储配送区、流通加工区、多式联运区、保税物流区等;(2)非物流功能区主要有展示交易区、综合服务区、生活配套区等;(3)其他:包括道路、绿化等。

物流园区中物流功能区的占地面积可以定量计算,而非物流功能区和其他道路、绿化面积则很难定量计算。通常物流功能区面积占物流园区总面积的比例较大,是决定物流园区总面积的主要因素。在物流园区总占地面积和各物流功能区占地面积确定的基础上,对占地面积难以定量计算的功能分区则可以通过定性分析,适当地加以确定。

对于各物流功能分区的面积确定,可以采用以下推荐方法进行计算。

(1)公路货运区占地面积计算

公路货运区包括零担仓库、装卸场、货场和停车场。货场面积可根据《JT/T 402-

1999 汽车货运站(场)级别划分和建设要求》按公式(4-1)计算：

$$S_h = \frac{Q \times M \times N \times \alpha_1}{f_1} \tag{4-1}$$

式中，S_h 是货场的占地面积(m^2)；Q 是日货物最大作业量(t)；M 是货物平均仓储期(d)；N 是单位货物的平均占地面积，取 $0.8\ m^2/t \sim 1.2\ m^2/t$；$\alpha_1$ 是货物入库系数；f_1 是货场面积利用系数，取 $0.5 \sim 0.75$。

停车场面积可采用公式(4-2)计算：

$$S_T = k \times S_D \times P \tag{4-2}$$

式中，S_T 是停车场面积(m^2)；k 是单位车辆系数，一般取 3；S_D 是单车投影面积(m^2)；P 是日均最大停车数。

(2) 仓储配送区占地面积计算

仓储配送区一般在物流园区中占地面积最大，其占地面积一般包括三个部分：一是仓库的占地面积；二是装卸货台的占地面积；三是装卸场占地面积。

对于仓库的占地面积，由于物流园区处理的货物种类繁多、特性各异，各类型仓库分别采用公式(4-4)进行计算：

$$S_c = \frac{Q \times M \times \alpha_2}{T \times S_i \times f_2} \tag{4-3}$$

式中，S_c 是仓库面积(m^2)；Q 是仓储区年吞吐量(t)；M 是货物平均堆存期(d)，参考表 4-1；α_2 是入库系数，取 $0.5 \sim 0.7$；T 是年运营天数(d)；S_i 是货物单位面积堆存量或仓储量(t/m^2)，参考表 4-2；f_2 是仓库面积利用系数，可取 $0.6 \sim 0.7$。

表 4-6 货物平均堆存期参考表

货种	堆存时间(d)	说明
钢铁、机械设备	7~12	包括钢板、钢材、生铁等
大宗件杂货	7~10	包括袋粮、化肥、水泥、盐等
一般杂货	10~15	—
散货	7~15	—

表 4-7 部分货物单位面积仓储量参考表

货物类型	单位面积仓储量 $S(t/m^2)$
农产品	0.8
日用品、纺织品、医药产品	1.1
集装箱	1.1
家具、建筑材料	1.2
钢铁	4.0

对于装卸货台面积,因其与建筑方案关系密切,可以在仓库具体建筑方案确定后根据公式(4-4)计算得出:

$$S_z = K \times H \tag{4-4}$$

式中,S_z 是每个仓库装卸货台面积(m^2);K 是仓库建造装卸货台的长度(m);H 是装卸货台的深度(m)。

对于装卸场面积,可根据公式(4-5、4-6)计算:

$$S_d = 2 \times K_c \times L \tag{4-5}$$

$$S_s = 2 \times S_d \tag{4-6}$$

式中,S_d 是单面作业装卸场面积(m^2);K_c 是仓库总长度(m);L 是运输车辆长度;S_s 是双面作业装卸场面积(m^2)。

两相邻仓库间的装卸区域回车场地宽度最小一般取 30~45 m。

(3) 多式联运区占地面积计算

多式联运设施主要包括有铁路装卸线、装卸台、码头前沿作业区、堆场等。其规模可以分别参照有关铁路、港站设计规范。

(4) 流通加工区占地面积计算

流通加工区的主要作业就是接货、流通加工和发货。在作业量一定的情况下,作业效率越高,单位时间内需要的作业面积越小,接货、流通加工和发货的作业面积都可以采用下面公式(4-7)进行计算:

$$S_l = \frac{Q \times T_l}{H_l} \times N \tag{4-7}$$

式中,S_l 是流通加工区占地面积(m^2);Q 是日均作业量(t);T_l 是完成每次作业的时间;H_l 是每日的实际作业时间;N 是单位货物的平均占地面积(m^2/t)。

(5) 保税物流区占地面积计算

保税物流区占地面积较大的设施主要是集装箱堆场、保税或监管仓库,对于保税或监管仓库可以采用式(4-1)进行计算,对于集装箱堆场的占地面积可以采用公式(4-8)进行计算:

$$S_J = \frac{Q \times L \times W}{H} \tag{4-8}$$

式中,S_J 是集装箱堆场的面积(m^2);Q 是集装箱所需容量(TEU);L 是集装箱长度(m);W 是集装箱宽度(m);H 是集装箱堆高层数,可根据箱型确定。

(6) 非物流功能区占地面积计算

非物流功能区的占地面积很难定量计算,在实际规划中多采用定性方法确定。在物流园区占地面积、物流功能区的占地面积及其他道路、绿化用地面积确定之后,其余难以定量计算的功能分区面积也有了一定的上限。再结合实际情况,可以确定其余功能分区的占地面积。

展示交易区设置展示交易展位、体验店,多为沿街多层建筑,占地面积较少。综合服务区可规划行政办公楼、商务配套楼等设施建筑。生活配套区提供后勤服务功能,规划酒店、公寓、汽车服务等设施建筑。

一般物流园区所配套的行政办公、生活服务设施用地面积,占园区总用地面积的比例,货运服务型和生产服务型应不大于10%,贸易服务型和综合服务型应不大于15%。

(7) 道路占地面积计算

对于园区道路内的占地面积可以采用公式(4-9)进行计算:

$$S_R = \sum_i l_i \times (n_i \times w + 2d) \quad (4-9)$$

式中,S_R 是道路总面积(m²);l_i 是第 i 条道路的总长度(m);n_i 是第 i 条道路车道数(取值1,2,4,6);w 是车道宽度(m);d 是道路单侧路肩宽度(m)。

(8) 绿化用地面积确定

考虑土地的集约利用,绿化率建议一般设置在10~20%为宜。根据绿化率可推算出绿化用地面积,采用公式(4-10)进行计算。

$$S_L = \kappa \times S \quad (4-10)$$

式中,S_L 是绿化用地面积(m²);κ 是设定的绿化率;S 是物流园区总用地面积(m²)。

通过以上分析不难发现,物流园区的功能区不管采用类比法还是定量、定性相结合分析法都难以对其面积进行严格统一的确定,主要是由于影响因素众多,而且一些重要的数据无法准确获得。因此,在具体规划过程中我们需要综合、灵活地加以处理,通过对规划方法的综合、灵活运用,使得规划更加科学、合理。

4.4.4 物流园区平面布局

物流园区的布局规划是解决"功能分区之间相对位置关系应该怎样"的问题,即在预定的规划红线范围内合理地确定各功能分区的相对位置。一般而言,物流园区布局规划应遵循以下原则:

1. 距离最小原则

物流园区是物流活动的场所,不同功能分区承担不同的物流活动,因此货物在某个功能分区内部或多个功能分区之间移动是货物在物流园区活动的主要形式,通过功能分区的合理布局追求货物在物流园区内移动的距离最小,不仅是降低运输、搬运等物流成本的需要,也是提高物流作业效率的需要。

2. 系统优化原则

物流园区是由不同的功能分区组成,物流园区合理布局不是部分功能分区布局的优化,而是全部功能分区布局的整体优化。此外,现代物流园区的功能服务不断拓展,已远远超出了传统物流的基本功能,因此物流园区合理布局不仅是各类物流活动的优化,也包括非物流活动的优化。

3. 统筹兼顾原则

功能分区之间的活动相关性是决定功能分区相对位置的关键因素,但不是唯一因素。物流园区的布局规划还受到诸如用地条件、内部路网结构等其他因素影响,因此在布局规划中要统筹考虑各种影响因素。

目前,物流园区布局规划并无适用的量化方法,主要是因为物流园区不同功能分区之间,即便是从事物流作业的功能分区之间,物流量关系与非物流量关系往往很难预测和确定,微观层面的设施布局规划中经常采用的 SLP、CRAFT、MultiPLE、ALDEP 等方法在中观层面的物流园区布局规划中难以适用。不同的物流园区因为不同的选址位置、不同的战略定位、不同的交通条件及不同的用地条件等客观因素的影响,形成个性化的布局原则,当然其布局结果也各不相同,因此在具体的规划实践中,一般采用以布局的一般原则与个性原则作为布局规划约束条件的方法,形成布局规划的诸多可行方案,再通过对可行方案进行比选,得到最终的布局方案。

案例 4.3

苏州工业园物流园区

苏州工业园物流园区依托中国和新加坡两国政府合作项目苏州工业园规划建设,主要面向制造业全球供应链和进出口贸易,打造国际物流的区域性物流中心。布局中主要遵循了以下个性化原则:

(1) 统一规划,全局发展。在苏州工业园区规划伊始,苏州工业园物流园区便被纳入了全局统一规划。布局考虑了苏州乃至江苏巨大的国际贸易需求量和物流体量,给予保税仓储、保税加工和国际贸易区充分空间。从全局角度,兼顾了功能分区分期建设的独立性和联系性,在市政配套、交通条件、用地性质、环境生态等方面实现全局发展。

(2) 集聚集约,资源共享。针对较大的仓储物流需求,布局时应充分考虑土地的集约化利用,提高公共仓储的比例。物流园区的保税仓、普通仓等功能区进行集中布局和统一建设,减少企业单独用地开发,实现设施共享和资源集约利用。

(3) 内外衔接,功能匹配。物流园区布局充分考虑了周边的公路、口岸、铁路枢纽等交通条件,以及内部功能区之间的业务联系。针对物流园区内的国际贸易、进出口加工等企业,将金融等综合服务区布局在便捷的中心位置,提高整体服务效率。

(4) 滚动开发,循序推进。各功能区的建设进行分期推进,滚动开发。因此布局在考虑整体功能服务效果的同时,兼顾分期实施的可行性和阶段性效果,贸易功能区、保税加工区等根据招商工作的逐步推进实行分期推进建设。

以一般性布局原则和个性化的布局原则为指导,形成了苏州工业园物流园区的总体布局,如图 4-9 所示。

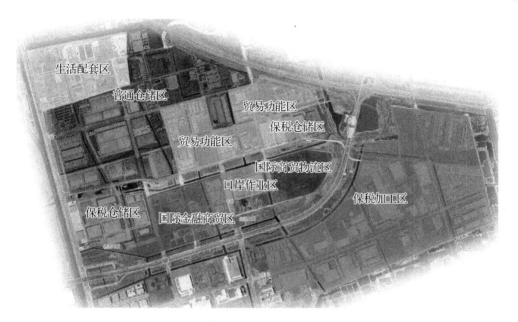

图 4-9　苏州工业园物流园区布局方案

案例 4.4

玖隆钢铁物流园区

根据功能区确定方法,玖隆钢铁物流园区功能区包含钢材仓储区、钢材加工区、集中配送区、采购交易区和综合配套区几大功能区。从规划实际条件出发,确定了钢铁物流园区布局规划的六条个性化的布局原则:

(1) 与城市协调原则。布局应与城市和交通发展相协调,利用周边公路的沿线商业价值及新城区的建设,布置成带状的采购交易区和综合配套区,保证建筑风格的延续性。

(2) 集聚与分离原则。物流功能区之间尽量集聚,商贸组团与物流组团适当分离,既便于物流资源的统一调度,又可为商业、商务创造良好的工作环境,同时,将人流密集的功能区与货流集中的功能区进行有效隔离。

(3) 快速集散原则。将集中配送区布置在园区一横一纵主干道上,且与钢材仓储区及钢材加工区相邻,便于提供停车、运输与配送服务,便于货运车辆的快速集散,减少大量货运交通对周边道路及内部道路的交通影响。

(4) 柔性布局原则。考虑未来发展的不确定因素,有利于功能区之间的适度调整,钢材仓储区与钢材加工区之间未来随着发展的需要可进行功能置换。

在全面考虑个性化布局原则与一般性布局原则的基础上,形成了玖隆钢铁物流园区功能区的总体布局,如图 4-10 所示。

基于约束条件对功能分区进行布局规划,是当前物流园区实际规划中通常采用的方法,这种方法的关键是充分考虑各种约束条件,并将其作为布局规划的指导性原则。相对而言,一般性原则是布局规划的总体指导,个性化原则是布局规划的具体指导,它决定了布局的具体思路,因此在物流园区布局规划的实际过程中,要全面、深入地调研,详细分析实际资料,并在此基础上形成详尽的布局规划个性化原则,只有这样才能保证物流园区布局规划的科学合理。

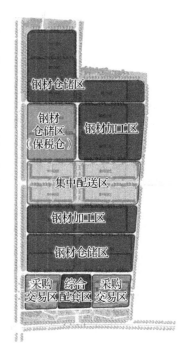

图 4-10 玖隆钢铁物流园区布局方案

4.5 物流园区道路交通规划

物流园区作为大型的服务综合体,物流、商贸、配套服务等活动必然产生大量的货流和人流交通,而且这些交通不仅活动于物流园区内部,还需要通过物流园区周边的路网进行货流与人流的集散。由此看出,物流园区的内部道路必须承担两个方面的功用:一是满足物流园区内部各类活动的交通需求,二是要实现物流园区与周边路网的良好衔接。一个物流园区道路交通规划的是否科学合理,一定程度上决定了物流园区规划的成败,因此道路交通规划是物流园区规划的一项重要内容。一般而言,物流园区道路交通规划要遵循以下原则:

1. 要满足物流与人流的交通需求

进行物流园区道路交通规划时,必须对各功能分区之间的物流、人流状况进行分析,明确物流、人流的流量与流向,并在此基础上确定物流园区的路网形态、交通组织方式等,从而保证物流园区内部各类活动有序进行并与外部路网的便捷衔接。

2. 要与物流园区总体布局相协调

内部道路是物流园区的骨架,它将各功能分区连接起来并形成一个有机的整体,因此道路交通规划要充分考虑功能区域的划分,满足各类用地的基本要求。

3. 要体现动态规划的思想

物流园区各功能分区的建设时序可能不同,不同阶段各功能分区产生的交通量也会发生变化,这就要求物流园区的道路交通规划要为远期发展留有一定的弹性空间。

4. 要易于交通组织与管理

物流园区的道路交通应尽量实现物流交通与人流交通的分流;在条件允许的情况下,路网尽量采用网格状布局,以便于各功能分区之间的交通联系;道路交叉口宜采用正交方式,同时在交叉口或转弯处还要满足行车视距的要求等。

5. 要满足绿化、消防、管线铺设等方面的要求

物流园区道路交通规划在满足物流与人流交通的同时,还应满足其他相关方面的要求,比如要充分结合园区绿化,节约专用绿地占地面积;对消防有特殊要求的区域和设施,规划专用的消防通道;要结合市政配套工程建设,以便于管线的铺设等。

4.5.1 物流园区的交通量预测

交通量预测是物流园区道路交通规划的重要基础,因此要深入分析物流园区交通发生的机理及规律,找到一种比较符合实际又比较实用的预测方法。物流园区产生的交通量,主要包括物流交通量和人流交通量两大部分,其中以物流交通量为主。对于物流交通量的预测,要根据物流园区总的物流量进行物流交通量的预测。对于人流交通量,大致由两部分组成,一部分主要是由于物流运作、员工通勤产生的交通量,这部分交通量通常与物流量存在一定关系,对这部分人流交通量的预测要结合物流交通量的预测进行;另外一部分人流交通量主要是由于物流园区的商贸活动、配套服务活动而产生,这部分人流交通量的产生与相应的建筑面积存在很大关系,因此其预测需要特别处理。

1. 物流交通量预测

由于物流园区活动的复杂性,难以对其服务辐射范围内 O—D 进行调查,我国关于物流统计的缺乏又导致很难找到可以利用的物流统计资料,因此对物流园区由于物流活动本身而产生的交通量,一般是以物流园区总的物流量为基础进行预测,计算公式如下:

$$T = \sum_i \left(\frac{\gamma_i G_i}{365 \times W_i \times k_i} \right) \quad (4-11)$$

式中,T 是物流园区的日均物流交通生成量;G_i 是物流园区 i 类型的货运车辆年总货运量(t/y),且 $\sum_i G_i = L$,即所有类型货运车辆的年货运总量等于物流园区的年物流量;W_i 是 i 类型货运车辆的标准载重量(t);k_i 是 i 类型货运车辆的平均满载率;γ_i 是 i 类型货运车辆的换算系数。

一般而言,由于物流园区的货运车辆比较大,这一特征与公路交通更加相似,而城市道路交通是以小汽车为主,因此物流园区的货运车辆的类型划分及其换算系数可以参照公路通行能力计算的数据,如表 4-8 所示。

表 4-8 车辆类型划分及其换算系数

车辆类型	换算系数	划分标准
小型车	0.8	小轿车、小于 12 座的面包车和小于 1.5 t 的轻型客货车
中型车	1.0	载重量在 1.5 t~5 t 的轻型、中型货车和大于 12 座的大中型客车

(续表 4-8)

车辆类型	换算系数	划分标准
大型车	1.5	载重量在 5 t～14 t 的重型货车、半挂货车等大型货车和大于 50 座的大型客车
特大型车	2.5	载重量大于 14 t 的重型货车、全挂车和集装箱卡车等特大型货车

进行道路交通规划时,一般是采用高峰小时交通量,因此还要将日均交通生成量转化成高峰小时交通量,公式如下:

$$T_p = \sum_i \left(\frac{\lambda_i \gamma_i G_i}{365 \times W_i \times k_i} \right) \quad (4-12)$$

式中,T_p 是物流园区货运交通高峰小时交通生成量;λ_i 是物流园区 i 类型货运车辆的高峰小时流量比。

2. 人流交通量预测

对于由物流园区的商贸活动、配套服务活动而生成的人流交通量,可以参照相关的办公用地和展示交易用地的出行产生吸引率,采用原单位法进行交通量预测。原单位法是以物流园区相应功能分区的单位建筑面积的产生吸引交通量为原单位,则物流园区的产生吸引交通量即为该功能分区的总建筑面积乘以对应的原单位,计算公式如下:

$$P_i = E_{pi} \times Z_i \quad (4-13)$$
$$A_i = E_{ai} \times Z_i \quad (4-14)$$

式中,P_i、A_i 分别是功能分区 i 产生、吸引的人流交通量;E_{pi}、E_{ai} 分别是功能分区 i 产生、吸引原单位;Z_i 表示功能分区 i 的建筑面积。

对于由物流运作、员工通勤而生成的人流交通量,因其与物流园区物流量有一定的关系,因此可以通过相关调查分析,按照物流交通量的一定比例进行确定。

4.5.2 物流园区内部路网规划

物流园区内部路网是由不同等级的道路组成。根据园区用地条件、功能分区布局要求、周边路网状况等客观因素,将不同等级的道路以一定的形式进行布局并有效衔接,便形成了物流园区的路网。总体而言,物流园区的内部路网应该结构合理、功能分明,保证物流园区内部交通的通畅、安全。

1. 内部道路的面积率确定

物流园区内部的交通与公路交通、城市道路交通相比,具有复杂性与特殊性,现有的公路交通和城市道路交通规划的一些方法很难适用于物流园区内部路网规划,因此引入道路的面积率作为物流园区内部路网规划的总的控制性指标。

道路的面积率是指物流园区内部道路占地面积与园区总占地面积的百分比。影响道路面积率的因素包括物流园区交通生成量、园区内的交通设施状况、货运车辆类型及其比例等。其中,物流园区的交通生成量是影响道路面积率的关键因素,由于交通生成量是由物流园区的物流量算得,因此可以说物流园区的规模不同,其内部道路的面积率也应不同,物流园区的规模越大,其道路面积率一般也越大。通过对已建物流园区的调查分析,采用物流强度作为物流园区规模的表征,道路面积率的取值可以参照表4-9。

表4-9 物流园区道路面积率参照表

物流强度(万吨/km²/年)	≤100	≤150	≤200	>250
道路面积率推荐值	5%～10%	10%～15%	15%～20%	25%左右

注:1. 物流园区物流强度:单位时间、单位面积用地上处理的物流量;
  2. 物流园区物流强度=园区年物流量÷园区总用地面积。

2. 内部道路的等级及宽度

不同等级的道路宽度不同,在物流园区路网中的地位与功能也不相同。目前,关于物流园区内部道路的等级划分尚未统一,根据道路在物流园区内部路网中的交通功能与地位,一般可以将其划分为三类:主干路、次干路和支路,如表4-10所示。

表4-10 物流园区道路等级分类及宽度参照表

物流强度(万吨/km²/年)	道路等级结构	道路宽度
≤100	主干路	两车道
	支路	两车道或单车道
≤150	主干路	四车道
	支路	两车道或单车道
≤200	主干路	六车道或四车道
	次干路	四车道或两车道
	支路	两车道或单车道
>250	主干路	六车道
	次干路	四车道
	支路	两车道或单车道

主干路是连接物流园区出入口、辐射物流园区主要功能分区、具有较大通行能力的道路,是构成物流园区内部路网的交通性干道。物流园区的主干路构成园区内部主要的货运通道,承担物流园区的主要货运交通,根据物流园区的规模可以采用两车道、四车道或六车道。

次干路是功能分区内部的主要道路,连接功能分区内部各组成部分;或是连接非物流关系功能分区的道路,为主干路分担流量。根据物流园区规模不同,可以采用两车道或四车道。

支路包括引道、搬运通道及特殊用途的道路等。引道为物流园区内仓库、堆场等物流设施及生活设施出入口与主干路、次干路连接的道路;搬运通道是功能分区内部作业区用于搬运货物的通道;特殊用途的道路,主要是为消防、安全等特殊要求而设的道路。支路一般采用单车道或双车道。

3. 内部路网的形态

物流园区内部路网的形态是指园区内部路网的布局形式,它与功能分区的布局相互影响、相互联系,并在一定程度上决定了物流园区的总体布局形态。通过对国内外已建物流园区的调查分析发现,物流园区的内部路网布局主要有以下三种形式:

(1) 带状

规模较小且功能较为单一的物流园区,往往以一条主干道为主轴,各功能分区排列在主干道的两侧;园区的主出入口在主干道的一端或相对的两端。这种路网形态结构简单,货物运输容易组织。例如图4-11所示的日本基山物流团地,其规模较小且相对独立,建设主要以整合现有的物流设施为主,而这些物流设施主要是大型企业自建的配送中心,黑谷线公路南北贯穿而过,西侧用绿带与外界隔离,东侧利用自然水系与外界分开。

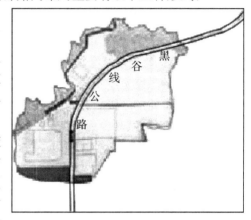

图4-11 日本基山物流团地布局图

(2) 网格状

物流园区的路网由多条横向、纵向的主干道或次干道组成,将物流园区分割成若干网格,功能分区分布于网格之中,这是一种比较常见的物流园区路网形态。这种路网布局形式的特点是道路整齐、有利于建筑物的布置、有利于分散交通及交通组织灵活方便。由于实际地形的限制,完全的网格状路网并不多见,但大部分的路网呈网格状,例如图4-12所示的江苏张家港汽车整车进口口岸物流园区路网形态图。

(3) 放射状

放射状布局形式往往有一个布置核心或顶点,功能分区围绕布置核心或顶点向外扩展,与核心区的关系程度由内向外逐渐减弱,路网呈现由核心区向外放射的形态。例如图4-13所示的江苏苏中沿江化工物流园区,内部规划道路网形态采用环形放射状路网,分别与城市路网和港口相连。

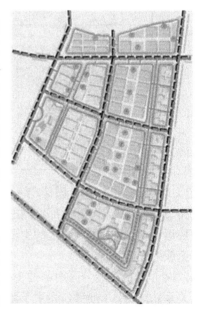

图4-12 江苏张家港汽车整车进口口岸物流园区路网形态

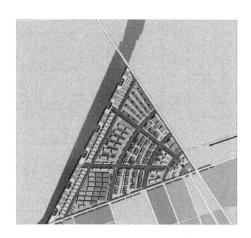

图 4-13　江苏苏中沿江化工物流园区布局图

4.5.3　物流园区出入口规划

物流园区的出入口是实现物流园区内部道路与周边路网衔接的重要设施，不仅是交通堵塞的瓶颈地段，也是交通事故的多发地段。因此，一个科学、合理的物流园区出入口规划，应该保证进入物流园区的车辆能够安全、快速地到达园区内的目的地，而离开物流园区的车辆也能够安全、快速地进入园区周边的路网之中。为实现这个目的，物流园区出入口的规划设计应遵循以下原则：

1. 要满足车辆进出物流园区的要求

物流园区的出入口规划要能够满足车辆进出园区的要求，根据进出车辆的主要类型、进出量等因素确定出入口的建筑标准、建设数量以及是否采用进出分流的交通组织方式等。

2. 与物流园区周边路网协调，减少对周边道路交通的影响

物流园区出入口的衔接道路应该与所连接的道路相互协调，满足道路坡度、交叉角度、停车视距、交叉口视距等规划要求；同时通过采用相应的道路接入管理技术，减少进出车辆对所连接道路的交通影响。

3. 与物流园区内部路网协调，便于车辆集散

物流园区的出入口对内应与园区的主干路相连，保证园区内部路网良好的通达性。

4. 要有利于展示物流园区形象，实现交通功能与形象功能相结合

物流园区的出入口不仅具有交通功能，通常还具有展示园区形象的功能，因此出入口的规划设计既要满足车辆的进出需求，还要有利于园区形象的展示。

一般而言，物流园区出入口的设置有沿道路直接开口、辅助道路开口、专用道路开口和高架道路开口四种形式，如图 4-14 所示。

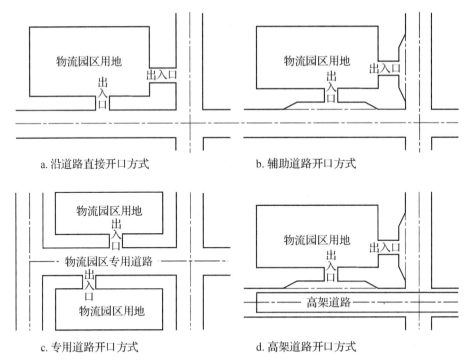

图 4-14　物流园区出入口设置形式

（1）沿道路直接开口形式

直接将物流园区的出入口与周边的道路相连，这种形式最为简单；但进出物流园区的车辆对连接道路的交通产生较大影响，容易造成交通堵塞，并产生了大量的交通冲突点，导致交通安全隐患。因此，这种形式只适用于物流园区规模较小或连接的道路等级较低的情况。

（2）辅助道路开口形式

辅助道路开口形式是在连接道路的红线与园区建筑物的红线之间设置平行于连接道路的辅助性道路，用于园区的进出。这种形式一定程度上分离了物流园区的进出交通与连接道路的交通，减少了与连接道路交通的冲突，对于实行单向交通组织的辅助道路，可进一步提高出入口的通行能力，有效疏导进出园区的交通。但是辅助性道路只能服务于一侧的物流园区用地，效益成本比不高。因此，辅助道路开口方式一般适用于用地条件比较宽松的物流园区。

（3）专用道路开口形式

专用道路开口形式是指通过在物流园区内部开辟专用道路，将园区出入口与连接道路衔接起来的一种形式。这种开口形式的优点是出入口的通行能力很大，由于专用道路只服务于进出园区的交通，交通流构成简单，还可以根据需要灵活地采取不同的交通组织方式。其缺点是专用道路的利用率不高，还造成了园区用地的分割，不利于物流、人流的联系,此外专用道路的规划设计要求较高,要保证车辆能够快速地集散,否则容易造成交通堵塞。因此,专用道路开口形式一般适用于规模较大,进出车辆较多,而且连接道路的集散能力较好的物流园区。

(4) 高架道路开口形式

高架道路开口形式是在连接道路上修建高架桥,使进出物流园区的车辆与连接道路上的过境车辆分流的一种出入口设置形式。它的优点是可以实现进出物流园区的车辆快速集散,避免过多延误,减少对连接道路的交通干扰,但是高架桥的建设成本较高,导致投资增加,另外高架桥的建设还需要考虑连接道路条件、用地限制等诸多因素。因此,高架道路的开口形式适用于进出车辆较多、连接道路为城市快速路或主干道,而其他形式的出入口开口形式很难设置的物流园区。

4.5.4 物流园区停车设施规划

停车是物流园区诸多活动得以开展的一个必要环节,因此停车设施规划是物流园区道路交通规划的重要组成部分。物流园区作为一个服务综合体而且一般占地规模较大,这决定了物流园区的停车设施规划与一般的停车设施规划有所不同。一般而言,物流园区的停车设施规划要注意以下几个方面的问题:

1. 不同性质车辆的停车设施适当分离

物流园区是一个服务综合体,不同性质的活动产生不同性质的交通,因此为保证各类性质活动的正常开展,减少之间的相互干扰,不同性质车辆的停车设施应考虑适当分离,单独规划。

2. 要满足物流园区各类停车需求

停车设施要以物流园区的各类停车需求为依据进行规划,因此物流园区停车设施的规划要充分考虑物流园区所产生的交通量大小、交通组成性质及停车交通特性等因素,避免出现因停车设施不足造成车辆乱停乱放的现象。

3. 停车设施的集中规划与分散规划要相结合

集中规划有利于提高停车设施的综合利用率,但是物流园区占地规模一般较大,如果停车设施过于集中,将导致停车十分不便,而且容易造成停车设施周边道路的交通拥堵。分散规划有利于车辆就近停车,也便于停车管理,但如果过于分散,将造成停车设施用地利用率较低。因此,物流园区不同性质车辆的停车设施要适当分离,即便相同性质车辆的停车设施也要权衡集中规划与分散规划。

4. 完善停车设施内部规划

物流园区停车设施规划不仅包括确定停车设施在园区中的具体位置,还包括停车设施内部的布局、交通标志、交通标线等详细规划。因此,物流园区停车设施的规划应该从两个层面进行:一是确定停车设施在整个园区中的位置分布;二是确定单体停车设施的内部规划。

对于停车设施在物流园区中位置分布的确定,可以考虑将物流性与非物流性的功能分区分开。功能性物流分区以集中规划为主、分散规划为辅,分散规划主要针对停车需求较大的功能分区;而非物流性功能分区则以分散规划为主、集中规划为辅,即多采用配建停车设施。集中规划主要针对停车需求较小的若干个功能分区。这个层面的确定应以各功能分区的停车需求测算为基础,计算公式如下所示:

$$P_j = \sum_i \left(\frac{W_{ij} \times T_{ij}}{60 \times \alpha_{ij}} \right) \tag{4-15}$$

式中,P_j 为功能分区 j 各类车辆总的停车需求量;W_{ij} 是功能分区 j 中 i 类型车辆的高峰小时停车数;T_{ij} 是功能分区 j 中 i 类型车辆的平均停车时间(min);α_{ij} 是功能分区 j 中 i 类型车辆泊位的利用率。

单体停车设施的内部规划,主要是考虑内部布局、车辆进出车位方式、车辆停放方式和交通标志、标线设计等方面,同时兼顾占地面积、内部线路、照明、竖向设计等方面的影响。

(1) 停车设施内部布局

由于不同类型车辆所需的停车位面积不同,特别是从事物流相关活动的货运车辆,差别更大。从最大化利用土地的角度,可以在停车场地内部根据主要车型及其停车需求特点划分相应的停车位,并设置一块调节停车区,以满足在某种车型的停车位用完时后进的该型车辆仍有停车位可以使用,调节停车区一般设置在离停车场地进口较远的位置。

(2) 纵横净间距的确定

停车设施的内部规划除了考虑各类型车辆的占地面积外,还需要考虑车辆之间的净空要求以及为驾驶员上下车时的车门开关尺寸,具体可参照表 4-11。

表 4-11 车辆纵横净距表(m)

项目		微型汽车和小型汽车	大中型汽车和铰接车
车间纵向净距		2.00	4.00
车背对停车时车间尾距		1.00	1.00
车间横向净距		1.00	1.00
车与围墙、护栏及其他构筑物之间	横	0.50	0.50
	纵	1.00	1.00

(3) 车辆进出车位方式

车辆进出车位方式主要有前进式停车后退式发车、前进式停车前进式发车和后退式停车前进式发车三种,如图 4-15 所示。

前进式停车后退式发车是指车辆进入停车位时是前进的方式,而驶离停车位时采用后退的方式,其特点是车辆就位停车迅速,但发车较为费时,不易做到快速发车。

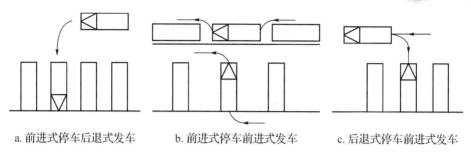

图 4-15　车辆进出车位方式

前进式停车前进式发车是指车辆进入停车位时是前进的方式,而驶离停车位时也是采用前进的方式,这种形式的特点是车辆停车、发车都很迅速,但占地面积较大,一般用于倒车困难而对停、发车要求较高的停车设施。

后退式停车前进式发车是指车辆进入停车位时是后退的方式,但发车采用的是前进的方式,其特点是停车较慢,但发车迅速,是一种比较常见的停车方式,平均占地也比较少。

(4) 车辆停放方式

合理的车辆停放方式,不仅可以保证车辆进出停车场地的安全、便捷,还可以提高停车场地的利用率,便于车辆管理。常见的车辆停放方式有平行式、斜列式和垂直式三种,如图 4-16 所示。

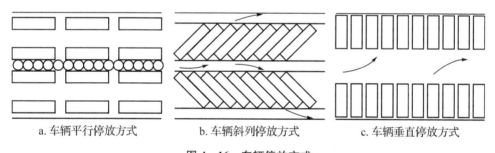

图 4-16　车辆停放方式

平行停放方式是指车身方向与通道方向平行,一般适合于狭长的停车场地,这种停放方式的停车带和通道都比较窄,车辆驶出方便、迅速,但是对停车场地的利用率较低。

斜列停放方式是指车身与通道成 30°、45°、60°或其他锐角斜向停放,其特点是停车停放比较灵活,驶入、驶出车位都比较方便,对停车场地的利用率比较高。

垂直停放方式是指车身与通道垂直,停车带宽度以车身宽度加上一定的安全距离进行确定,通道所需宽度一般较大,驶入、驶出停车位一般需倒车一次,用地比较紧凑。

此外,为明确车辆在停车场地内的交通线路,便于驾驶员停放、寻找车辆,减少交通事故发生,还应该在停车场地内部规划设计相应的交通标志、标线等,具体可参阅停车设施规划相关资料。

4.5.5 物流园区交通组织

安全、有序的交通环境是物流园区各类活动得以正常开展的重要基础。然而,安全、有序的交通环境的形成不仅需要科学、合理的交通相关设施的规划,还需要在交通设施规划的基础上进行科学、合理的交通组织。一般而言,物流园区的交通组织应遵循以下几个方面的原则:

- 交通分流原则

根据物流园区总体布局规划,结合各功能分区不同方式、不同流向的交通流特性,合理组织园区内部与外部的交通流线,使不同性质、不同方式和不同流向的交通流相互分流。

- 干道交通优先原则

物流园区的道路交通组织应服从园区周边路网的整体要求,以干道交通优先为首要原则,最大限度减少对连接道路的交通影响,保证其交通的连续性。

- 交通效率原则

充分考虑不同出行目的、不同车型的物流园区出入交通特性,通过对交通流向的合理布置,减少车辆在园区内部与周边道路的绕行与冲突,提高通行效率。

对具体内容而言,物流园区交通组织主要包括园区内部道路交通组织和出入口衔接道路交通组织两个方面。

1. 物流园区内部道路交通组织

根据物流园区的内部路网结构和用地的交通特性,园区内部道路交通组织主要由内部交叉口交通组织、园区内部路径优化组织和园区停车场地交通组织三个方面组成。

(1) 交叉口交通组织

交叉口是物流园区路网的重要节点,因此交叉口交通组织是路网交通组织的关键,科学、合理的交叉口交通组织是实现路网交通畅通的保证。物流园区交叉口交通组织主要包括交叉口交通秩序组织、交叉口交通渠化组织等内容。

- 交叉口交通秩序组织

交叉口交通秩序组织,就是明确交叉口通行车辆的优先权问题,即确定交叉路口进口车辆的先行权问题。物流园区的交叉口基本属于无信号交叉口,相对于信号交叉口而言车辆通行的优先权并不明显,但不是说无信号交叉口通行的车辆就没有优先权这一概念。根据低级别交通流让高级别交通流先行的原则,交叉口车流级别分为四级,各级优先权级别如下:

第一级车流:具有绝对的优先权,不需要将路权让给其他车流;

第二级车流:必须给第一级车流让车;

第三级车流:必须给第二级车流让车,并依次让路给第一级车流;

第四级车流:必须给第三级车流让车,并依次让路给第二级和第一级车流。

如图 4-17 所示,从对"十"字路口车流级别的说明可以看出主干道的左转弯交通必须为主干道的直行交通让路;次干道的左转弯交通必须为其他所有交通让路,并且受到第二级车流排队的影响。

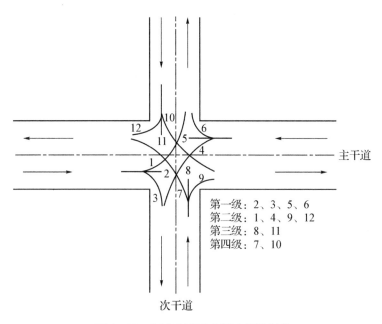

图 4-17 "十"字路口交通流级别划分

在园区内行驶车辆的不同优先级可根据园区内的交通规则来确定,一般来说:主干路上行驶车辆的优先权大于次干路上行驶车辆的优先权,次干路上行驶车辆的优先权大于园区支路上行驶车辆的优先权;在相同级别的道路上,驶出园区车辆优先于进入园区车辆,直行车辆优先于转弯车辆;对于优先级别相同的车辆,先到车辆优先于后到车辆。

- 交叉口交通渠化组织

交叉口交通渠化组织可以引导或强制不同流向的车辆各行其道,从而将错综复杂的交通流引入指定的交通流线,实现不同流向的交通流分离,减少路口的交通冲突,提高交通通行效率。渠化的方法主要压缩车道宽度渠化和拓宽路口渠化两种,如图 4-18 所示。

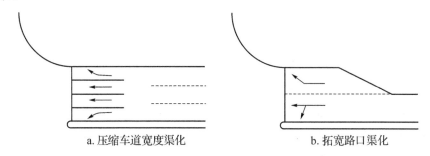

图 4-18 交叉口交通渠化方法

交通渠化的目的是分离冲突点、控制交通线路、提高交叉口通行能力、为主要交通流向提供优先通行条件、减少通行车辆可能冲突的路面面积等,但在进行交通渠化时应当注意各流向进口道的数量应与该方向上的流量大小相适应,交叉口进口处的车道数量不允许少于道路区间的车道数量,不允许驶出方向的车道数量少于进入交叉的直行车道数,渠化后的车道宽度要适当,尤其是要适应以货运车辆为主的物流园区交通等事项。

(2) 路径优化组织

物流园区不同功能分区的交通流量、流向一般都有很大差别,例如仓储配送区主要承担城市配送功能,其车流以趋于城市方向为主。当物流园区有多个出入口时,有必要对园区内部车辆运行线路进行优化,选择最佳出入口,提高车辆通行效率。

• 确定最佳出入口

在各功能分区交通生成量预测的基础上,通过统计每个功能分区在各个出入口进出交通量所占比重,进而确定物流园区各功能分区的最佳出入口。

• 选择最佳路线

最佳出入口确定后,物流园区内部路径组织就转化为从园区各功能分区到与之对应的最佳出入口之间最短路问题。影响其选择最短路的因素有很多,通常包括出行时间、距离、费用、拥挤和排队、机动车行驶限制和出行时间的可靠度等。关于两点之间最短路的求解,目前已有许多成熟的算法,此外也可以借助相关软件来完成,如TransCAD等。

(3) 停车场地交通组织

停车场地交通组织可分为机动车交通组织和步行交通组织。

• 机动车交通组织

物流园区的货运车辆较多,车型一般也较大,为保证车辆进出停车场地的安全与便捷,同时减少进出停车场地的车辆对其他交通的影响,停车场地一般采用车辆进、出分离的交通组织方式,如图4-19所示。

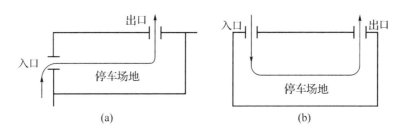

图4-19 停车场地交通组织方式

当停车场地的停车位很多时,可以考虑设置多个停车分区,各分区有各自出口,各分区停车组织如图4-20所示。区间设置非物理性隔断,便于在某分区堵塞时使用其他分区出、入口进行车辆疏散。

• 步行交通组织

停车场地内的步行交通大致可以分为停车后前往停车场地外的目的地和有目的地返回停车场地两大类,因此在组织步行交通时,应当考虑设置通往目的地设施的步行通道和停车场内设施之间连接的步行通道,通常步行通道的宽度为 1 m。此外,场地内各种设施应尽量集中布置,以缩短步行距离。

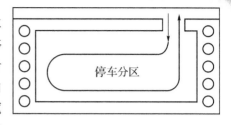

图 4-20 停车分区的交通组织方式

2. 出入口衔接道路交通组织

出入口衔接道路交通组织是指根据物流园区出入口及其连接道路的道路和交通条件,针对衔接道路的交通特征而采取的相应交通组织方式。根据物流园区出入口的设置形式,出入口衔接道路交通组织可分成沿道路直接开口交通组织、辅助道路开口交通组织、高架道路开口组织和高速匝道开口组织四种方式。

(1) 沿道路直接开口交通组织

沿道路直接开口交通组织可分为设置方向岛、设置直行辅助车道和设置左转港湾车道三种组织方式。

• 设置方向岛或渠化标线

在出入口处设置一个方向岛或渠化标线,可以分隔物流园区的进出车流。方向岛可采用三角形岛,渠化标线可采用倒 V 型标线,如图 4-21 所示。

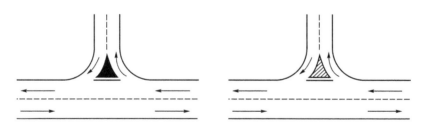

图 4-21 设置方向岛或渠化标线

这种组织方式的优点是实施简单,方向岛或渠化标线能够起到安全岛的作用,通过限制出入口的交通流向而减少冲突点。缺点是这种组织方式是基于出入口车辆采用右进右出的方式而设计,加大了部分车辆的绕行距离;另外渠化标线的约束力不是很强,易导致违章。因此,这种组织方式比较适合出入口有充足的空间,且采用右进右出行车方式的物流园区。

• 设置直行辅助车道

直行辅助车道指在路段直行车道被左转进入园区的车辆占用时,为直行车辆开辟的一条辅助车道。它多是将行车道临时拓宽得到,如图 4-22 所示。

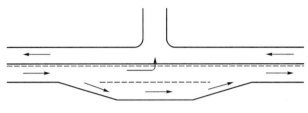

图 4-22 设置直行辅助车道

这种组织方式的优点是可以有效避免连接道路车辆的追尾发生,提高连接道路的通行能力。但其缺点是连接道路的直行交通需要变换车道,不利于保证交通的连续性;道路红线应有足够的宽度,否则不易开辟辅助车道;另外,还需要设置相应的交通标线对驾驶员进行变换车道的提示。

• 设置左转港湾车道

左转港湾式车道指在中央分隔带上开辟一条左转专用车道,使得左转进入物流园区出入口的车辆能够及时减速,并且在高峰时段有足够的空间进行排队,如图4-23所示。

此组织方式的优点是为排队车辆提供了排队空间,减轻路段上左转车辆对衔接道路交通的影响;减少了左转车辆与直

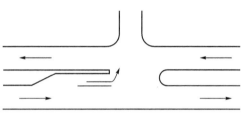

图 4-23 设置左转港湾车道

行车辆之间的速度差,从而降低事故率,提高路段通行能力。其缺点是对中央分隔带的宽度有一定要求,因此它适用于连接道路的中央分隔带足够宽的物流园区。

(2)辅助道路开口交通组织

辅助道路与连接道路平行设置,为物流园区车辆进出连接道路提供加减速区域,从而减少园区车辆与连接道路行驶车辆之间的速度差。根据接入形式的不同,辅助道路开口交通组织方式可分为平行式和斜行式两种。

• 平行式辅助车道交通组织

辅助车道位置与连接道路的行车道平行设置,连接处设置渐变段,如图4-24所示。

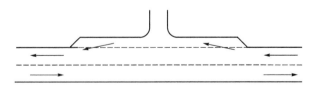

图 4-24 平行式辅助车道交通组织

这种组织方式的优点是车道划分明确,行车容易辨认;减少了物流园区进出车辆和

连接道路行驶车辆的速度差,从而提高路段通行能力和出入口的通畅性。其缺点是进出连接道路的车辆需沿 S 形曲线行驶,对行车不利;车辆进出园区只能采取右进右出,增加了部分车辆绕行距离。因此,平行式辅助车道多设置在加速段,即从物流园区汇入连接道路的辅助路段。

- 斜行式辅助车道交通组织

辅助车道不设平行路段,在连接处连接道路的渐变段加宽,形成辅助车道与出入口相连,全段均为斜锥形如图 4-25 所示。

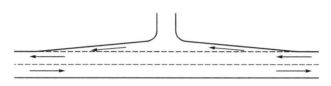

图 4-25　斜行式辅助车道交通组织

该组织方式的优点是线形过渡平顺,与进出连接道路车辆轨迹吻合,有利于行车;减少了进入物流园区车辆和连接道路行驶车辆的速度差,从而提高路段通行能力和出入口的通畅性。其缺点是辅助道路起点不易识别,易使方向混淆;车辆进出园区只能采取右进右出,增加部分车辆绕行。因此,斜行式辅助车道多设置在减速段(即从连接道路驶入物流园区的辅助路段)或辅助车道数量等于或多于两车道的道路中。

(3) 高架道路开口交通组织

高架道路开口交通组织主要是考虑高架桥下交通组织方式,即将过境车辆安排在高架桥上通行,进出物流园区的车辆安排在高架桥下通行,通过高架桥分离两种类型的交通流,而对于园区出入口交通,则是利用高架桥下的空间设置左转港湾进行组织,如图 4-26 所示。

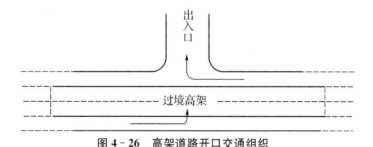

图 4-26　高架道路开口交通组织

这种组织方式的优点是过境交通与进出园区交通分离,交通组织高效,方便进出园区车辆的快速集散,同时也减少了延误。其缺点是占地面积大、投资大,还受到连接道路条件、周边路网条件及土地、环境等方面因素的限制。

(4) 高速匝道开口交通组织

高速匝道开口交通组织,就是将物流园区的出入口通过匝道直接与高速公路连接,依托匝道对进出园区交通进行快速集散,如图4-27所示。

该组织方式的优点是将物流园区与高速公路通过匝道直接相连接,可以对进出园区车辆进行快速集散,交通组织高效,同时也减少了延误。其缺点是匝道的选线、设计要考虑许多

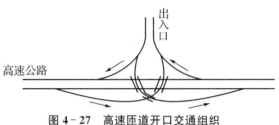

图4-27 高速匝道开口交通组织

因素,避免对连接的高速公路造成负面影响;工程造价较高,占地面积大。因此,这种组织方式特别适用于规模较大、交通生成量较多并紧靠高速公路的物流园区。

此外,还可以通过对物流园区出入口实行一系列交通管制措施更好地进行出入口衔接道路的交通组织,尤其是在高峰时段或特殊时期,比如限制车辆流向、出入车型,实行减速让行或停车让行等。

4.6 物流园区运作模式规划

物流园区的运作模式规划主要是解决"物流园区应该如何去建设"以及"物流园区建成以后如何运营"两个问题,它与物流园区平面布局、道路交通、信息平台三个方面的建设规划不是割裂的,而是相互影响的。然而提起物流园区规划,受到更多关注的还是建设方面的规划,而运作模式方面的规划往往被忽视,这很容易导致物流园区建设推进偏离原定计划、设施建设与进驻企业运营要求不一致等问题,导致物流园区规划的先天不足。因此,物流园区规划应该对物流园区的建设规划和运作模式规划做到统筹兼顾。一般而言,物流园区运作模式规划主要包括开发模式、管理模式、赢利模式等方面的内容。

4.6.1 开发模式

物流园区的开发模式主要包括物流园区的投资开发主体和投资开发方式两个方面的内容。一个物流园区究竟适合采用哪种开发方式,主要取决于政府对物流园区规划的战略思考、城市或区域经济发展水平、资本市场环境、城市或区域物流市场发育程度及物流企业发展状况等因素。根据国内外已建物流园区的开发建设经验,结合当前我国物流业的整体发展阶段和趋势,我国物流园区的投资开发模式主要有四种,即经济开发区模式、主体企业引导模式、物流地产商模式和综合运作模式。

1. 经济开发区模式

经济开发区模式是一种政府出资,企业兴建并运营管理的模式,这种模式是政府负责物流园区规划,政府财政拿出部分资金用于物流园区重大基础设施建设,而园区的其他配套建设及经营和管理则完全是由企业来完成,政府所担当的只是物流园区的建设投资者角色,并不参与园区经营,园区的日常经济活动及各项管理都由企业完成。物流

园区的经济开发区模式从发展政策的角度，应是在特定的开发规划、开发政策和设立专门的开发部门的组织下进行的经济开发项目。由于物流园区具有物流组织管理功能和经济开发功能的双重特性，因此建立在经济开发区模式基础上的物流园区建设项目，实际上就是在新的经济发展背景下的全新的经济开发区项目，而且以现代物流的发展特点、趋势和区域经济发展中的地位与作用来看，物流园区无疑是构筑高效率、转变经济增长方式和增长质量的新的经济发展体系的重要组成部分。这种模式比较适合我国现阶段的国情，很多物流园区都采用了这种模式，比如上海西北物流园区等。

经济开发区模式的显著优势在于整个物流园区是在具有现代物流理念的专业物流企业以及物流相关企业以物流产业作为产业发展立足点的服务园区，所以整个物流园区具有高度的整体性和物流业务经营的专业性。但是这种开发模式通常是由政府主导规划建设和管理，在我国现有的经济体制模式下，我国的物流园区规划建设必须得以政府支持，但政府不能包办，政府包办往往会产生规划与需求的不一致、公益性与赢利性的矛盾。因此，采用这种开发模式时，政府的角色定位十分重要，政府应避免过多的行政干预，要为进驻园区的各类企业提供一个公平、公正的竞争环境。

2. **主体企业引导模式**

从市场经济发展的角度与利用物流资源和产业资源合理有效配置的角度，通过利用应用先进信息技术和物流技术进行经营管理和在供应链中具有优势的企业，率先在园区内开发和发展，并在宏观政策的合理引导下逐步实现在整个园区范围内的物流产业的集聚和依托物流环境吸引工商企业在园区所在区域进行发展，达到物流园区开发和建设的目的，这就是主体企业引导的物流园区开发模式。这实际上是一种多元投资、企业运作的模式，物流园区的开发建设完全是企业行为，这种模式比较适合于市场化程度较高的地区和经济较为发达的地区，比如浙江传化物流基地等。

主体企业引导模式使得整个物流园区由一个主导企业或企业协作团体来规划，无疑在整体的功能定位与统筹方面较前一种模式好，不会造成整个物流园区的功能单一或重合，整个前期规划、开发建设过程、运营过程具有企业的有效性优势，能够较好地适应物流市场的需求规律。作为单独的一个企业或企业团体主导的物流园区在整体规划、功能定位与开发运营等诸多方面具有政府规划所不具备的市场洞察力与较强的规划可操作性。但同时也产生一个不容忽视的问题，这个从规划开发到建设、运营都占主导地位的企业或企业团体可能会凭借自身的先入优势过分限制后入园区的物流相关企业的发展。因此，为避免先入企业或企业团体的垄断行为，政府应为符合入驻物流园区的物流相关企业创造一个相对宽松、公平的环境。

3. **物流地产商模式**

物流地产商模式是指将物流园区作为物流地产项目，通过给予开发园区的物流地产商适应的项目开发土地政策、税收政策和优惠的市政配套等综合性配套措施，由物流地产商主持进行物流园区道路、仓库和其他物流基础设施及基础性装备的投资和建设，然后以租赁、转让等方式进行相关设施的经营与管理。目前，美国、新加坡、澳大利亚等经济发达国家以及我国均有这种开发模式的范例,比如苏州工业园区物流园区的普洛斯物流园等。物流园区采用物流地产商开发模式要求政府确立物流业对国民经济的贡献地位,给予相应的用地等方面的政策;对于物流地产商要求具有较强的投资能力、融资能力、招商能力和运营管理能力,保证按照政府对物流园区的规划要求进行开发和建设。

从某种程度上来讲,物流地产商模式是上述两种开发模式的优势综合,融合了政府参与物流园区开发的指导思想,特别是针对主体开发模式的不足,提出了很好的针对性的解决办法,即由政府来为园区开发者提供土地政策、税收政策和优惠的市政配套等综合性配套政策,由物流地产商来主持进行包括园区道路、仓库和其他物流基础设施及基础性装备的投资和建设,而不是由一个其有相对竞争优势的物流相关企业根据企业自身的扩张需求来规划和建设更加符合自己需求的基础设施或基础性设备,从而达到行业垄断的目的。在整个物流园区基础建设开发结束后,有入驻园区需求的企业可各自根据需要进行项目规划。最后使入驻园区的所有企业都站在同一个起跑线上,同时又有一定的专业分工和专业竞争。

4. 综合运作模式

由于物流园区项目建设规模较大、经营范围较广,既要求在土地、税收等政策上的有力支持,也需要在投资方面能跟上开发建设的进度,还要求具备物流园区的经营运作能力,因此采用单一的开发模式往往很难达到园区建设顺利推进的目的。综合运作模式是针对经济开发区模式、主体企业引导模式和物流地产商模式进行综合运用的物流园区开发模式。鉴于各种开发模式均有相应的开发制度及运作机制,采用综合运作模式对园区整体制度的设计和建设期的管理要求较高,而且还会带来相关政策的协调问题,这对物流园区开发建设承担者的综合能力提出了较大的挑战。因此,即使采用综合运作模式,也往往会以一种模式为主,而对园区的一些特殊项目有选择地辅以其他开发模式,以保证物流园区开发建设的顺利进行。

当前,我国物流园区的开发基本上都采用综合运作模式,即根据不同功能分区或特殊项目的具体情况有针对性地选用经济开发区模式、主体企业引导模式和物流地产商模式的其中一种,或采用其中的某一种开发模式为主辅以其他开发模式的形式。从我国现阶段的国情和经济体制的实际出发,不管物流园区采用哪种开发模式都应该坚持以下的开发思路:

(1) 首先是政府的统筹规划

坚持政府的统筹规划是实现物流园区的规划建设能够较好地体现政府指导思想的重要保证。政府或其委托机构应根据城市或区域的经济发展水平、物流市场需求等客观条件,规划物流园区的平面布局、道路交通、信息平台和运作模式等方面的内容。

(2) 其次是政府推动、市场引导、以企业为主体分期开发

在统筹规划的基础上,政府充分发挥其公共政策制定者的职能,对物流园区的开发建设进行合理的引导,充分发挥企业作为市场主体的积极作用,采用综合运作模式让各

类物流相关企业参与到物流园区的开发建设中,实现开发融资的多元化和投资风险的合理分担,保证物流园区开发建设的顺利进行。

(3) 最后是企业化经营管理与政府的退出

物流园区的成功开发最终是通过入驻企业良好的经营管理得以体现,所以在保证物流园区的规划建设较好地体现了政府的指导思想后,政府就应该有计划地实现一个物流园区统筹规划者角色的退出,实现企业的自主经营,避免政府对企业经营活动的参与和干涉。

4.6.2 管理模式

物流园区的管理模式主要是指物流园区管理组织机构的建立以及管理组织在园区中的角色定位。一般而言,物流园区管理模式受到以下几个方面因素的影响:一是物流园区的建设目标,这决定了政府对其在物流园区管理中职能定位的思考;二是物流园区的开发模式,投资开发主体不同,园区的管理模式也不尽相同;三是物流园区的规模与功能,如果物流园区的规模较小、功能比较单一,则可以采用比较简单的管理方式,如果园区规模很大、综合功能强大,则管理模式也相应有所不同;此外,还受到地区行业协会情况等因素的影响。

物流园区的开发模式是决定其管理模式的主要因素。通过对物流园区开发模式的分析,其相应的管理模式主要有管理委员会制、股份公司制、业主委员会制、协会制和房东制五种。

1. 管理委员会制

政府仿照开发区的管理模式,组建管理委员会对物流园区进行管理,提供土地使用、企业登记、人事代理等服务,政府自身不参与经营,物业管理等具体工作则委托专业公司来做。这种模式比较适合规模较大的物流园区。

2. 股份公司制

采取公司制管理物流园区,设立董事会、经理人、监事会与相关部门,按照责权利相结合的原则对园区进行管理。如果物流园区采用的是主体企业引导开发模式,则采用这种管理模式的可能性较大。

3. 业主委员会制

如果物流园区的开发建设是由几个物流企业主导进行的,则参与开发建设的物流企业组成业主委员会,成为园区的决策机构,组建管理部门负责具体的运作管理。

4. 协会制

由物流行业协会负责整个物流园区的经营管理,组织、协调入驻园区的企业开展物流服务。这种模式与业主委员会制的不同在于,协会所代表的物流企业更加广泛,协会只是组织者,并没有对物流园区进行直接投资。

5. 房东制

物流地产商完成土地开发、物流基础设施建设之后,把土地、仓库、办公楼等设施租赁或转让给各类物流相关企业,而自身成为"房东",只收取租金而不参与经营,园区为企业提供的服务主要由政府相关职能部门或委托给专业公司来完成。

这五种管理模式各有优劣,管理委员会制行政色彩较强,能较好体现政府的规划意图;股份公司制运营效率较高,但可能片面地追求经济效益而偏离政府的规划目标;业主委员会制和协会制的组织与决策比较松散,管理的效力和效率较低;房东制属于投资行为,对物流园区的整体开发能力较差。物流园区的管理模式很大程度上取决于园区的投资开发主体,因此我国当前物流园区的管理模式基本上也是对上述各种管理模式的综合运用。例如,江苏无锡西站物流园区采用"管理委员会＋开发经营公司"的管理模式,如图4-28所示,其中管理委员会统一领导园区的开发建设和运营管理工作,负责重大事项的决策,把握园区未来发展方向等;开发经营公司由管理委员会负责组建,部分参与园区开发建设的企业也参与其中,经过管理委员的授权行使部分政府职能,并负责对整个园区的开发建设和运营管理实施企业化的具体管理,该模式既保证了物流园区的规划发展始终坚持政府的规划意图,又保证了园区建设和管理的效率,兼顾了企业的赢利需求。

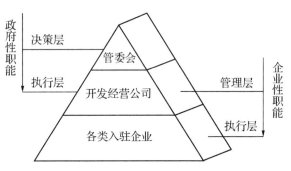

图4-28 "管委会＋开发经营公司"管理模式示意图

4.6.3 赢利模式

物流园区的赢利模式主要是指物流园区通过选择提供何种合适的物流服务和公共服务功能来获取相应的经济利益。物流园区的赢利来源根据发展阶段的不同也有所差异。

1. 初建期的赢利模式

物流园区作为一个大型的服务综合体,通过集聚运输、仓储、流通加工、配送等物流企业以及制造、贸易等物流相关企业等,从而实现一体化、一站式物流服务功能。在物流园区初建期,主要目标是吸引企业入驻,主要通过土地或建有一定基础设施的场地出租给相应的企业,收取土地出让金和租金获得利润,以及由物流产业集聚和园区的繁荣发展而获得的地价升值。

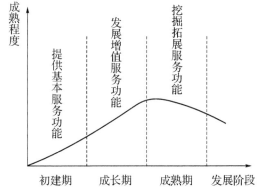

图4-29 物流园区不同发展阶段的赢利途径

2. 成长期的赢利模式

当物流园区进入成长期,企业群体和用户规模不断扩大,通过为客户提供增值服务是企业在物流园区的成长期的主要赢利点。如提供信息系统解决方案、管理咨询、定制化物流信息服务、广告推广、开办物流培训、驾驶员培训或自营餐饮、住宿等生活配套服务获取收入。

3. 成熟期的赢利模式

物流园区进入成熟期,逐步实现了由企业集聚向产业集聚的发展,物流园区成为供应链不可分割的一部分,实现从单一的物流服务功能向一体化的物流服务功能转变,为客户企业提供完整、个性化的物流解决方案。这一阶段,增值服务和解决方案收费是较为重要的赢利来源,例如平台可以利用沉淀的海量物流数据,进行大数据交易,运用数据分析模型进行更深层次的挖掘利用,帮助物流企业设计更优化的解决方案以获取增值服务费等。通过为中小企业提供应用托管,对不同的服务标价,进行销售和租赁;通过供应链金融、保险等服务,获取相应的服务提成。

物流园区的赢利首先需要通过完善相关基础设施建设和提供公共服务,保证入驻企业的稳健、高效运营和发展。入驻企业的赢利是园区赢利的基础和前提。因此,作为公共政策的制定者和市场环境的培育者,政府相关职能部门应该为入驻企业创造一个良好的经营发展环境,促进企业快速、健康地发展;同时对入驻企业而言,不同类型的物流园区所提供的赢利方式有所不同,即便相同类型的物流园区,在不同的发展阶段其提供的赢利方式也会因面临的发展环境和发展条件不同而有所不同,企业应该能够因地制宜、因时而异地制定符合自身的经营方向,实现企业自身的赢利,促进物流园区的整体发展。

对于物流园区运作模式的规划,除了开发模式、管理模式、赢利模式外,还有物流园区的区域协同机制、优惠政策保障、招商实施与准入、风险防范等方面的内容,读者可以参阅相关书籍或文献。

问题思考与训练

1. 物流园区规划一般需要调查哪些方面的资料?每个方面的资料如何获取?针对物流园区的物流需求调查和供给调查,试分别设计调查问卷。
2. 深入分析物流园区规划建设有哪些综合效益(包括社会效益、经济效益和环境效益)?并结合实际谈谈自己的认识。
3. 为何说物流园区是一个服务综合体?它一般具有哪些功能?并讨论不同类型物流园区之间的功能有哪些不同?
4. 物流园区的平面布局有哪些模式?每种模式的优缺点和适用条件是什么?
5. 物流园区平面布局规划的主要内容是什么?每部分内容主要是解决哪些问题?
6. 物流园区的交通量有哪些组成?每部分交通量如何预测?

7. 根据给出的项目背景资料,试对某物流园区的平面布局进行规划,并分析它适用于哪种发展模式、开发模式、管理模式及赢利模式?

项目背景资料:

　　项目为中国某公司的海外物流基地,根据其发展战略定位:近期主要为企业自身承包的众多当地大型基础设施建设工程提供项目物流服务,主要包括各种类型的工程机械、运输车辆、工程机械和运输车辆的零部件、机电设备、吊装设备以及钢筋、水泥等建筑材料的国内采购、海上运输、物流基地的集中仓储以及面向不同工程项目的配送,也包括为相关工作人员提供生活资料的物流服务;远期目标是将物流基地打造成为服务于整个区域的国际贸易平台,积极开展各类商品的展示、交易以及区域配送服务功能,并为其所在城市提供生活资料的全城配送服务。项目规划占地面积为 45.5 公顷(1 200 m×380 m),外部道路为 6 车道,如图 4-30 所示。

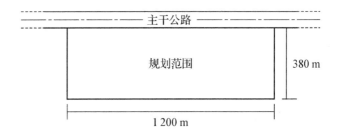

图 4-30　某海外物流园区用地规划范围图

5 配送中心规划与设计

本章学习目标

- 了解配送中心的功能、类型；
- 掌握 EIQ、PCB 分析方法；
- 掌握配送中心功能区布局方法；
- 掌握仓储区平面布局设计方法。

5.1 配送中心规划与设计概述

5.1.1 配送中心基本概念

1. 配送中心的定义

配送中心（distribution center）是指从事配送业务且具有完善信息网络的场所或组织。其应基本符合下列要求：

（1）主要为特定客户或末端客户提供服务；
（2）配送功能健全；
（3）辐射范围小；
（4）提供高频率、小批量、多批次配送服务。

鉴于人们对配送中心和物流中心这两类物流结点在认识上存在着一些误区，有学者提出这两个概念在一定程度上可以进行合并。根据最新的国家标准，这两类结点在服务对象、功能要求、辐射范围等方面存在着一定差异，特别是物流中心还可以作为配送中心的上游结点对其提供物流服务，这就使得这两类物流结点在物流网络结构所处层次上有了显著差异（如表 5-1 所示）。

表 5-1 配送中心和物流中心的定义比较

比较内容	配送中心	物流中心
服务对象	为特定客户或末端客户提供服务	面向社会提供公共物流服务
功能要求	配送功能健全	物流功能健全
业务特征	高频率、小批量、多批次配送服务	对下游配送中心提供物流服务;存储、吞吐能力强,能为转运和多式联运提供物流支持
辐射范围	小	大

2. 配送中心的分类

物流市场的激烈竞争和个性化专业配送服务需求的增长是造成配送中心细分的重要因素。明确配送中心的类别有助于进行市场和功能定位,更便于参照同类配送中心进行针对性规划设计。配送中心的分类标准繁多,一般有以下几种:

(1) 根据配送中心的隶属关系划分

• 自有型配送中心:即由一家企业或企业集团所有的配送中心,是企业物流系统的组成部分之一,主要为企业内部物流活动服务,在能力富余的情况下也对外提供物流服务。自有型配送中心由于其运营主体的不同,在运作上也呈现出不同的特征:①制造商为主导的配送中心:主要存在于规模较大、流通管理较好的企业集团,以降低企业流通费用和提高售后服务水平为目标。②销售商为主导的配送中心:包括批发商和零售商运营的配送中心,其中以大型超市、连锁店的配送中心发展最为迅速,主要通过规模化采购、流通加工和集约化配送等手段提高销售利润。

• 公共型配送中心:即面向社会或特定行业所有用户的配送中心,同时具有提供合同制个性化、定制化配送服务的功能,主要由专业物流企业(包括传统仓储、运输企业等)、公共物流站场或多家企业合作建成。

(2) 根据配送中心主要功能划分

• 储存型配送中心:我国由传统仓库转型而成的配送中心多数属于此类,其特点是储存空间所占比例较大、存储能力强,主要依据存储优势开展配送。

• 流通型配送中心:包括通过型和转载直拨型配送中心,其特点是基本不进行长期储存,仅以暂存或随进随出的方式进行配货、送货,货物整进后定量零出,可在进货时采用大型分货机通过传送带直接分送至货位或是配送汽车。

• 加工型配送中心:以根据客户需求,对货物进行包装、分割、拴标签等简单流通加工为主要业务的配送中心。

(3) 根据配送中心的层次和服务范围划分

• 区域配送中心:结合制造商、销售商对销售市场的划分设立,以较强的辐射能力和库存准备,向省(州)际、全国乃至国际范围的用户实施配送服务,主要从上游制造商或物流中心接收货物,转运到下游城市配送中心、仓库等,配送活动具有大批量、批次相对较少的特征。

- 城市配送中心:面向城市范围内的生产企业、零售商或连锁店提供门到门的配送服务,配送活动具有小批量、多批次、高频度的特点,多采用中小型厢式货车送货,辐射能力不太强,一般与区域配送中心联网运作。

(4) 根据配送货物的种类划分

根据配送货物的种类可以分为食品配送中心、日用品配送中心、医药配送中心、电子产品物流中心、汽车零件配送中心等。

3. 配送中心功能

随着现代物流业的发展,配送中心作为一种重要物流结点,通过对商流、物流和信息流进行有机结合,其服务功能在集货、分货和流通加工等各个阶段不断完善和延伸。一般来说,配送中心主要有以下一些功能:

(1) 流通行销:销售商通过电视购物节目或网上店铺进行商品直销,以电话或网络方式收集订单,由配送中心将商品配送上门(可由配送中心负责收取货款),这种销售方式可大大降低购买成本,特别是在配送中心的协助下可实现货到付款功能,提高了直销的可靠性。

(2) 仓储保管:为了顺利而有序地完成配送任务,配送中心均设置了进行库存保管的储存区,并配置相应仓储设备,以保证能在客户要求的时间、以客户要求的形式将货物配送到指定地点。对于要求特殊储存条件的商品(如生鲜产品、药物),提供冷冻、保鲜等专业仓储服务。

(3) 分拣配送:配送中心建立的主要目的就是为了满足多品种、小批量的客户需求,因此其分拣配送效率是衡量服务水平的重要标准。为了能高效地开展配送活动,配送中心必须以合理的方式、技术和设备对接收的货物进行分拣作业,并以最快的速度或是在指定时间配送到顾客手中。

(4) 流通加工:为了扩大经营范围、提升配送服务质量,多数配送中心都有一定的流通加工能力,可将货物按照客户需求和合理配送原则加工或包装成指定的规格。配送中心的流通加工作业主要包括分类、磅秤、大包装拆箱改包装、商品组合包装和贴标签等。

(5) 延伸信息服务:配送中心对配送过程中相关信息的搜集积累,为配送中心本身及上下游企业提供了丰富可靠的信息来源。配送中心可以向客户提供作业明细和咨询服务,还可以作为预测各种商品市场需求变化情况的参考,帮助制定发展战略和运营管理策略等。此外,配送中心可以利用其行业经验和专业知识,为客户提供配送方案策划、物流系统设计等服务。

5.1.2 配送中心规划与设计内容、规划路线

1. 配送中心规划与设计的主要内容

配送中心的规划设计是一项系统工程,包括设施选址、物流功能规划设计、物流设施规划设计、信息系统规划设计、运营系统规划设计等多方面内容:

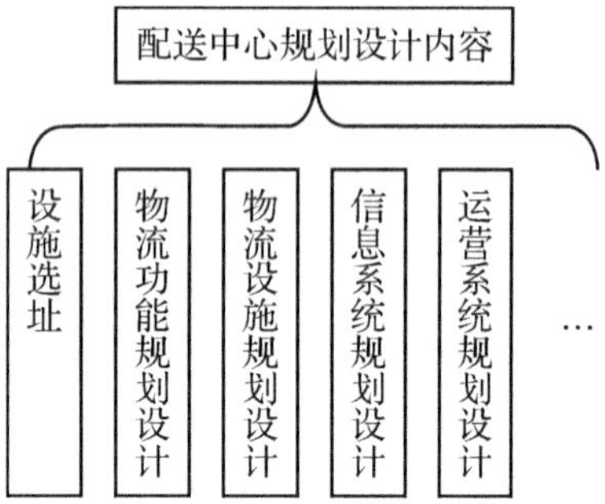

(1) 设施选址

配送中心位置的选择,将显著影响实际营运的效率与成本,以及日后仓储规模的扩充与发展。配送中心拥有众多建筑物、构筑物以及固定机械设备,一旦建成很难搬迁,如果选址不当,将付出长远代价。配送中心选址的原则和具体方法可参见本书前面的章节。

图 5-1 配送中心规划与设计的主要内容

(2) 物流功能规划设计

物流功能规划设计将配送中心作为一个整体的物流系统,依据确定的目标,规划应具备的一般物流功能和其他特色功能。配送中心的功能规划首先需要对配送中心的运输、保管、包装、装卸搬运、流通加工、配送、物流信息等功能要素分析,然后综合物流需求的形式、发展战略等因素选择配送中心应该具备的功能和功能分区等。

(3) 物流设施规划设计

配送中心的设施设备是保证配送中心正常运作的必要条件。设施设备规划涉及建筑形式、空间布局、设备安置等多方面问题,需要运用系统分析的方法求得整体优化,最大限度地减少物料搬运、简化作业流程,创造良好、舒适的工作环境。一般包括原有设施设备分析、设施的内部布局、设备选型规划、公用设施规划等。

(4) 信息系统规划设计

信息化、网络化、自动化是配送中心的发展趋势,因而信息系统规划设计是配送中心规划设计的重要组成部分。信息系统规划设计一般包括网络平台架构及内部的管理信息系统分析与设计。在规划设计中既要考虑满足配送中心内部作业的要求、有助于提高物流作业的效率,又要考虑与配送中心外部的信息系统相连接,方便及时获取和处理各种信息。

(5) 运营系统规划设计

运营系统规划设计包括作业程序与标准;管理方法和各项规章制度;对各种票据的处理和各种作业指示图;设备的维修制度和系统异常事故的对策设计等。

配送中心规划设计包括新建配送中心的规划设计和对原有物流企业或企业的物流部门向配送中心转型的改造规划设计。如表 5-2 所示,不同的规划设计对象在规划目的、重点、内容等方面都存在着一定差异。

表 5-2 配送中心规划设计的特点和内容

类型	新建		改造
	单个	多个	
委托方	新型企业、跨国企业等		多为传统物流企业
规划目的	较高的起点、较高的标准、低成本	成为企业、区域新的经济增长点	实现从传统物流设施向现代配送中心的转变
规划重点	配送中心选址及功能布局	物流系统构造及结点布局	充分利用现有设施,进行企业作业流程及组织重组
规划内容	选址 物流功能 作业流程 物流设施 信息系统	物流功能 物流系统 物流网络信息系统 物流网点布局 物流设施	企业发展战略 物流功能 作业流程 物流设施

2. 配送中心规划设计的技术路线

配送中心规划设计的过程通常包括筹划准备、规划实施和方案评估三个阶段,详细步骤如图 5-2 所示。

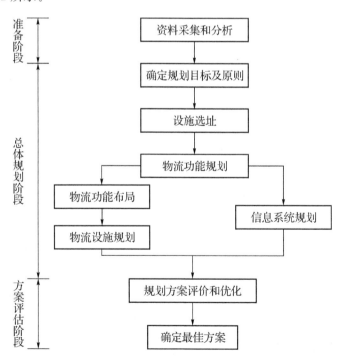

图 5-2 配送中心规划的技术路线

(1) 筹划准备阶段:本阶段主要对配送中心规划设计中所需的支持资料进行采集和分析,以使加工后的数据资料可直接转化为决策支持信息。

(2) 总体规划阶段:首先根据企业经营战略的基本方针、市场需求、行业的区域市场竞争情况等已有信息,确定配送中心的市场定位和目标(包括服务水平的基本标准);其次,结合城市用地规划、交通规划等进行配送中心的选址;再次,根据基础资料分析和规划条件,进行物流功能规划,确定配送中心的功能、类型与作业流程;最后,将功能设置落实到功能区布局上,并对各功能区进行详细的设施规划设计,同时,全面规划设计配送中心信息系统的软硬件系统以及配送中心运营系统。

(3) 方案评估阶段:在规划阶段往往会提出几个可行方案,应根据各个方案的特点,采用评估方法对各个方案进行定性及定量评价,从中选出一个最优的方案作为最终规划方案,并根据评价结果进一步对方案进行优化和修正。

5.2 配送中心规划设计相关资料收集与分析

5.2.1 基础资料收集

配送中心规划设计中所要收集的基础资料包括现行作业资料和未来规划需求资料两部分。其中,现行资料主要针对配送中心的定位和现实需求的确定,而未来资料则是面向配送中心未来在目标市场和服务区域发展需要的确定。调查采集方法包括现场访问、网上调研以及对实际使用的表单进行搜集等。具体所需的资料类型详见表 5-3。

表 5-3 配送中心规划需求的资料类型

	资料类型	资料内容
现行作业资料	基本营运资料	业务类型、营业额、运输车辆数、供应商和用户数量等
	商品资料	产品类型、品种规格、品项数、供货渠道和保管形式等
	订单资料	商品种类、名称、数量、单位、订货和交货日期、生产厂家等
	货物特征	货物形态、温湿度要求、腐蚀变质特性、规格、包装形式等
	销售资料	按商品、种类、用途、地区、客户及时间等的统计结果
	作业流程	进货、搬运、储存、拣选、补货、流通加工、配送、退货等
	事务流程与单据传递	按单分类处理、采购任务指派、发货计划传送、相关库存及财务管理等
	厂房设施资料	厂房结构与规模、地理环境与交通特性、主要设备规模、生产能力等
	人力与作业工时资料	机构设置、组织结构、各作业区人数、工作时数、作业时序分布等
	物料搬运资料	进货及发货频率、数量、在库搬运车辆类型及能力、作业形式等
	供货厂商资料	供货种类、规格、地理位置、厂商规模、交货能力、厂商总数、分布等
	配送网点与分布	配送网点分布与规模、配送路线、交通状况、特殊配送要求等

(续表 5-3)

资料类型		资料内容
未来规划需求资料	运营策略和中长期发展计划	国家经济发展和产业政策走向、区域(城市)发展规划、企业未来发展、国际现代物流技术、国外相关行业发展趋势等
	商品未来需求变化	商品现在销售增长率、未来商品需求预测、未来消费增长预测
	商品品项变化趋势	商品在品种和类型方面可能变化的趋势
	配送中心未来可能的发展规模和水平	可能的预定地址和面积、作业实施限制与范围、预算范围、未来扩充需求等

对已有配送中心进行改造的项目中,可以收集到相对较全面的资料,但由于原有运作模式和信息系统情况各异,在资料收集的广度和深度上也会有所不同。新建配送中心因为缺乏历史资料,资料收集应着重关注潜在客户市场的需求。企业自有的配送中心则应对企业集团的物流需求做详细调研。

5.2.2 资料分析方法和结果运用

1. 定性分析

进行配送中心规划的过程中,除了数量化信息的分析以外,定性化资料分析也很有必要,这主要包括对物流作业行为本身的分析及配送中心内人力及设施资源情况的分析评价。

2. 作业流程分析

筛分常态性及非常态性的作业,整理出配送中心基本作业流程。可找出同类个别企业的现有作业流程,经合理化分析改进后,再根据一定顺序建立其作业流程规划。

- 分析结果是进行配送中心各功能区相关性分析的重要前提,直接关系到配送中心的功能布局结果,同时也是信息系统功能模块划定的依据之一。

(1) 事务流程分析

分析配送中心内各项作业对应事务流程的执行运作方式。可找出同类个别企业原有信息窗体流程步骤、输出输入方式及资料接口传递方式等情况,经窗体与信息接口合理化分析改进以后,再依序建立其作业流程规划。

- 分析结果可为后续的配送中心信息系统规划设计提供重要依据资料。

(2) 作业时序分析

分析过去的作业形态及作业时间的分布。配送中心的配送作业须基于服务客户的原则进行配送时段及拣货、分货等相关作业时间的配合,并协调厂商进货时段,避免同时进出货。

- 分析结果可为后续运营系统规划设计中设定合理作业时序提供参考。

(3) 人力需求与素质分析

对配送中心使用人数背景及各层级人数进行分析,并考虑劳动人数及劳动程度。

- 分析结果可作为后续运营系统规划设计中确定物流系统经营效率、设备自动化与机械化程度的参考。

(4) 自动化水准分析

对现有系统设备自动化设置程度进行分析及检讨,是否有过度依赖劳力现象或自动化设备因不当投资设置而不适用之处。

- 分析结果可作后续物流设施设备规划设计制定配送中心自动化水平,以及相关机械设备选用的参考依据。

(5) 变动趋势分析

配送中心作业能力的规划目标,需利用过去的经验值来预测未来趋势的变化。因此在配送中心的规划时,首先须针对历史销售资料或出货资料进行分析,以了解出货量的变化特征与规律。

一般分析过程的时间单位须视资料收集的范围及广度而定:如要预测未来成长的趋势,通常以年为单位;如要了解季节变动的趋势,通常以月为单位;而要分析月或周内的倾向或变动趋势,则须将选取的期间展开为旬、周或日别等时间单位,或找出特定单月、单周或单日平均及最大、最小量的销货资料来分析。变动趋势分析常用的方法包括时间数列分析、回归分析等。

表5-4 变动趋势的型态及其分析应用

类别	图示	特征分析	应用
长期趋势	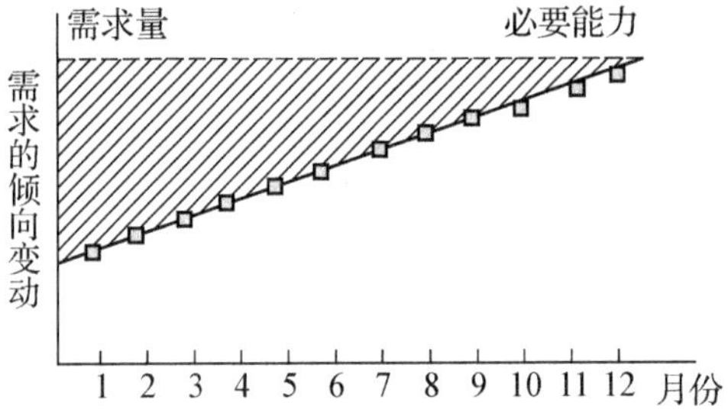 (图示:需求量与必要能力随1~12月份呈连续单调上升)	长期趋势有连续单调变化趋向。	以中期需求量为规模依据,若需考虑长期递增的需求,则可以预留空间或考虑设备扩充的弹性,以分阶段投资方式设置。
季节变动	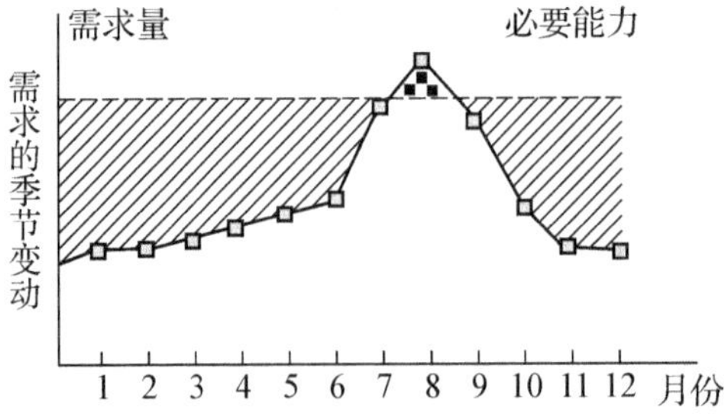 (图示:需求量与必要能力在1~12月份中呈以年为周期的波动,峰值出现在8月前后)	以一年为周期的循环变动,有季节变动的明显趋势。	如季节变动差距超过3倍以上,可部分外包或租用设备,以避免造成设施长期利用率偏低、投资过多;淡季应争取互补性商品业务,增加仓储设施利用率。

（续表 5-4）

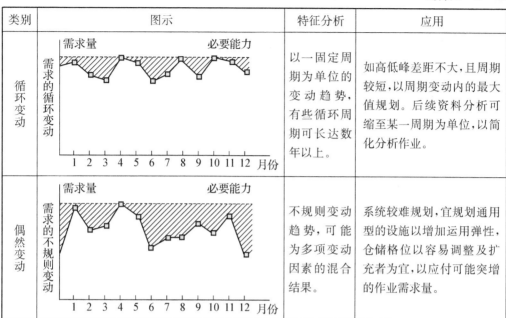

类别	图示	特征分析	应用
循环变动（需求的循环变动）		以一固定周期为单位的变动趋势，有些循环周期可长达数年以上。	如高低峰差距不大，且周期较短，以周期变动内的最大值规划。后续资料分析可缩至某一周期为单位，以简化分析作业。
偶然变动（需求的不规则变动）		不规则变动趋势，可能为多项变动因素的混合结果。	系统较难规划，宜规划通用型的设施以增加运用弹性，仓储格位以容易调整及扩充者为宜，以应付可能突增的作业需求量。

根据配送中心需求量不同的变动趋势设定目标，并设定必要能力的水准。通常以达到尖峰值的 80% 为基准，再视尖峰值出现的频率来调整。一般来说，如果曲线的峰值超过谷值的 3 倍，配送中心营运规模的设定将比较困难，容易造成设施长期利用率偏低的情况，因此必须考虑经济效益与营运规模的平衡。不足的产能或储运量可通过外包、租用调拨仓库或设计弹性较大的仓储物流设备等方式来进行适应；多余的产能或储运空间则可以考虑出租或开发具有时间互补性的产品以消化淡季时的剩余储运能量。

（6）订单品项数量（EIQ）分析

订单品项数量（EIQ）分析是进行配送中心规划数据分析的有效工具，即是从客户订单的品项、数量与订购次数等关键因素出发，进行出货特性的分析。EIQ 分析的主要步骤包括订单资料的收集、分解、统计和分析，其详细方法将结合案例加以说明。

①订单资料的收集：订单品项数量分析从收集订单开始，收集的订单量以能反映和代表配送中心的全面状态为标准。一般由于配送中心订单资料数据量庞大，在实际分析中需对资料进行取样分类，通常先选取一个作业周期内的订单加以分析，若必要再扩大采样范围进一步分析。

②订单资料的分解：获得所需的订单资料后，即对每张订单的出货品项、各品项出货量等，以表格的形式进行资料分解。在填表时需注意数量单位的一致性，考虑商品的物性和储运单位，将所有订单品项的出货数量转换成相同的计算单位。在以某一工作天为单位的分析数据中，订单资料可分解成例一中表 5-6 的格式；如果分析资料的范围为一定时间周期，则需加入时间参数 T。

③订单资料的统计:主要采用柏拉图分析、次数分布,结合 ABC 分析法等多种统计方法,从订单量(EQ)分析、订货品项数(EN)分析、品项数量(IQ)分析、品项受订次数(IK)分析四个方面对分解的订单资料按类进行统计整合,并以直观的图表形式表现出来。

以 EQ 分析为例,首先对各订单的出货量按大小顺序排序,作出订单别出货量分布图,并将其出货累积量(出货单位或是百分比)以曲线形式同时表现出来,得到柏拉图;接着将出货量进行适当分组,算出各订单出货量出现于各分组内的次数,作出次数分布图;若各订单的出货量存在较明显的差异,还可在柏拉图统计的基础上,进一步将特定百分比内的主要订单找出,实施重点分析和管理,即进行 ABC 分析。此外,在进行 ABC 分析后,这四个方面还可根据不同需要进行交叉汇编分析,进一步挖掘数据包含的有用信息。

④订单资料的分析:根据获得的统计图表,对配送中心的模式、各个功能区域的规划等分别提出直接建议和要求,以备实际规划参考。EQ、EN、IQ、IK 分析的主要应用范围如下表 5-5 所示。

表 5-5　EIQ 分析的主要应用范围

类型	分析对象	主要应用范围
EQ	针对单张订单出货数量,可了解每张订单订购量的分布情况。	用于决定订单处理的原则、拣货系统的规划,并将影响出货方式及出货区的规划。 ✓ 掌握货品配送的需求及客户 ABC 分析,重点客户重点管理; ✓ 决定配送中心的模式类型,并依此决定拣货设备的选用和拣货策略; ✓ 根据订单量分布趋势决定储区规划。
EN	针对单张订单出货品项数,可掌握客户订货品种数的分布。	决定使用的拣货方式,判断物品拣货时间与拣货人力需求,影响拣货系统及出货区的规划。
IQ	针对每单一品项出货总数量,可以知道哪些品种为当期出货的主要产品。	✓ 对出货商品进行 ABC 分类,重点商品重点管理; ✓ 把握配送中心处理货品的模式,与 EQ 分析中所得的模式类似; ✓ 对存储系统进行规划(包括储区的规划、存储设备的规划和选用、储存单位和库存水平的确定等); ✓ 对搬运系统进行规划。
IK	针对每单一品项出货次数的分析。	根据 IK 分布图类型,结合 IQ 分布类型,决定仓储及拣货系统的设计,并进一步划分储区及储位配置。

(7) 储运单位(PCB)分析

配送中心的储运单位主要包括 P(托盘)、C(箱子)和 B(单品),不同的储运单位适用不同的储存和搬运设备。由于配送中心货品品种繁多,个别品种每托盘、每箱、每件的组合都有差异,物流作业中货品的包装单位也会因不同的需求而变化,因此订单分析中货物单位的统一需以各环节储运单位的转换情况为基础。PCB分析通过考察和分析配送中心各个主要作业环节(进货、储存、拣货、出货)的基本储运单位,使储运单位易于量化及转换,从而正确计算各区实际的需求,使仓储与拣货区得到适当的规划,并作为设备选型的考虑依据。

PCB分析除了可得到配送中心处理的各种货品各储运单位之间转换的对应数量关系之外,还可得到配送中心内各作业流程储运单位的转换关系图,如下图5-3所示:

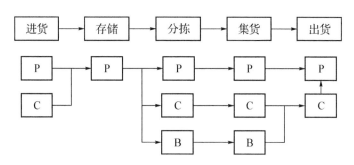

图 5-3 某配送中心各环节储运单位转换关系图

该图表现的PCB关系为以托盘、箱为主要进货单位,然后统一以托盘进行存储,而拣货和集货则分别包括了P、C、B三种储运单位,最后通过包装集中以托盘和箱为单位出库运输。

EIQ分析是建立在PCB分析结果的基础上的,又称为EIQ-PCB分析,其具体应用如下:

①出货单位的PCB分布状态可作为计算拣货与出货人力需求,以及搬运与配送设备的选用依据;

②从PCB分析法中得知出货量与标准工时,便可计算出托盘箱和单品拣取时所需的设备数目和人力需求预估;

③由EQ分析客户订单量,并依订单内容分析其PCB的分布,可了解出货状态及区域销售的数量和包装特征;

④结合IQ分析作PCB分布分析,可知单一品种被订购的状态和包装单位,并以此作为拣货系统、储存方式和设备设计的参考;

⑤EIQ分析法可结合不同的PCB单位分别制定拣货策略,以比较不同拣货单位的拣货效率,并从中选出效率最高的拣货单位和拣货策略组合。

5.2.3 案例学习一

某食品配送中心针对市内的多家连锁快餐店进行配送服务,由于其选址位于城市中心区,有悖于城市对配送中心等物流设施的规划要求,为了改善日常物流作业管理,并为配送中心将来的迁址重建做好准备,需要对其订单数据进行EIQ分析。(本例中已对订单数据进行了简化处理,仅选取其一天上百份订单中较有代表性的15份订单的16个品项进行分析。)

首先,需收集和筛选该配送中心一天的订单,将订单进行编号,依次为E1、E2、E3、…、E15。订单的16个出货品项编号为I1、I2、I3、…、I16,每个编号对应代表一种配送商品。将以上品项数按顺序写在订单上,最后将订单资料依次填入出货EIQ表。将各行相加可得每份订单的发货数量,而每行的非零项个数即为每份订单发货品项数,将各列相加可得每品项的发货数量,而每列的非零项个数为每个品项的发货次数。即得表5-6所示EIQ表:

表5-6 出货EIQ表(单日)

出货订单	出货品项																订单出货数量	订单出货品项
	I1	I2	I3	I4	I5	I6	I7	I8	I9	I10	I11	I12	I13	I14	I15	I16		
E1	12	3	0	0	4	6	1	27	2	1	14	9	5	13	4	4	105	14
E2	10	8	0	3	3	0	0	14	1	3	0	6	1	5	2	2	58	12
E3	13	17	3	4	4	6	12	30	4	3	0	0	2	2	7	3	110	14
E4	12	11	2	2	4	4	5	30	4	1	7	4	0	8	5	3	104	15
E5	11	8	1	6	6	5	4	25	2	2	7	7	10	0	4	4	102	15
E6	9	1	1	3	0	0	1	0	4	0	6	9	0	7	5	1	47	11
E7	12	8	2	5	5	5	2	25	0	2	9	5	0	14	3	0	101	14
E8	23	14	3	5	9	11	2	35	5	3	14	19	5	8	16	6	181	16
E9	20	9	1	6	0	7	3	30	2	0	10	18	6	12	3	3	130	14
E10	13	9	0	6	6	6	3	29	0	1	0	5	4	9	2	2	94	13
E11	6	5	1	2	2	2	0	1	0	0	4	4	15	3	0	0	50	12
E12	59	6	3	25	25	16	12	44	5	3	13	15	7	17	6	6	265	16
E13	166	12	3	46	46	57	10	84	25	2	15	37	12	44	20	20	605	16
E14	20	6	1	9	9	11	5	13	2	2	5	12	4	3	9	9	120	16
E15	15	6	1	6	6	8	2	12	5	7	8	4	8	2	2	0	76	14
单品出货量	401	123	22	134	129	144	66	398	61	30	112	154	80	141	87	66	2148	212
单品出货次数	15	15	12	14	13	13	14	13	12	12	13	14	13	13	13	13		212

其次根据获得的EIQ表对EQ、EN、IQ、IK进行分类统计,分别作出柏拉图,并对柏拉图的内容进行解读。该配送中心的EQ、EN、IQ、IK分析过程及结果如下:

(1) EQ 分析

表 5-7 订单别出货量排序表

订单号 E	13	12	8	9	14	3	1	4	5	7	10	15	2	11	6
出货量 Q	605	265	181	130	120	110	105	104	102	101	94	76	58	50	47

根据 EQ 数据整理和分析结果，可作出柏拉图如图 5-4 所示。其中，一条曲线为订单别的出货箱数，另一条为按订单累积的出货箱数。

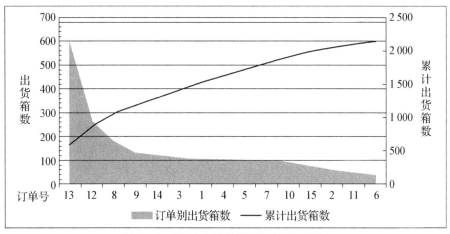

图 5-4　EQ 分布柏拉图（比对累积箱数）

EQ 分布的柏拉图中的累积出货量曲线也可由累积出货百分比曲线代替，这种作图方法更便于对订单进行 ABC 分类，如图 5-5 所示。

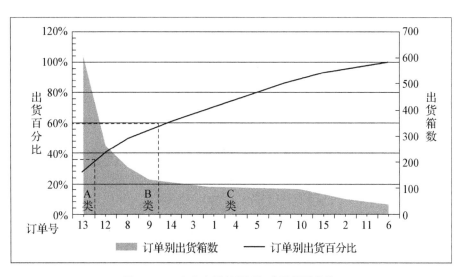

图 5-5　EQ 分布柏拉图（比对累积百分比）

从分布图中可以看出,该配送中心的订单别出货量分布存在较明显的差异,为配送中心常见模式。根据ABC分析通常的分类标准获得的分类结果如图5-5所示,A类订单包括E13,以订单总数的6.67%占达28.42%的总出货量;B类包括E12、E8、E9等3项,共20%的订单数占总出货量的55.47%;其余为C类订单。由于该配送中心服务于固定的连锁店客户群,订单变动不大,可据此对少数量大的订单(客户)作重点管理,在订单拣选上也可采取相应措施区别对待。

(2) IQ分析

表5-8 品项别出货量排序表

出货品项I	1	8	12	6	14	4	5	2	11	15	13	7	16	9	10	3
出货量Q	401	398	154	144	141	134	129	123	112	87	80	66	66	61	30	22

根据IQ曲线将各品项进行ABC分类,A类有I1、I8,B类有I12、I6、I14、I4和I5,其他为C类。这样A类占品项总数的12.5%,订单数占订单总数的37.20%;B类占品项总数的31.25%,其订单数占总数的32.68%;C类占品项总数的56.25%,订单数占订单总数的30.12%。由此可知,该配送中心出货的主要产品为I1和I8,应设置在存取较便利的储区,并采用自动化程度较高的存储和搬运设备,低频率出货商品则选用一般机械设备,甚至手动设备。此外,IQ分析还可用于仓储系统的规划选用、储位空间的估算,依此对各类产品储存单位、存货水准设定不同水准,并将影响拣货方式的选择及拣货区的规划。

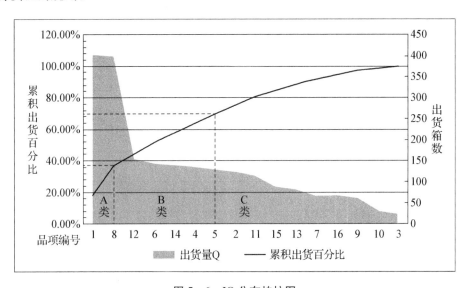

图5-6 IQ分布柏拉图

（3）EN 分析

表 5-9　订单别出货品项排序表

订单号 E	4	5	7	12	13	14	16	20	25	27	29	30	1	3	6
品项数 N						16								15	
订单号 E	9	17	24	26	28	8	10	15	18	19	21	2	11	22	23
品项数 N		15						14					13	11	

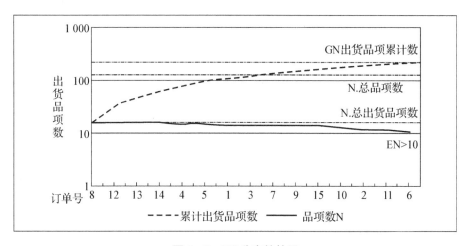

图 5-7　EN 分布柏拉图

根据 EN 分布图，就案例中所选的 16 个品项来说，每一订单的出货品项数都超过了 10，累计出货品项数较总品项数多，且远大于总出货品项数。此外，结合 EIQ 数据表，由于订单出货的品项重复率较高，该配送中心以批量拣取方式作业为宜。

（4）IK 分析

表 5-10　订单出货品项排序表

出货品项 I	1	2	4	7	12	5	6	8	9	13	14	15	16	3	10	11
出货次数 K	15			14					13						12	

根据数据整理和统计结果，作 IK 分布图如图 5-8。由于该类分析结果各品项出货次数接近，在图上未进行 ABC 分类。

从图 5-8 可以看出，该配送中心各品项的受订次数非常接近，且大部分产品出货次数较大，仅少部分较小，一般来说此类情况的储位配置主要依货物物性决定，少部分特异量依 ABC 分类法决定储区位置，或以特别储区规划。考虑到本例中所作的简化处理，选取的分析对象就是配送中心出货的主要品项，仍可结合总出货品项作 ABC 分类。将 K=15 的 2 类品项分为 A 类，将 K=14 的品项作为 B 类，其他的作为 C 类。其中，A

类的储区设置在接近入出口或便于作业的位置及楼层,若品项多时可考虑作为订单分割的依据来分别拣货。

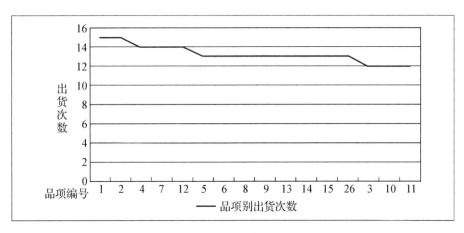

图 5-8 IK 分布图

5.3 配送中心功能区规划

5.3.1 功能区设置

功能区是配送中心内部布局的基本空间单元,是配送中心各项功能实现的保障和支撑。配送中心的基本功能已通过规划目标进行了初步确定,在功能区设置之前,还需要对这些功能的具体实施流程进一步细化,以获得相应功能实现所需的基本活动,并以此为依据将各项功能落实至由功能划分的不同物理场所,即完成了配送中心功能区的设置。

1. 配送中心的流程分析

一般来说,配送中心的主要活动包括订货、进货、仓储、拣货和配送作业,部分配送中心可能还需要进行包装、贴标签等流通加工作业。对于一些针对特定货物的配送中心,流通加工作业涉及的作业内容更加丰富,如钢材配送中心需要对钢材进行开平、剪切等。此外,配送中心还负责配送货物的退货作业,根据客户退货的分类结果,将废品和滞销品退回给供货厂商,不影响再次出售的货物则重新入库保管。

(1) 以作业流程图描述配送中心的作业流程。对于新建配送中心的规划,应根据规划目标设定的功能,结合同类型配送中心的作业流程进行考虑;而已有配送中心的改造规划则仅需对现有作业流程进行描述。配送中心的一般作业流程如下图5-9所示:

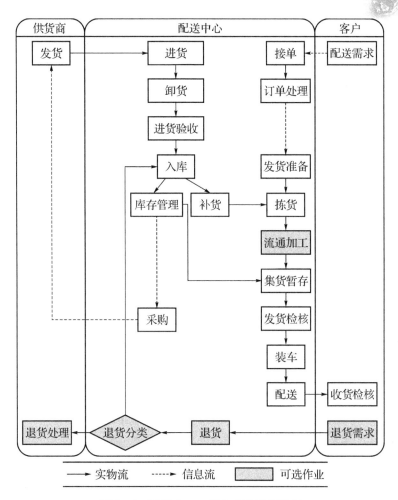

图 5-9　配送中心一般作业流程示意图

（2）列表对各项作业程序进行分类。如表 5-11 所示，将作业流程图所描述的各项基本活动以列表的方式进行归类分析，分类标准以货物储运单位的转换及作业特性为主：货物储运单位包括托盘、箱、单品等；作业特性可分为操作（包括装货、卸货、拣货、补货等作业）、搬运、检验、暂存、储存等。

表 5-11　配送中心作业流程分析表

编号	作业程序	作业内容	作业性质	储运单位	作业所在区域
1					
2					
3					
...					

（3）对作业流程进一步分析优化。检查列出的各项作业程序，剔除其中不合理或不必要的作业，尽量简化和减少配送中心的装卸、堆码、搬运等作业，同时在保证作业质量的前提下，统一货物的储运形式，减少内部作业过程中的储运单位转换。作业流程的优化将可有效提升配送中心的作业水平和运转效率，而经分析优化后的作业流程，即作为后续空间规划的参考。

2. 作业区域规划

针对配送中心作业流程在实现上的物理空间需要，可将配送中心的作业区域分为物流作业区和外围辅助活动区两类进行规划。其中，物流作业区是配送中心业务开展的核心部分，主要进行出入库、订单拣选、装卸货物等基础物流活动，各项活动之间具有较强的前后关联；外围辅助活动区主要进行对外业务办理及作为会议、维修、休息等公共场所使用。

（1）物流作业区域规划：物流作业区域的规划以物流作业流程为突破口，对应各项作业分别给出操作的可能作业区，再从中选出本次规划确定的功能区。表 5-12 给出了一般配送中心的物流作业区域分类，其中列出的作业区域为该项作业项目可能的作业区域。

表 5-12　配送中心物流作业分类及区域规划表

作业类别	作业项目	作业区域
一般物流作业	1. 车辆进货	进货口/进出货口
	2. 进货卸载	卸货平台/装卸货平台
	3. 进货点收	进货暂存区/理货区
	4. 理货	进货暂存区/理货区
	5. 入库	库存区/拣货区
	6. 调拨补充	库存区/补货区
	7. 订单拣取	库存区/拣货区/散装拣货区
	8. 分类	分类区/拣货区
	9. 集货	分类区/集货区/发货暂存区
	10. 流通加工	分类区/集货区/流通加工区
	11. 货品检验	集货区/发货暂存区/流通加工区
	12. 发货点收	集货区/发货暂存区
	13. 发货装载	装货平台/装卸货平台
	14. 货物运送	出货口/进出货口

(续表 5-12)

作业类别	作业项目	作业区域
退货物流作业	1. 退货	进货口/进出货口/退货卸货区
	2. 退货卸货	卸货平台/装卸货平台/退货卸货平台
	3. 退货点收	退货卸货区/退货处理区
	4. 退货责任确认	退货处理区/办公区
	5. 退货良品处理	退货处理区/退货良品暂存区
	6. 退货瑕疵品处理	退货处理区/瑕疵品暂存区
	7. 退货废品处理	退货处理区/废品暂存区
换货补货作业	1. 退货后换货	办公区
	2. 误差责任确认	办公区
	3. 零星补货拣取	拣货区/散装拣货区
	4. 零星补货包装	散装拣货区/流通加工区
	5. 零星补货运送	发货暂存区/装货平台
流通加工作业	1. 拆箱	散装拣货区/流通加工区
	2. 裹包	流通加工区/集货区
	3. 多种货物集包	流通加工区/集货区
	4. 外箱包装	流通加工区/集货区
	5. 出货物品称重	流通加工区/称重作业区/发货暂存区
	6. 打印条形码	流通加工区/分类区
	7. 印贴标签	流通加工区/分类区
物流配合作业	1. 车辆出入管制	厂区大门
	2. 装卸车辆停放	运输车辆专用停车场/公共停车场
	3. 容器回收	卸货平台/理货区/容器回收区
	4. 容器暂存	容器暂存区/容器储存区
	5. 废料回收处理	废料暂存区/废料处理区
仓储管理作业	1. 定期盘点	库存区/拣货区/散装拣货区
	2. 不定期抽盘	库存区
	3. 到期物品处理	库存区/废品暂存区
	4. 即将到期物品处理	库存区
	5. 移仓与储位调整	库存区/调拨仓储区

从上表可以看出,同类的多个作业项目的作业场所既有可能集成为一个功能区,也可以分别设置独立的功能区。功能区设置的判别标准就在于这些作业项目的业务量大小以及相关作业的可区分程度。对物流作业区域分类表内各项作业的规划作业区域进行筛选,可大致获得配送中心需设定的物流作业功能区。

(2) 外围辅助活动区域规划:外围辅助活动区域包括厂房使用配合作业区域、办公事务区域、劳务性质活动区域和厂区相关活动区域等,主要作业项目和其规划的可能区域如表 5-13 所示,具体规划时根据实际需要选择所需功能即可,使用频率较低的区域应尽可能合并以充分利用空间。

表 5-13 配送中心外围辅助活动作业分类及区域规划表

作业类别	作业项目	作业区域
厂房使用配合作业	1. 电气设备使用	变电室/配电室/电话交换室
	2. 动力及空调设备使用	空调机房/动力间/空压机房
	3. 安全消防设施使用	安全警报管制室
	4. 设备维修工具器材存放	设备维修间/工具间/器材室
	5. 日常消耗品储存	物料存放间
	6. 人员出入	大厅/走廊
	7. 人员车辆通行	主要通道/辅助通道
	8. 楼层间通行	电梯间/楼梯间
	9. 机械搬运设备停放	搬运设备停放区
办公事务	1. 办公活动	主管办公室/一般办公室/总机室
	2. 会议与人员培训	会议室/培训教室
	3. 接待厂商来宾	接待室
	4. 资料储存管理	资料室/收发室
	5. 计算机系统使用	计算机作业室/机房/档案室
劳务性质活动	1. 盥洗	盥洗室
	2. 员工休闲	休息室/吸烟室/康乐室
	3. 急救医疗	医务室
	4. 厂商司机休息	司机休息室
	5. 员工用餐	餐厅/厨房

(续表 5 – 13)

作业类别	作业项目	作业区域
厂区相关活动	1. 警卫值勤	警卫室
	2. 员工车辆停放	公共停车场
	3. 厂区交通	厂区通道/厂区大门
	4. 厂区扩充	厂区扩充预留地
	5. 环境美化	绿化区

5.3.2 功能区布局

功能区的布局对配送中心的规划来说具有决定性意义,确定了功能区布局也就大体确定了配送中心的内部总体结构。功能区布局的基本思想是根据功能区之间的联系程度和作业流程,获得能以最短时间、最小搬运量和最合理路线,即最高的作业效率完成主要物流活动的布局方案。因此,各功能区的相关性,特别是物流作业流程所引起的物流相关性是功能区布局的出发点和决定性因素。

1. 功能区布局的常用方法

功能区布局的常用方法包括关联线图法和动线布局法。其中,关联线图法将功能区之间物流量的多寡作为首要考虑因素,并吸纳了定性关联性作为布局依据;动线布局法则以作业流程为布局切入点。

(1) 关联线图法:系统布置设计方法(SLP)常应用于工厂的设计布局,在配送中心布局上具有一定的适用性。关联线图法沿用了 SLP 的设计思路,主要以定量的物流关联性资料和定性的非物流关联性资料为布局依据,将功能区之间的相互关系以等级表示,并根据等级评分,从而将定性关系以定量形式加以衡量,综合物流与非物流关系得到综合相关性,按功能区之间综合相关性程度顺序进行功能区布设。关联线图法最大程度吸纳了已有的作业情况,获得了各个功能区之间的相关性,对布局具有指导意义,但是形成布局方案的过程较为繁琐,需要根据其他约束条件不断调整和修正,较难掌握。

(2) 动线布局法:物流动线是作业流程与物理场所相结合形成的空间关系,充分体现了功能区之间的物流关系。动线布局法将功能区之间的物流关系作为布局的核心因素,非物流关系则列为次要考虑,对以物流活动为主的配送中心来说是切实可行的。其布局思路是在流程分析的基础上,首先确定作业系统的主要动线方向,再依据作业流程及关联性进行功能区布局,可操作性较强,本节采用的即是动线布局方法,下面将进行详细介绍。

2. 物流动线的分析和确定

(1) 物流动线的基本类型

物流动线包括直线式、双直线式、锯齿形(S型)、U型、分流式和集中式六种类型，其基本线型如表5-14所示：

表5-14 物流动线线型示意

项次	作业区域间的物流路线类型
1	直线形 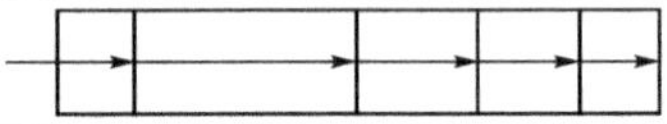
2	双直线形 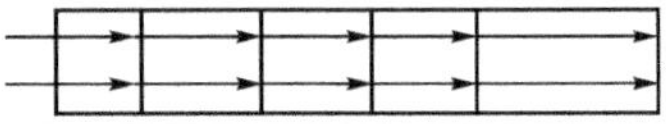
3	锯齿形或S型 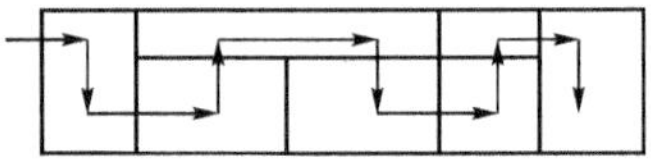
4	U型 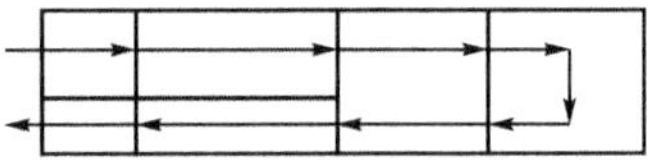
5	分流式 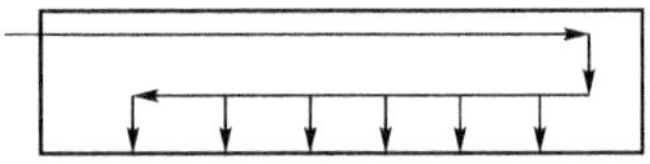
6	集中式 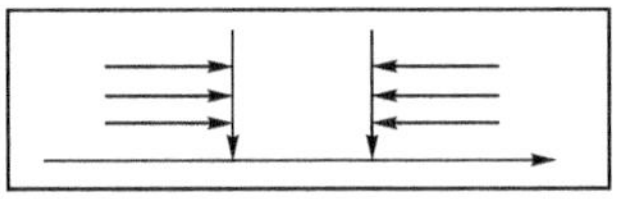

在六种物流动线中，直线式、锯齿形和U型动线由于较简洁明朗，是进行配送中心平面布置时首选的动线类型，而双直线式、分流式和集中式等则是根据不同条件对基本型进行变形获得的，在规划设计时可根据实际情况采取混合式的动线规划。

(2) 物流动线的选择

物流动线的选择必须结合配送中心周边环境、自身条件和各种物流动线的特性综合考虑，具体应考虑的主要因素如下：

• 与配送中心相连的外部道路：配送中心具有较强的社会服务功能，与外部公路或城市道路的良好衔接十分重要。与外部道路的衔接形式决定了配送中心的出入口位置和车流组织条件，同时也影响了动线的起点。一般来说，配送中心以直接连通外部道路的一侧作为主要出入口。

• 规划地块的实际情况：规划地块本身的大小和形状也是决定物流动线的重要因素。狭长的地块由于进深较小应尽量考虑直线型和U型等简洁的布局形式，以充分利用空间；而长宽比较接近的地块则可考虑混合型的布局形式，以使有流程关系的功能区都能尽量直接相邻。此外，由于一些功能区本身对其长宽比和大小具有一定要求，在实际地块条件下可行的动线形式将因此受到限制。

- 货种、订单分布及拣选形式：配送中心内部运作的实际情况对物流动线的选择也有较大影响，如同时服务于普通货物和冷藏货物的配送中心，这两类货物在进入配送中心后的流程和对搬运仓储环境的要求都不尽相同，需要选用具有两条平行物流动线的动线类型。各类物流动线的具体适用范围如表5-15所示：

表5-15 常用物流动线的适用范围

动线类型	出入口分布	物流作业特征
直线式	厂房异侧	流程简单且规模较小
双直线式	厂房异侧	流程相似但有不同进出货形态或作业需求
U型	厂房同侧	各类货物的进出货频率差距明显，需要实施存储分区
锯齿形	厂房异侧	适用于布设多排并列的仓储货架区的配送中心
分流式	厂房异侧	适用于需要进行批量拣取的配送中心
集中式	厂房异侧	适用于采用订单分割在不同区域拣取后集货的拣货方式的配送中心

3. 功能区的布局

确定了配送中心的物流动线类型后，即可在此基础上将预先根据作业流程设置的各个功能区在既有的地块条件下进行空间布局。此时，必须将地块条件进一步细化为厂房的空间范围，包括其具体的大小、长宽比例等，同时配送中心的出入口也已初步设定。进行功能区布局的主要步骤包括：

(1) 设定功能区模板：将各功能区依其所估计的面积大小与长宽比例制作成模板，在设定模板时应明确哪些功能区具有较大柔性，在布局时可适当进行调整以满足厂房的实际条件约束。

(2) 物流功能区布设：物流功能区的布设以物流活动的流程为依据，大体上依作业流程顺序对功能区位置进行设定。首先应考虑面积较大且长宽比不易变动的功能区（如自动仓库、分类输送区等需应用大型自动化机械的区域，其区域设置受到机械设备占地的约束），参考其在动线和流程中的相对位置预先进行布设；然后再按顺序插入面积较小、长宽比限制较小的功能区。

(3) 非物流功能区布设：物流功能区布设完毕后，再根据非物流功能区（主要是行政办公和一些配套的修理间、机房等）的设置需求调整出非物流功能区模板的用地。考虑到工作人员的进出方便，一般办公区都会设置在出入口附近。

(4) 整体布局调整：完成初步布局后，根据各功能区的设置需要进行微调，充分利用厂房空间，并使各功能区间的动线进一步流畅，各功能区得以分配到合理的位置和面积，形成功能区的初步布局方案。

(5) 布局方案的修正：以既得的初步布局方案为基础，针对配送中心规划应遵守的

相关规划守则和规范,对布局方案进行进一步的修正,最终获得若干可行的平面布局方案。具体修正因素包括:
- 厂房与土地面积比例:厂房建筑密度、建筑限高、容积率、绿化率等因素;
- 厂房建筑的特性:建筑造型、长宽比、柱位跨距、梁高等限制或需求;
- 法规限制:土地建筑法规、环保卫生安全相关法规、劳动法等因素;
- 交通出入限制:交通出入口及所在区域的特殊限制等因素;
- 其他:如经费预算限制、政策配合因素等。

5.3.3 案例学习二

某配送中心在改扩建工程中拟引进自动化立体仓库、分类输送机等机械设备,对原有的传统运作管理方式进行提升,以提高配送中心的整体作业效率。同时,对原有仓储区等各功能区也将根据新的设施条件和作业流程需要进行优化布设。经过对配送中心作业流程的设计和分析,改造后的配送中心需设定如下功能区:进出货月台、进出货暂存区、集货区、仓储区(包括托盘货架区、自动仓库、流动货架)、流通加工区、分类输送区、贵重物品保管区,以及出入货办公室。各功能区模板的设定情况如下图 5-10 所示:

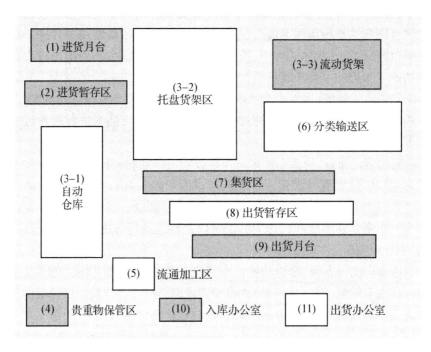

图 5-10 某配送中心各功能区模板设定示意图

该配送中心规划的厂房长 70 m、宽 45 m,长宽比对动线的限制较小,可采用直线型、U 型、S 型等多种动线形式。下面以 U 型动线为例,介绍功能区的布局方法。

采用 U 型动线的特点是进出货月台设置在厂房同侧,配送中心内的物流动线以进出货月台为起讫点呈 U 型布置,如图 5-11 所示:

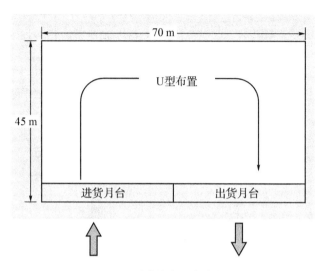

图 5-11　U 型动线布局方案初始设置

自动仓库和分类输送区不仅面积较大,也是配送中心内尺寸相对固定的功能区,因此首先将其模板填入厂房地块内,结合物流动线及作业流程,布设结果如图 5-12 所示:

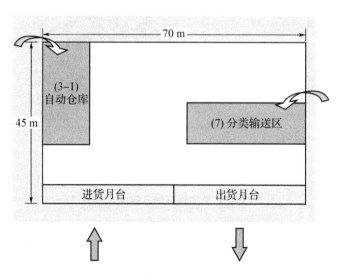

图 5-12　U 型动线布局方案设计过程(1)

面积相对较大的还有托盘货架区和流动货架区两大仓储区,以及集货区,将其模板填入地块,完成该次布设后布局结果如图 5-13 所示:

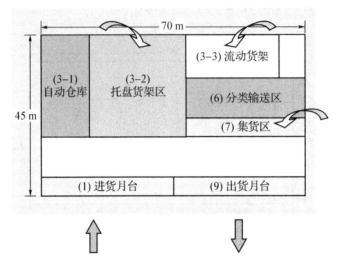

图 5-13 U 型动线布局方案设计过程(2)

剩余的物流功能区面积较小且长宽比灵活,其布设结果如图 5-14 所示:

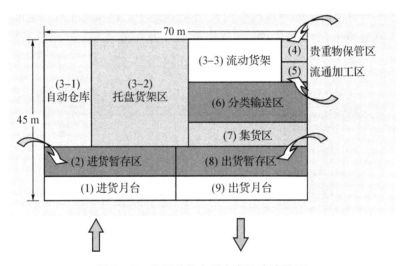

图 5-14 U 型动线布局方案设计过程(3)

最后将出入货办公室这两个非物流功能区放入地块中合适的位置,完成配送中心的初步布局方案如图 5-15 所示:

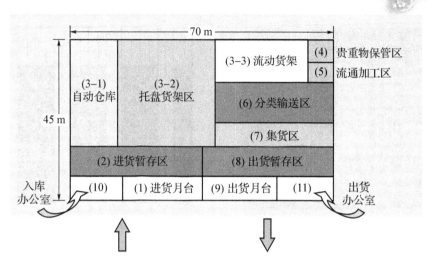

图 5-15 采用 U 型动线的初步布局方案

5.4 配送中心平面布置

5.4.1 配送中心内部空间布局设计

1. 仓储区平面布局方式

本章所指的仓储区属专门的存储空间。仓储区中货架及巷道的布置主要有图 5-16(a)及 5-16(b)所示的平行排列和分块平行排列两种形式。采用货架分块平行布置方式,可减少巷道的长度,加宽预留通道的宽度,所以在很多情况下,都采用了这种布置方式。但在应用图 5-16(c)所示全自动化分拣系统的配送中心中,储货区多采用图 5-16(d)所示的采用有轨堆垛机作业的长巷道平行排列的布置方式,与自动化出、入库系统配合形成一个 AS/RS 系统,负责为全自动化的分拣系统提供货源。

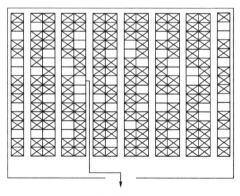
(a) 平行排列的布置方式

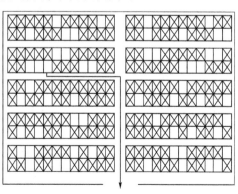
(b) 分块平行排列的布置方式

(c) 全自动化的分拣系统　　　　　(d) 长巷道布置的方式

图 5-16　仓储区平面布置方式

影响仓储区面积利用率的主要因素有货架类型、仓储作业设备和储位深度等三个方面。

(1) 货架类型

配送中心储存货物可采用自然堆码方式和货架存储方式。采用的货架有横梁式货架、搁板式货架、回转货架、贯通式货架等。货架在仓库中占有非常重要的地位。不同的货架对服务通道的要求不同，因此会直接影响仓库面积的利用率，详见表 5-16。

表 5-16　不同货架类型时仓库面积的利用率

仓库系统	面积利用率(%)
搁板货架	45
贯通式货架	70
横梁货架(平衡叉车)	40
横梁货架(堆垛机)	60
重力式货架(无轨堆垛机)	65
移动式货架(8 排供一条巷道)	75

(2) 仓储作业设备

配送中心内仓储作业设备的主要任务是入库、补货、集货或载人拣货。系统的出、入库能力和分拣能力决定了对仓储作业设备的性能要求，决定了设备的类型、数量、工作巷道宽度及投资规模的大小。图 5-17 形象地给出了在仓储容积一定的情况下，使用叉车、桥式起重机和有轨巷道式堆垛机等不同设备作业时，仓库的容积利用情况的对比。

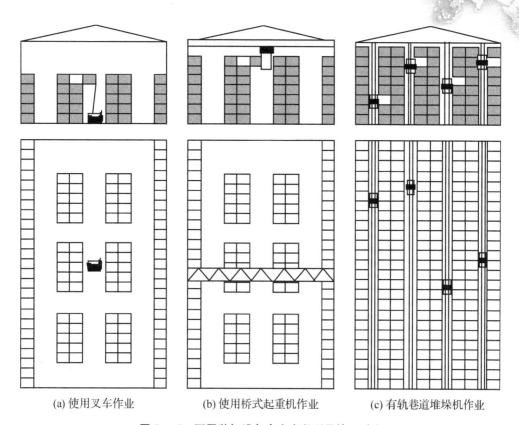

(a) 使用叉车作业　　　(b) 使用桥式起重机作业　　(c) 有轨巷道堆垛机作业

图 5-17　不同装卸设备仓库容积利用情况对比

(3) 储位深度

倍深式储存方式的货架结构与普通托盘货架具有相同的基本架构,其只是把两座托盘货架结合,以增加第二列的储存宽度,因此储存密度可增加 1 倍(如图 5-19 所示)。图 5-18 中 C_r 表示储位深度,C_z 代表仓储区长度,S_{LE} 代表每个货位所占相对建筑面积。

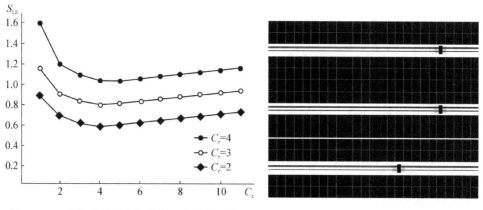

图 5-18　货位建筑面积与储位深度的关系曲线　　图 5-19　"倍位"存储方式

由图 5-18 可以看出，货位所需相对建筑面积随着深度增加而增加，其存取性及出入库能力也随着降低，而且必须配合使用倍深式叉车（堆高机）以存取第二列的托盘。

2. 仓储分区及库存容量确定

（1）货物的分类存储原则

货物的分类是指根据货物的性质和形态，将其归入不同类别，并进行有序排列。通过货物的分类可以实现以下目标：

①为货物的在库管理的合理化与标准化提供基础；

②使货物能清楚地分层归类，提高仓储管理效率；

③便于货物的编号、统计及库存控制；

④便于货物的分拣、调拨与采购。

相应的货物分类原则有：

①按货物的特性分类。因为不同特性的货物所需要的保管条件不同，而且有些货物如不分类存放，还会引起货物之间的相互影响，导致货物失去原来的特性。如挥发类和吸附性强的货物混存就会引起货物的串味、变质。

②按货物的使用目的、方法及程序分类。如需进行流通加工的货物，则按不同的加工方法分类。

③按货物存储单元的形态分类，使之与存储货架类型、分拣方法匹配。

④为适应货物采购方便，按交易行业分类。

⑤按客户或配送目的地分类。

（2）仓储区库存量确定

库存量是分拣区和仓储区库存数量之和。除了 EIQ 分析法外，配送中心库存量规划可采用如下两种方法：

①周转率估算法

利用周转次数估计库存量是一种简便快捷的粗估方法，这种方法虽然不太精确，但能基本满足规划的需要。该法的应用步骤如下：

1）年周转量的计算。把配送中心的进出品项换算成相同单位，如托盘或周转箱等，求出全年各货物品项的总量；

2）估计周转次数。一般情况下，食品零售业的年周转次数约为 20～25 次，制造业约为 12～15 次。企业在建立配送中心时，可针对经营品项的特性、产品价值、缺货成本和赢利水平等因素，决定仓储的周转次数；

3）估计库存量。即：

库存量＝(年周转量/周转次数)

4）估计放宽比。根据仓储营运的弹性，用估计的库存量乘以放大系数，适应高峰期的要求，便可得到规划的库容量。放大系数一般可取为 1.1～1.25。系数取得太高，会增加仓库的"死库存"。

②货物送货频率估算法

在缺乏足够的分析资料时,可利用周转次数估计库存量。如果能收集到各货物品项的年储运量和工作天数,根据供应商的送货频率进行计算,也可估算库存量的大小,其计算步骤如下:

1) 年储运量计算;
2) 估计出货天数;
3) 计算日平均储运量:日储运量=(各产品的年储运量/年出货天数);
4) 估计库存量:库存量=(日储运量×送货频率);
5) 规划的仓容量:规划的库存量=库存量×放大系数。

3. 仓储区存储设备及货格尺寸设计

(1) 货物单元负载

任何仓储系统的设计和布局,都需要考虑到物料的形状及尺寸大小。无论是何种形状,必须先决定一个最小的单位存储空间。若存储的物品种类很多,则需要考虑不同物品的单位存储空间,进而决定货物的移动、存储方式。如汽车零部件的存储容器中纸箱、仓储笼或料箱等很常用,而且常采取阁楼式货架进行分类储存。

在决定单位存储空间时,需要引入单元负载的概念。单元负载的概念起源于单位器量原则,主要因为群组方式移动品种和物料能比单个货物移动更为经济有效。单元负载观念可通过托盘化、单元化、集装箱化等来完成。

"托盘化"是将个别品种加以组装,固定在由搬运车或起重机移动的平台上;"单元化"是将货物组装为小型负载,并需要额外的材料来包装该品种成为单元,可依其尺寸和重量分别用搬运车、输送带或起重机来搬运;"集装箱化"是将品种组装于大型盒子或箱子内。一般规划者可依据特定的物料情况选择适当的单元负载形态。

最常利用的方法就是利用容器、平台、薄板及格架等,说明如下。

①容器:搬运盒、箱、柜、板条箱、篮子及袋子等。
②平台:以滑板及托盘最为常见。
③薄板:卡纸板、合板及塑料滑片常被用来承装单元负载,其中滑片是配合搬运车上的推拉装置使用的。
④格架及特别设计的车辆可用来装载单元负载。

(a) 容器式单元负载

(b) 平台式单元负载

图 5-20　各种单元负载的类型

（2）货架形式选择

存储设备形式种类很多，因存储物品形状、重量、体积、包装形式等特性的不同，其使用的储存方式也不相同。例如流体使用桶装包装适用重力货架；一般物品使用箱装或袋装包装，适用轻型货架；而长形物件如钢材、木材则适用悬臂式货架。常见的货架形式如下。

①托盘货架

最普通的一种货架，其优点是存取方便，拣取效率高，但是这种货架的存取密度较低，需要较多的通道。根据存取通道宽度可分为传统式通道、窄道式通道和超窄式通道。托盘货架目前都采用自行组合方式，易于拆卸和移动，可按物品堆码的高度，任意调整横梁位置，又可称作可调式托盘货架。

图 5-21　托盘货架　　　　　　　图 5-22　驶入式货架

②驶入式货架/贯通式货架

取消位于各排货架之间的通道，将货架合并在一起，使同一层同一列的货物相互贯通，如图 5-22 所示，托盘或货箱搁置于由货架立柱伸出的托梁上（俗称"牛腿"），叉车或堆垛机可直接进入货架每个通道内,每个通道即可存储货物,又可作为叉车通道。

当叉车只在货架一端出入库作业时,货物的存取原则只能是后入先出,称为驶入式货架;在货架两端贯通,叉车在两端均可进行取货作业,可实现货物先进先出的需要,称为贯通式货架,这种货架比较适合于同类大批量的储存。

③流动式货架

流动式货架是指货架本身固定不动,但托盘货物单元可在货架上移动。货物从货架的一端进入,在重力或动力驱动下可从另一端取出。这种货架可实现先进先出的作业原则。它适合于存储数量多、品种少、移动快的物品,如存储某些电子器件等的立体仓库。

图 5-23 流动式货架

④后推式货架

后推式货架在前后梁间以滑座相接,由前方将托盘货物放在货架滑座上,后来进入的货物会将原先的货物推到前方。目前最多可以推入五个托盘。这种货架可实现先进后出的作业原则。

 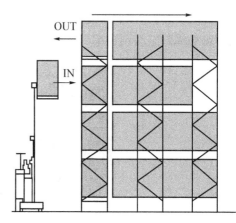

图 5-24 后推式货架

⑤旋转式货架

旋转式货架式是一种旋转或循环的存储装置,将货格里的货物移动到人或拣选机旁,再由人或拣选机取出所需的货物。它适合于存储体积小、重量轻的物品。按回转方式可分为垂直旋转货架和水平回转货架。

⑥移动式货架

移动式货架是将货架本身放置在轨道上,在货架底部设有驱动装置。仅需设一个通道,密封性好、美观实用。

图 5-25 移动式货架

图 5-26 悬臂式货架

⑦悬臂式货架

该类货架由在立柱上装设悬臂来构成。悬臂可以是固定的,也可以是移动的。多用于存储长料,如金属棒、管等。

⑧阁楼式货架

为了充分利用仓库的空间,将空间作双层设计。每个楼层可放置不同种类的货架,而货架结构具有支撑上层楼板的作用。这种货架可以减小承重梁的跨距,降低建筑费用,提高仓库的空间利用率。

图 5-27 阁楼式货架

一般物流中心的存储设备，主要是以单元负载的托盘存储方式为主，配合各种拣选方式的需要，另有以容器及单品的存储设备。存储设备以存储单位分类，可大致分为托盘、容器、单品及其他等四大类。每一类型因其设计结构不同，又可分为多种形式，如图5-28。

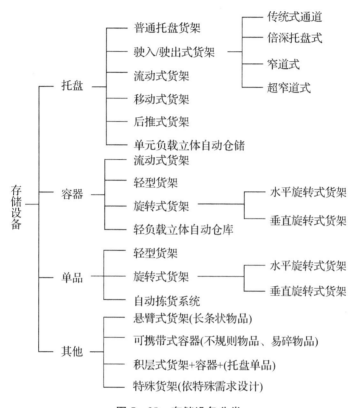

图 5-28　存储设备分类

(3) 货格尺寸设计

恰当地确定货位净空尺寸是仓库设计中一项重要的设计内容。通常货架高度在 8～35 m 之间。对于给定尺寸的货物单元，货位尺寸取决于单元四周留出的空隙大小。同时，在一定程度上也受到货架结构造型的影响。这项尺寸之所以重要，是因为它直接影响着仓库面积和空间利用率。由于影响因素很多，确定这项尺寸比较复杂。

"牛腿"是货架上的一个重要结构。货箱或托盘放在牛腿上，取货时堆垛机货叉从牛腿上往上升，托起货箱后收叉取走货箱；存货时，货叉支托着货箱从牛腿上方往下降，当其低于牛腿高度时货物就支托在牛腿上了。货架与托盘的关系见图 5-29 及表 5-17。

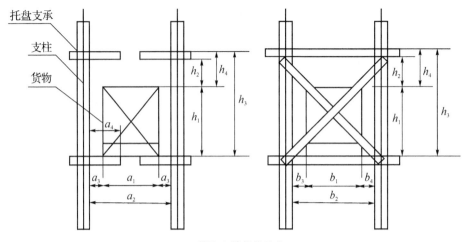

(a) 货格内单货位储存

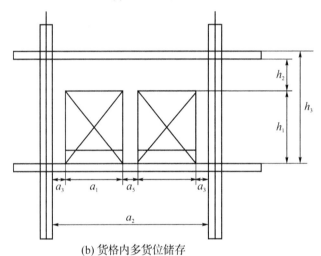

(b) 货格内多货位储存

图 5-29 货架尺寸设计

表 5-17 货架尺寸设计相关参数

代 号	名 称	代 号	名 称
a_1	货物长度	b_3	前面间隙
a_2	货格有效长度	b_4	后面间隙
a_3	侧向间隙	h_1	货物高度
a_4	支承货物的宽度	h_2	单元货物上部垂直间隙
a_5	货物之间水平间隙	h_3	层高
b_1	货物宽度	h_4	单元货物下部垂直间隙
b_2	货格有效宽度		

侧向间隙 a_3 一般在 50～100 mm 范围内选用;支承货物的宽度 a_4 必须大于侧向间隙 a_3;单元货物上部垂直间隙 h_2 要保证货物入出货位时不与货架结构件相碰,一般取 70～150 mm;单元货物下部垂直间隙 h_4 要保证堆垛机货叉能自由进出货架货位存取货物。

4. 通道空间设计

(1) 通道设计要点

通道虽不直接属于任一作业区域,但是通道的合理设置与宽度设计是影响物流效率的关键。一般厂房布置规划必先划定通道的位置,而后分配各作业区域。通道的设计应能方便货物的存取、装卸设备的进出及必要的服务区间。

通道可以分为:主通道及辅助通道。主通道通常连接仓库的进出门口至各作业区域,道路也最宽;辅助通道为连接主通道至各作业区域内的通道,通常垂直或平行于主通道。

通道分配最重要的因素是通道的设置及宽度。一般良好通道设置的要点包括:

①流量经济:让配送中心所有通道的人、物移动皆能形成路径。

②空间经济:通道通常占据不少空间,需谨慎设计以发挥空间运用的效益。

③设计的顺序:首先主要通道配合出入仓库的位置进行设计,其次为出入部门及作业区间的通道设计,最后才是服务设施、一般走道等通道设计。

④危险条件:必须要求通道足够空旷,以适应危险时尽快逃生的目的。

不同的存储区布置形式有不同的通道空间比例。如图 5-30 给出 15 m×60 m 及 30 m×30 m 的区域下,通道与配送中心面积的比率关系。

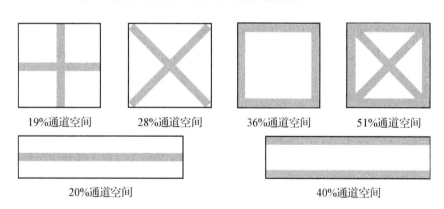

图 5-30 不同空间形式下通道占配送中心面积的比率

(2) 通道宽度设计

通道宽度的设计,需视不同的作业区域、人员或车辆行走速率、单位时间通行人数、搬运物品体积等因素而异。以人员行走通道为例,以人员通过速率 v、单位时间通过人数 n 来推算,估计两人行走所需最短距离 d,人身宽度约 w,则每一人员在通道上行走

瞬间需要的空间为 $d \times w$，则通道宽度 W 为

$$W = d \times w \times \frac{n}{v} \tag{5-1}$$

若两人行走时所需最短前后间距离应为 1.5 m 以上，而人身宽幅约 0.76 m，一般人员行走速率约为 3.2 km/h，若每分钟需通过 105 人，则通道宽度即为 2.2 m 以上。上式也可用于台车或叉车等搬运工具的计算。但在实际物料的重量、体积及作业速度都不易明确的条件下，只能概括地推算，表 5-18 给出一般通道宽度设计参数。

表 5-18 配送中心通道宽度参考表

通道种类或用途	宽度
中枢主通道	3.5～6 m
辅助通道	3 m
人行通道	0.75～1 m
小型台车	0.7 m
配重式叉车	3.0～4.5 m
手动叉车	1.5～2.5 m(视载重而定)
叉车(直角转弯)	2～2.5 m(使用 1 100 mm * 1 100 mm 的托盘)
窄巷道叉车(回转叉式)	1.6～2 m

5. 仓储区作业空间设计

进行仓储区域的空间规划时，应先求出存货所需占用的空间大小，并考虑货品尺寸及数量、堆码方式、托盘尺寸、货架货位空间等因素，然后进行仓储区域的空间规划。由于区域的规划与具体的储存策略密切相关，下面针对几种不同的储存策略，分别介绍其作业空间计算的方法。

(1) 托盘平置堆码

若配送中心货品多，为大量出货，以托盘为单位置于地面上平置堆码的方式储存，则计算存货空间所需考虑到的因素有数量、托盘尺寸、通道等。假设托盘尺寸为 $P \times P$ 平方米，由货品及托盘尺寸算出每托盘平均可码放 N 箱货品，若公司平均存货量为 Q，则存货空间需求(D)为：

$$D = \frac{\text{平均存货量}}{\text{平均每托盘堆码货品量}} \times \text{托盘尺寸}$$

$$= \frac{Q}{N} \times (P \times P) \tag{5-2}$$

实际仓储需求空间还需考虑叉车存取作业所需空间，若以一般中枢通道配合辅助通道规划，通道约占全部面积的 30%～35%，故实际仓储需求空间为：

$$A = D/(1-35\%) = D \times 1.5$$

(2) 使用托盘堆码

若货品多为大量出货,并以托盘堆码于地面上,则计算存货空间需考虑货品尺寸及数量、托盘尺寸、可堆码高度等因素。

假设托盘尺寸为 $P \times P$ 平方米,由货品及托盘尺寸算出每托盘平均可码放 N 箱货品,托盘在仓库内可堆码 L 层,若公司平均存货量约为 Q,则存货空间需求(D)为:

$$D = \frac{\text{平均存货量}}{\text{平均每托盘堆码货品箱数}} \times \text{托盘尺寸}$$

$$= \frac{Q}{L \times N} \times (P \times P) \qquad (5-3)$$

(3) 使用托盘货架储存

若配送中心使用托盘货架来储存货品,则存货空间的计算除了考虑货品尺寸、数量、托盘尺寸、货架形式及货架层数外,还需考虑所需的巷道空间。假设货架为 L 层,每托盘约可码放 N 箱,若公司平均储存量为 Q,则存货所需的基本托盘地面空间 P(每层货架可存放的托盘数)为:

$$P = \frac{\text{平均存货量}}{\text{平均每托盘堆码货品箱数} \times \text{货架层数}} = \frac{Q}{L \times N} \qquad (5-4)$$

由于货架系统具有分区特性,每区由两排货架及存取通道组成,因此由基本托盘占地空间需换算成仓库区后再加上存取通道空间,才是实际所需的仓储工作空间,其中存取通道空间需视叉车是否作直角存取或仅是通行而异。而在各储存货位内的空间计算,应以一个货格为计算基准,一般的货格通常可存放两个托盘。如图 5-31 所示:

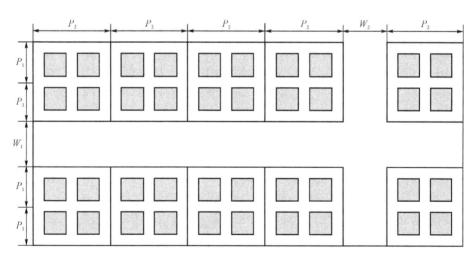

图 5-31 以托盘货架存储的储存空间计算

在图 5-31 中:

P_1:货格宽度

P_2:货格长度

Z：每货架区的货格数（每格位含 2 个托盘空间）

W_1：叉车直角存取的通道宽度

W_2：货架区侧向通道宽度

A：货架使用平面面积

B：储区内货架使用平面总面积

S：总库存区平面面积

Q：平均存货需求量

L：货架层数

N：平均每托盘码放货品箱数

则货架使用面积：

$$A = (P_1 \times 4) \times (P_2 \times 5) = 4P_1 \times 5P_2$$

货架使用总面积：

$$B = 货架使用面积 \times 货架层数 = A \times L$$

总库存区平面面积：

$$S = 货架使用面积 + 叉车通道 + 侧通道$$
$$= A + [W_1 \times (5P_2 + W_2)] + (2P_1 \times W_2 \times 2)$$

5.4.2 配送中心外部布局设计

1. 进出货站台设计

（1）进出货站台设计原则

进出货站台又称装卸码头。配送中心的各项作业中，进出货是重要的作业项目之一，而装卸货码头的设计将会影响此项作业的关键所在。装卸码头是货车装卸货物的场所，码头设施的设计规划，必须考虑货物搬运的过程。从货车进入码头开始至搬运货物至码头上，一直到货物离开码头，必须是车辆及货物有效率且安全的移动。设计必须遵循以下设计原则：

①码头设施位置能使车辆快速安全地进出配送中心，不会产生交叉会车；

②码头尺寸须尽可能兼顾主要车辆规格；

③选用码头设备使操作员能安全装卸货物；

④规划码头内部暂存区使货物能有效地在码头与存储区之间移动。

货物的装卸作业以及在库房内的运输和堆放，一般采用手动拖板搬运车、电动拖板搬运车、电瓶叉车、内燃叉车等。装卸站台单独布置于建筑物外时，应保证一定的宽度（一般不小于 4.5 m），使叉车在装卸货物时有足够的回转空间，能够正向直线进出集装箱，以减少作业时间，提高装卸效率。

根据货物在仓库内的堆放方式、存放时间、货物的最终去向不同，为避免装、卸货物时的互相干扰，提高工作效率，货物的装、卸作业场地可以分开设置。如果能合理分配作业时间和区域，装卸场地也可合并在一起。

（2）进出货站台配置形式

①按出入口的配置分类

有关出入货站台的设计可根据作业性质及仓库形式来考虑，以仓库内物流的动线来决定进出货站台的安排方式。为使物料能顺畅地进出仓库，进货站台与出货站台的相对位置安排非常重要，很容易影响进出货的效率及品质。一般来说，两者间的布置方式有四种，如图5-32及表5-19所示。

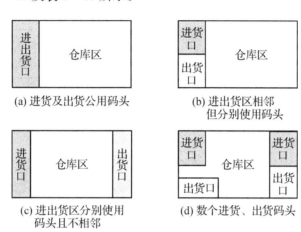

图5-32 进出货码头配置形式

表5-19 进出货区配置与动线形式

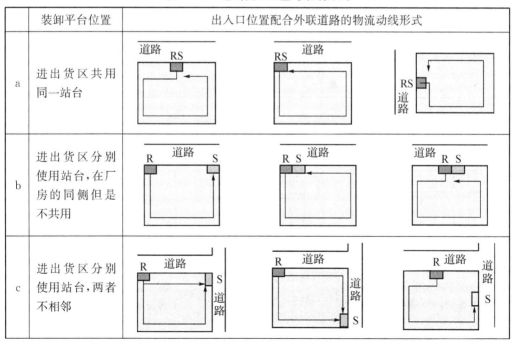

（续表 5-19）

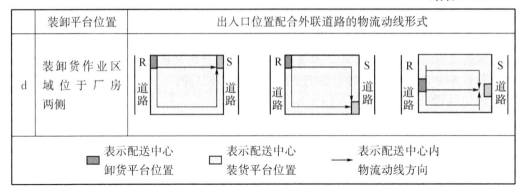

a) 进货及出货共享站台：此种设计可提高空间及设备使用率，但有时较难管理，尤其是在进出货高峰时刻，容易造成进出货相互干扰的不良效果。所以此安排较适合进出货时间得以规划错开的仓库。

b) 进出货区分别使用站台，但两者相邻以便管理：此安排设备仍可共享，但进出货作业空间分隔，可解决上一方式进出货互相干扰的困扰；但进出货空间不能弹性互用，使空间效益变低。此方式的安排较适合厂房适中，且进出货容易相互干扰的仓库。

c) 进出货区分别使用站台，两者不相邻：此种站台的进出货作业是完全独立的两部分，不仅空间分开，设备的使用也作划分，可使进出货更为迅速通畅，但空间及设备的使用率较前者降低。对于厂房空间不足者较不适宜。

d) 数个进货、出货站台：若厂房空间足够且货品进出频繁复杂，则可规划多个站台以适应频繁进出货需求的管理方式。

②按码头与仓库的位置分类

表 5-20 码头与仓库位置分类

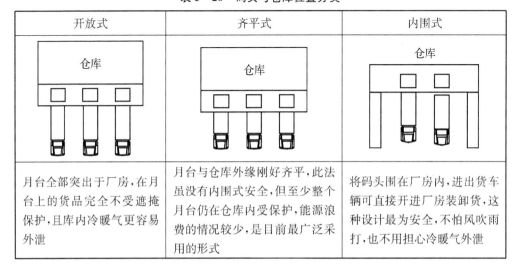

③按码头与作业方式的关系分类

表 5－21　码头与仓库位置分类(按作业方式)

	作业方式	地面式	平台式
直线式	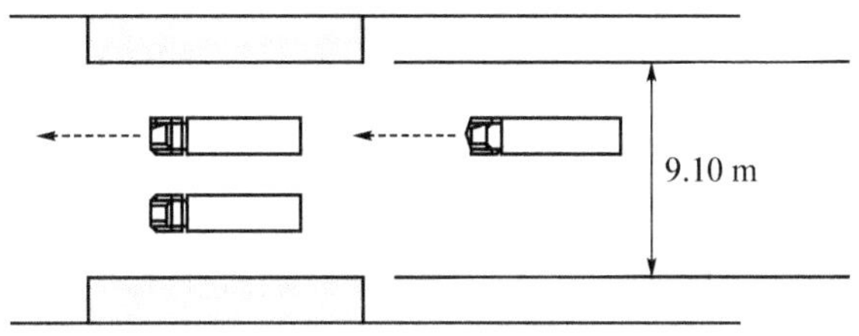 9.10 m	地面直线式	平台直线式
尾端卸货	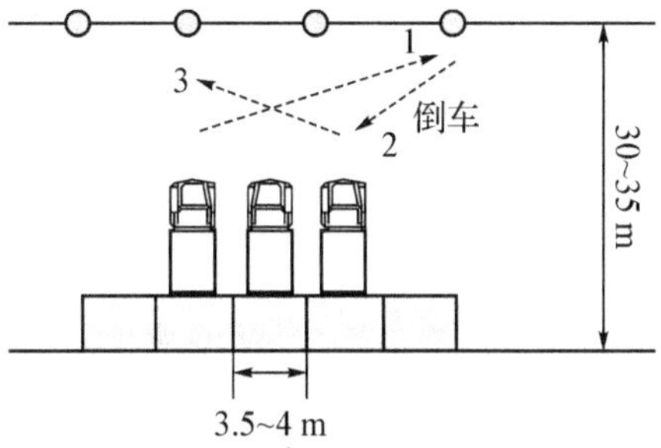 1 3 倒车 2 30~35 m 3.5~4 m	地面尾端卸货式	平台尾端卸货式
侧部卸货	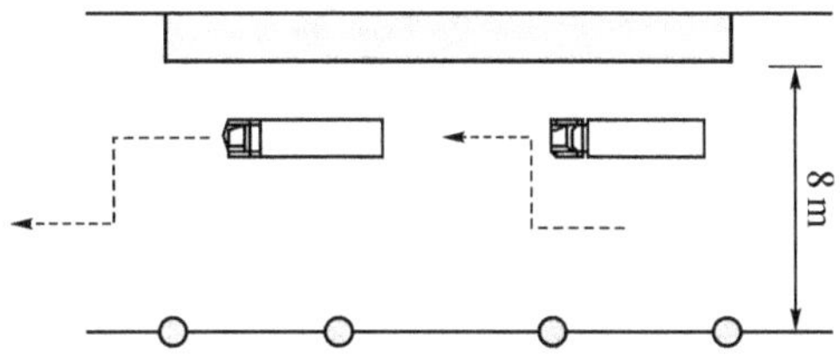 8 m	地面侧部卸货式	平台侧部卸货式
锯齿式	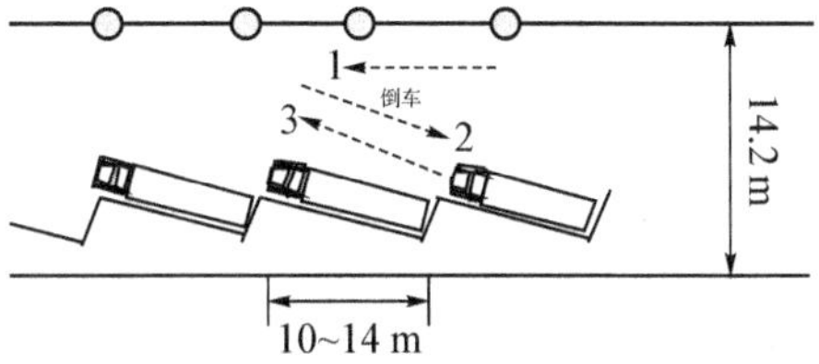 1 倒车 3 2 14.2 m 10~14 m	地面锯齿式	平台锯齿式

a) 直线式码头比锯齿式码头占用更少仓库内部面积,但外部面积占用较大。

b) 锯齿式码头适用于货车回转空间较小的情形,且货车可由尾端或侧端装卸货,其主要缺点为占用较多的建筑物空间。锯齿式码头车辆旋转纵深较浅,外部面积要求较小,但要求车辆采用单线循环。

c) 尾端卸货型码头较适合易于控制的环境,码头面积较窄,适合标准集装箱和拖车,常采用平台码头和托盘装载作业。现在大部分码头都属于尾端卸货型。最大好处是码头外侧齐平,可完全包围码头内部区域,并可提供较佳的密闭作业空间,对于天气控制的效果较好。

d) 侧部卸货型码头不需要码头高度调节板和驶入装卸设备就可实现托盘装载,装卸货物的宽度可以比车辆门宽,且可同时从车辆两边卸货。

e) 平台式码头允许水平装卸,较为省力,允许仓库与车辆之间在密封状态下作业,要求是地面平台或凹陷平台;地面时码头要求较大的遮棚,适合小型车辆的装卸,无需卸货码头的投资成本,作业布局非常灵活。

一般货车停靠码头的车道坡度是 3°,以实用性而言,6°是最大极限。如果坡度太大,会造成在潮湿或下雨的情况下,货车驶离困难,加重堆高机在搬运负载和车辆驶出时对车辆发动机的损害。另外,在倾斜的车道,要有一条排水道,一般是离码头正面 0.3~0.9 m。

(3) 运输方式及设备分析

配送中心的外部运输一般都采用道路运输方式,对外运输主要采用厢式货车、大型货车、集装箱车和集装箱车辆。配送中心装卸货站台及道路的设置都与车辆参数密切相关。常见的货车类型、尺寸如表 5-22。

表 5-22 常见货车类型及尺寸

货车类型	货车尺寸/m			
	总长 L/m	底板高 h/m	总高 H/m	总宽 W/m
货柜车(40 ft)	16.4~21.3	1.4~1.6	3.7~4.3	2.4
短途半拖车	9.1~10.7	1.1~1.2	3.4~4.0	2.4
标准货车	4.6~10.7	0.9~1.2	3.4~3.7	2.1~2.5
冷藏车	12.2~16.8	1.3~1.5	3.7~4.3	2.4~2.6
平板车	16.8~21.3	1.2~1.5	—	2.4~2.7
长途半拖车	16.8~21.4	1.2~1.3	3.7~4.3	2.4~2.8

而货物装卸作业以及仓库内的运输和堆放,一般采用手动托板搬运车、电动托板搬运车、电瓶叉车、内燃叉车(库内较少使用)等。

(4) 站台数量设置

要准确地计算出站台数量,需掌握下面的资料:

①有关进出货的历史资料;

② 高峰时段的车数；
③ 每车装卸货所需时间。

此外还需考虑配送中心未来扩大的可能性,使其具有较好的弹性。为容许必要的设备在站台与车辆之间进出,需估计每一停车月台门的尺寸。配送中心月台门的高度一般为 3.44 m 左右,门宽约 2.75 m,如图 5-33 所示。

(5) 进出货站台及回转空间设计

由于配送中心常用运输车辆的宽度为 2.4~2.6 m,车辆垂直停靠在站台前所需要的停车位最小宽度为 3.5 m。如考虑车厢门向两侧开的货车停靠在站台后才开门时,则停车位最小宽度要 4 m,否则相邻货位的车厢门会互相触碰或不能完全打开。为了防止装卸区域内交通阻塞、使车辆快速地靠泊和驶离站台,同时考虑到配送货物装卸作业一般以叉车为主,因此站台应有足够的宽度满足叉车回转需要,应尽可能保证这一宽度不小于 4.5m(图 5-33)。

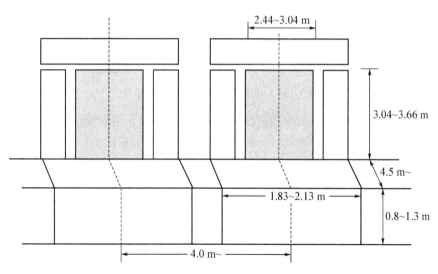

图 5-33 货车停靠站台示意图

另外,平台外部空间需根据常停靠车辆的回转半径预留回转作业空间,以保证货车进出及停靠码头所需的活动空间,一般又称为停车坪。此空间大小与货车的长度及回转半径有绝对关系,并与月台的宽度及数目有关。依经验,以 40 ft 长的集装箱车为例,从码头到最近的障碍物(围墙)的长度,至少要有两部货车的长度,才能使货车有足够作业回转空间(图 5-34)。

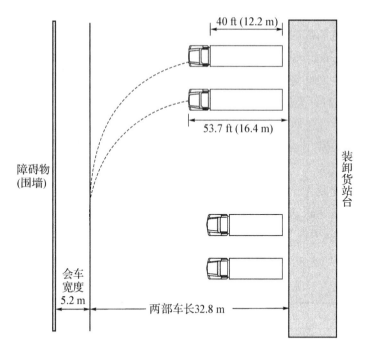

图 5-34　40 ft 集装箱车作业回转半径

站台本身的设计形式一般分为直线式及锯齿式(如图 5-35 所示)。在不同停靠方式下装卸场地的最小宽度如表 5-18 所示(适用于 40 ft 集装箱车)。

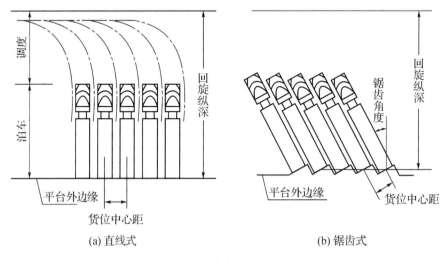

(a) 直线式　　　　　　　　　　　　(b) 锯齿式

图 5-35　进出货站台及回转场地平面图

表 5-23　不同停靠方式装卸区最小宽度（单位:m）

货位中心距	直线停靠回旋纵深	锯齿式停靠方式回旋纵深（锯齿角度）			
		15°	30°	45°	60°
3.50	36.5	33.4	28.9	23.2	16.7
4.00	35.5	32.4	27.9	22.4	16.1
4.50	34.5	31.5	27.1	21.7	15.6
5.00	33.6	30.6	26.3	21.0	15.2
5.50	32.8	29.8	25.6	20.5	14.8

进出货空间的设计除考虑效率及空间外,安全也是必要的考虑因素。尤其是车辆与站台之间的连接设计,以防止大风吹进仓库内部、雨水进入集装箱或仓库及避免库内空调冷暖气外泄等灾害损失及能源浪费。

进出道路规划是指车辆自厂区外面进入码头区,而后停靠码头的道路规划,以及货车停靠方向规划。进出和环绕厂区外围的道路宽度与道路的单双向交通有关。

对于 40 ft 的集装箱卡车,单向道路宽应设置为约 3.7 m,双向道路则设置为 7.4 m宽。集卡进出的大门,单向交通应有 6.1 m 宽,双向交通设置为 9.1 m 宽。另外,考虑大门同时也会有行人出入,所以应再增加 1.8 m。进出道路如有交叉,应设计成 Y 型以方便车辆能安全转弯。40 ft 的集装箱卡车的最小转弯半径为 18 m。

货车停靠码头时移动的方向对于停放的效率及空间需求有重要影响。货车应以逆时针方向进入码头区,再以顺时针方向倒车停靠码头,顺时针倒车可使司机较清楚地看到货车后方(因国内驾驶座设置在左边),逆时针倒车停靠码头方式所需停车空间比顺时针方向约多 6 m 深度。

(6) 码头装卸辅助设备

为了提高码头的卸货和装货的效率,码头都配有码头高度调节板(亦称为可调高度的装卸货平台)。其依升降驱动方式之不同而区分成下列两种形式：

①机械式:在动作时,是由操作员将链条拉起,此时调整板会向上升起,再由操作员拉至货车车底板高度。

②油压式:油压式则较为自动,操作员按钮激活,调整板即自动升起,再降至货车车底板高度;货车驶离时,会自动回复水平位置,保持安全。

码头高度调节板搭设在车辆和装卸月台之间,或者直接埋入码头作为码头前端。一般码头高度调节板的调节幅度为 ±300 mm,可以满足大部分货运卡车和集装箱卡车的需要。

为了增强在码头装卸货的安全性,可以在码头高度调节板的上面安装两个选装的配置,安全挡板与车锁,如图 5-37 所示。安全挡板避免码头在不进行装卸货时出现意外,避免叉车冲出码头。车锁的作用是避免在装卸货时,卡车或集装箱卡车由于滑动或驾驶员的疏忽,造成卡车与码头与高度调节板脱开,造成叉车和设备跌落平台,车锁是将卡车后的保险杆勾住,不让卡车移动。

图 5-36　码头高度调节板

图 5-37　安全挡板与车锁

2. 充电区域布局设置

为保持室内空间清洁,配送中心装卸货物通常大都使用电动叉车,为充分利用资源,每台叉车一般都配有备用电池,给这些叉车充电是配送中心运作的一项重要工作。充电区域的设计必须考虑以下一些要点:

(1) 电力供应量:必须考虑所有各种大小容量的电池的充电能耗和各充电器的功率。

(2) 空间大小:必须考虑有电池(或电池叉车)在统一的充电房内充电,布置不会发生干涉,要有足够的空间(占地平面大小)。

(3) 排风量和安全:由于叉车都采用了铅酸电池,充电时会产生氢气(易燃气体),所以充电房内必须保持足够大的排风量。

(4) 电器和安全:包括插头、灯、开关等,都需要有防爆的要求。

(5) 备用电池的更换设备:充电房必须配置一些适合各类叉车使用的备用电池更换设备或工具,诸如:吊车,滚轮台架灯。

(6) 加水系统:由于铅酸电池需要在充电后加蒸馏水(补充被电解成氢气和氧气的

水分),必须配置加水系统或自动加水系统。

(7) 维修区域:充电房内必须留出一定的区域给叉车做维修和保养时使用,同时有清洗的设施和下水道。

3. 隔断门的设置

配送中心的隔断门一般有以下几种用途:仓储分区之间隔断,仓库与码头隔断以及消防门,防止冷气、暖气外泄并隔绝噪音,使用时考虑以不妨碍堆高车的进出为原则,主要有以下几种形式:

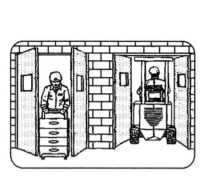

图 5-38 摆动门　　　　图 5-39 快速电动门

(1) 摆动门(Swinging Doors)

以铰链固定,开启是由堆高机前进推开,门需要足够宽度,以便堆高机顺利通过。由于是以推撞方式开门,故在底部常受撞击的区域,通常加钉一层橡皮以减低撞击力增长寿命。

(2) 电动门(Power Doors)

电动门的开关动作非常快速,一般都在10秒之内,以减少暖气或冷气的流失,以下是两种最基本的快速电动门:

① 垂直快速卷门(Vertically Opening Doors):提供最好的能见度,门的开关可自动控制。

② 快速拉门(Draw Curtain Doors):可在中央往两边拉开,或由一边往另一边拉开,门的开关可自动控制。电动门一般设定成自动模式,当堆高机通过电眼传感器,能自动实现开关动作。另一种方式以手动无线电遥控器来控制。

5.4.3　配送中心周边设施布局

为配合各作业区域与区内相关活动,规划者必须根据配送中心的定位及要求,同时考虑环境、功能及组织上需配合的相关事项,以作为周边设施布局依据。

1. *厂房结构*

一般有关厂房结构的考虑事项均极为复杂,必须由建筑结构设计师负责,但设施规划者仍须有基本认识,以避免设计方案与厂房结构限制相互冲突,影响方案的可行性,延误后续方案时程。对于较重要的厂房结构分述如下:

(1) 柱跨度

柱跨度的选择是否合理,对物流配送中心的成本、效益和运转费用都有重要影响。对建筑的成本有利的柱跨度对物流中心的存储设备而言,不一定是最佳柱跨度。改变柱跨度可以显著提高物流中心的保管效率和效益。为此,在决定柱跨度时必须考虑物流中心的存储设备型号和托盘规格尺寸。

表 5-24 基本模型与柱跨度(以 1 100 mm×1 100 mm 托盘为例)

主要保管设备的模型	跨度
1. 托盘货架	X轴⋯11.8 m X轴⋯9.1 m
2. 托盘直接堆放	X轴⋯9.8 m X轴⋯9.8 m
3. 箱货架	X轴⋯8.6 m X轴⋯10.4 m

(续表5-24)

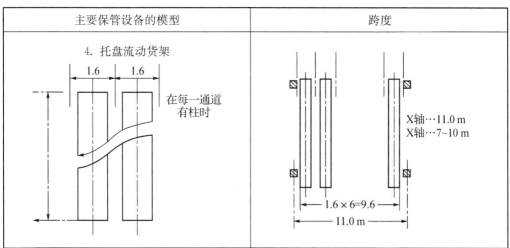

（2）地面载荷

叉车和台车是物流中心的重要运输工具之一，为使其顺利行车，要求地面精度在 2 000 mm 范围内误差为±20 mm。此外，还要求地面有足够的承载能力，即是承受车轮的压力。一般取轮压为 10 000 N 或 12 000 N。

$$叉车轮压(P_W) = \frac{叉车自重 + 荷载}{4} \times 安全系数 \qquad (5-5)$$

若一般叉车自重 1.63 t，载重为 1 t，安全系数为 1.4，则

$$叉车轮压(P_W) = \frac{(1.63+1) \times 10^4}{4} \times 1.4 \text{ N} = 9\ 205 \text{ N}/车轮$$

（3）屋顶、屋高及梁高

针对不同形态的配送中心而言，其屋顶的设计可能完全不同。常见的配送中心屋顶建造材料以彩色钢板为最普遍，屋顶的样式则有平屋顶、单面斜度等几种。屋顶斜度的大小会影响屋高及梁高，目前屋顶斜度一般在 5/100～20/100 之间。

（4）墙壁及门窗

配送中心的墙壁种类有很多种，视储存商品的特征不同而选择不同的墙壁材料，如彩色钢板、加隔热板砖墙等几种。另外仓库开关门设计必须考虑厂房进出物料类型及保存形态，配合手动卷帘门、电动卷门及手动快速门等几种。窗户尽量规划在较高的地方，开窗的主要目的是用于采光及紧急时逃生。

（5）地板负载及地板表面材质

在配送中心内部的地板负载及地板表面材质也很重要。储放商品不同，则其地板负载也不同。一般而言办公室负载 3 000 Pa，服饰商品负载 3 000～5 000 Pa，杂货商品负载 5 000～10 000 Pa，而饮料商品负载 20 000 Pa 以上。目前地板表面的材质以金刚砂水泥地板最佳，价格及质量都较好。

(6) 遮阳(雨)棚高度及长度

在物流中心平台的遮阳(雨)棚是物流中心进出货作业的必要设备,因为有的商品对湿度及太阳直射非常敏感,因此进出货的地方必须有足够遮阳(雨)棚最好是往内部倾斜,避免雨水滴落到车厢后被风吹进平台,弄湿商品。

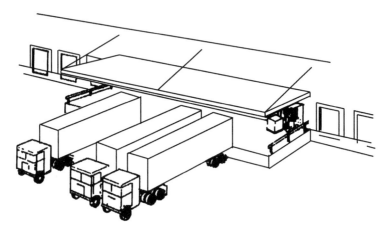

图 5-40　仓库遮阳棚示意图

2. 消防设备

配送中心内部存放的都是有价商品,因此必须设置足够的消防设备。常见的有侦烟器、消防栓、灭火器、自动洒水系统、自动二氧化碳灭火器等几种。除了考虑防火性的设计与构造外,还需适当设置消防安全设备,方便保障建筑的消防安全。下面以消防设备中的自动洒水系统为例,说明其配管方式及一般技术规格。自动洒水系统视实际情况需要,可采取3种配管方式:

(1) 密闭湿式:平时管内注满高压水量,作用时即行洒水。

(2) 密闭干式:平时管内注满高压空气,作用时先排空气,然后即行洒水。

(3) 开放式:平时管内无水,利用火警感应器启动控制阀,使水流入管内洒水。

有关洒水器的配置,在一般的设施设计情形下,其防护面积即洒水头间距大致如表5-25所示。

表 5-25　洒水头配置表

建筑物构造	间隔距离	防护面积
防火建筑物或防火构造建筑物	4 m 以下	11 m^2 以下
非防火建筑物或非防火构造建筑物	3.5 m 以下	9 m^2 以下
剧院、舞厅、夜总会、歌厅、集会堂的舞台及道具室、电影院及易燃物储存处	3 m 以下	6 m^2 以下

3. 采光及照明

一般仓库的采光照明可使用自然采光和人为照明两种方式满足。其中自然采光方式包含：利用屋顶采光板及利用门窗采光。利用屋顶采光板时，必须尽量将采光规划在走道上方，而人为照明方式的设置如下：

(1) 照明器具和光源的确定：光源的选择依室内照明需求作适当的安排；照明器具则依照明方式选择合适的灯具，其式样应与整体的室内装修配合。

(2) 照明器具数目和配置的决定：依照度计算的结果安排照明器具的数量和配置。

(3) 照明条件的检查：各项照明器具数量、配置决定后，须检查与原定设定的照明条件是否符合。如有不符，则应修正原来的设计，并在修正后再检查直到符合为止。

(4) 制造设计图、预算书：经由上述步骤，完成整体照明配置说明及所需经费预算。

• 采光及照明对于物流中心的作业非常重要，尤其是拣货作业及检验作业，如果光线不足容易造成拣货错误或检验错误，进而伤害顾客满意程度或增加额外退货成本。物流中心的照明光度视区域的不同光度条件也不同，例如：进货暂存区 100~200 lux；库存暂存区 100~200 lux；拣货区 200~300 lux；出货区 200~400 lux；办公室 200~300 lux 等。(lux：勒克斯，光照度的单位)

问题思考与训练

1. 配送中心与物流中心的差别在哪里？
2. 配送中心的主要功能有哪些？
3. 在新建配送中心的规划和旧配送中心的改造规划中分别应注意哪些问题？
4. 简描配送中心规划的大致思路。
5. 配送中心规划所需的定性资料和定量资料有哪些？它们在后续规划中分别能起到什么作用？
6. 选当地的某一配送中心进行调查，利用 EIQ 分析、PCB 分析对该配送中心存在问题进行诊断、分析。
7. 简述配送中心功能区设置的大致思路。
8. 如何采用动线布局法得到功能区的布局方案？
9. 若 5.3.3 节中介绍的案例采用 S 型或直线型布局，每一步的布局结果分别是什么？试仿照案例给出每一步骤的布局图。
10. 请谈谈食品配送中心和医药配送中心两者在规划与设计中的差异？试着利用本章的知识提出一个食品配送中心方案设计思路。
11. 为电子商务企业服务的配送中心与服务线下销售的配送中心在规划与设计上有哪些不同？请举例说明。

6 城市地下物流系统基本知识

本章学习目标

➤ 了解建设城市地下物流系统的积极意义与作用；
➤ 了解国外城市地下物流系统发展的现状；
➤ 了解城市地下物流系统规划设计的关键问题；
➤ 了解我国建设城市地下物流系统面临的问题与应对措施。

6.1 城市地下物流系统概述

目前,世界范围内的大城市都遇到了交通拥堵现象,由此带来交通事故频繁发生、环境污染加剧等问题,迫切需要一种创造性地解决措施。但是,由于交通问题的复杂性与持续性,很多城市一直未能跳出"交通拥堵→建造新路→车辆增加→再度拥堵"的怪圈,单纯靠道路容量扩张的传统模式,实践证明很难满足快速增长的城市交通需求。地下物流系统作为目前现有或新建地面交通的一种补充,必将成为城市物流系统的重要组成部分。

地下货物运输至少有200年以上的历史,地下客运和货运同时被提出来。目前,地下客运在世界上绝大部分特大城市通过地下铁路已经实现,而地下货运主要是利用地下管道运输气体和液体,尚待进一步发展。20世纪90年代以来,利用地下运输固体货物——城市地下物流系统的研究受到了西方发达国家的高度重视,并作为未来可持续发展高新技术领域。虽然各国地下物流系统的概念与标准各不相同,但都具有如下特点：

• 城市结构与土地利用方面:减少道路、货运站场、停车及配送设施的土地占用,从而减少城市扩张;
• 货运效率方面:减少城市货运成本,提高货运服务水平;避免了暴风、雨雪和大雾等气象灾害条件下的道路拥堵,能提供比现有以卡车为主的城市货运系统更高水平的服务,更加可靠、准时和安全等;适合未来电子商务发展的要求;

- 道路交通安全方面:减少由城市货运引起的交通事故的发生;
- 城市社会环境方面:减少货运车辆能源消耗及废气排放,降低交通噪声,减轻各种货运车辆引起的振动。

6.1.1 概念

目前,对地下物流系统的概念和标准还不统一,如荷兰称为地下物流系统(ULS)或地下货运系统(UFTS),即 underground logistic system 或 underground freight transport system,其运载工具为自动导向车(AGV-Automated Guided Vehicle);美国称为地下管道货物运输(Freight transport by Underground Pipeline or tube transport);德国称为 Cargocap 系统;在日本称为地下货运系统(UFTS),运输的工具为两用卡车(DMT-Dual Mode Truck)。本书采用城市地下物流系统的概念。

城市地下物流系统是将城外的货物通过各种运输方式运到位于城市边缘的机场、公路或铁路货运站、物流园区等,经处理后进入 ULS,由 ULS 运送到城内的各个客户(如超市、酒店、仓库、工厂、配送中心等)。城内向城外的物流则采取反方向运作。

6.1.2 作用

1. 缓解城市交通压力

城市交通拥堵是长期困扰世界各大城市的一大难题。道路交通的拥堵必然导致运输效率的低下,而采用城市地下物流系统,把大量的货物运输转向地下,可以极大地缓解交通拥挤问题,降低交通事故率,给私人小汽车的发展留下巨大的发展空间。同时,由于地下物流系统与地面运输相对独立,不受外界影响,可提供向高密度工商业区 24 小时的及时配送。

2. 改善城市生活质量

市区内的物流运输多采用大吨位卡车作为运输工具,燃料不完全燃烧所产生的碳、硫、磷的氧化物是"酸雨"形成的罪魁祸首;此外,车辆运行过程中的噪音、粉尘也破坏了城市生态环境。荷兰学者研究表明,地下物流系统可以实现污染物零排放,没有噪声污染,还能将原用于交通运输的部分地表还原成城市绿化带,采用该系统能大大改善城市生态环境。

表 6-1 地下物流运输对环境的效用

排放物	单位	2020 年参考值	改变值
CO_2	百万吨	19	−6
NO_X	百万公斤	202	−77
固体微颗粒	百万公斤	14	−5
挥发性有机化合物	百万公斤	50	−19

注:"改变值"是指采用地下物流运输后的改变值

与此同时,随着人们生活水平的提高,城市机动车数量迅猛增长,导致大量交通事故的发生。据统计,中国每年大约有9万人死于交通事故,其中城市道路交通事故在其中占较高的比重。研究表明,相对于城市地面道路运输而言,地下物流运输系统可以有效遏制城市交通事故的发生。据专家测算,在荷兰如果一个城市的物流全部或大部分通过地下来实现,这就意味着每年会减少700多人的死亡和数千人的受伤。

3. 提高城市物流效率

随着电子商务的出现,人们对交易速度的要求越来越高,但当前物流效率低下却成为阻碍其正常发展的"瓶颈"。城市地下物流系统具备自动、快速、准时、安全等特点,能够提供一个高效的、24小时通行无障碍的物流系统,可以增强城市物流配送的快速反应能力,提高城市物流效率和服务水平,很好地解决了电子商务发展的"物流瓶颈"问题。此外,城市地下物流系统利用位于城市边缘的终端进行集货和理货,对运往同一区域或同一客户的货物实施共同配送,可以提高物流效率,降低物流成本。

4. 节约城市地面土地资源

随着城市经济建设的快速发展,对土地的需求与日俱增,可供利用的土地资源日趋紧张。发展城市地下物流系统可以充分开发地下空间,大大节约城市用地,促进城市可持续发展,而且采用城市地下物流系统不影响城市地面景观,有利于历史文化古迹的保护。

5. 优化城市经济结构

物流被视为企业"第三方利润的源泉",运输费用和库存费用是物流成本的重要组成部分。地下物流系统自成一体,与其他地面运输互不影响,也不受气候和天气的影响,可实现高效、安全、智能化、无中断物流运输,有利于形成"绿色GDP",同时也在实现零库存方面起着积极的作用。地下物流是提高城市货物运输通达性和质量的有效途径,它能带动其他相关经济领域的发展,实现整个城市经济结构的优化。

6.1.3 系统组成

地下物流系统包括地下运输网络、终端和地面物流中心。地面物流中心包括对进入地下物流系统的货物处理部分。另外,地下物流系统通过自动导航系统对各种设备、设施进行控制和管理,因而物流控制信息系统也是地下物流系统的重要组成部分。

6.1.4 基本特点

目前各国研究开发的地下物流系统除具有独立运输环境而受外界影响小,保证运输的稳定性、防止道路沿线的噪声危害等特点之外,还具有如下特点:

• 主要以集装箱和货盘为运输的基本单元,可以提高配送效率,为高度自动化奠定基础;

• 使用电力驱动的运载工具,通过自动导航系统使各种设备和设施的控制和管理具有极高的精确性和自动化水平,可节省人力;

- 运载工具使用清洁能源、无污染。

6.2 国外城市地下物流系统简介

近年来城市地下物流系统的研究越来越受到重视,其中以美国、荷兰、日本和德国等为代表的国家,正在进行相关工程的可行性研究或建设。根据驱动方式的不同,城市地下物流系统可以分为以气力和水力驱动的囊体管道运输方式和以电力为驱动的隧道运输方式。

6.2.1 水力驱动

水力囊体运输管道(Hydraulic Capsule Pipeline,HCP)的最初设想在 1880 年就由美国的鲁宾逊(Robinson)申请了专利,但始终未进入实质性的应用研究和开发。直到 20 世纪 60 年代初,由加拿大的 RCA(Research Council of Alberta)率先对无车轮的水力囊体运输系统进行了研究,并于 1967 年建成了大型的试验线设施。之后,法国、德国、南非、荷兰和美国、日本等也相继开展了研究。特别是法国,Sogrech 公司首先建成了小型实用线,用以输送重金属粉末。1973 年后,日本日立造船公司对带车轮的水力囊体系统通过大型试验线设施开展试验研究和实用装置的设计,试验研究表明:用水力囊体可进行土砂、矿石等物料的大运量、长距离输送。

HCP 的特点是可做长距离运输。根据美国能源部对距离小于 300 km 的 HCP 输煤与输浆管道做比较后得出结论,HCP 具有良好的经济性,其输煤成本比汽车低好几倍,在大多数情况下也比火车低。HCP 技术用于输送固体废弃物和输送谷物及农产品均具有开发的前景。在未来,地下 HCP 管网将连接各城市、城镇,通过物流的信息控制管理,如汽车和铁路运输一样以网络的形式来输送货物。

在 HCP 的概念下,美国囊体管道物流研究中心(CPRC)还发明了一种运煤的管道——CLP(Coal Log Pipeline)。CLP 是一种使用有压水作为载体、长距离输送圆柱状煤棒(由制造设备压制而成)的管道输煤系统。图 6-1 是由采煤地到电厂用户的 CLP 输煤系统示意图。

煤浆管线输煤的能耗较卡车运煤方式低,且与铁道运煤不相上下,其优点有:连续输送;基建投资较省,施工周期短;受地形限制较小,运输管线较直较短;运营费用较低、管理人员少;易于自动化和维护、检修较简单;占地少,对环境和生态影响小;同时,具有全天候性等。另外,也存在若干的局限性,如:需耗费较多的水量,缺水地区不宜采用;管线对运量变化适应性差等;在输送过程中会产生细粉化,从而造成终端脱水困难,成本增加的问题。

CLP 技术不仅具有煤浆管线输煤技术的优点,而且它仅需煤浆管道输送的 1/2～1/5 的水量就可输送等量的煤。CLP 技术输煤的单位价格约为采用煤浆管道输送时的一半,而 CLP 的输煤量可较煤浆管道提高 2～3 倍。由于经济效益随运量的上升和运价的下降而增加,这样,使用和运营一套 CLP 系统将比使用一套煤浆管道系统更有利可图。

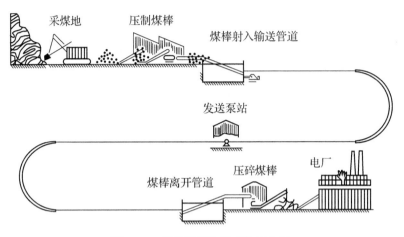

图 6-1　煤棒管道输送系统示意图

6.2.2　气力驱动

气力囊体运输管道(Pneumatic Capsule Pipeline,PCP)以空气作为驱动介质,囊状体作为货物的运载工具。由送风机推动空气在管道中流动,形成气流,然后气流再推动囊状体货运单元通过管道。由于空气远比水轻,囊体不可能悬浮在管道中,为了在大直径管道中运输较重的货物,必须采用带轮的运输囊体。PCP 系统中的囊体运行速度(10 m/s)远高于 HCP 系统(2 m/s),所以,PCP 系统更适合于需要快速输送的货物(如邮件或包裹、新鲜的蔬菜、水果等)。以下是几个国家对 PCP 的研究成果:

1. 日本

目前,日本在 PCP 技术领域处于世界领先地位。其采用的管道形式有两种:圆形管道和方形管道(图 6-2),其中圆形的管道是用来运输石灰石等,方形管道是在施工较长隧道或高速公路时,用来运输挖掘下来的岩石和建筑材料等。这两种系统均由日本 Somitomo 金属工业兴建并成功地运行。

(a) 圆形截面管道

(b) 方形截面管道

图 6-2　圆形和方形 PCP

1972年，日本的住友株式会社将管道运输的应用领域进一步扩大，建立了一条货物运输管道，用于从一个石灰石矿向水泥厂运送石灰石。这个系统用的是直径1 m的钢管和类似于图6-2(a)的运输单元，见图6-3所示。运输单元编结成列运行，每三个编结为一列；每个运输单元约装载2吨石灰石。从1983年开始，其年输送能力达到200万吨。图6-3中的系统证实了相对于卡车、火车和传送带，囊体运输管道系统具有更高的可靠性、安全性和成本效率。同样的系统可以用于运输其他矿石比如煤炭以及其他非矿石材料。另外，日本的邮政和通讯部还提出要在东京的深部地下空间(50～70 m)修建一个"Tokyo L-net"用来连接东京市中心的邮政局并用来运送其他货物。

图6-3 在日本Kuzuu应用的运输石灰石的管道运输系统

2. 美国

目前，美国在囊体管道方面的研究主要集中在利用电磁马达来驱动运输囊体。密苏里哥伦比亚大学囊体管道研究中心(CPRC)和明尼苏达大学的研究者正在研究线感电机(LIM，linear induction motor)作为囊体驱动装置；佛罗里达正在研究线性同步电机驱动囊体。利用电磁马达驱动囊体的优点在于它能克服送风机驱动的缺点，使货运单元顺利通过管道，在需要中继站的较长的管道系统中很好地运转。

2004年，在纽约州能源与发展局(NYSERDA)的资助下，纽约市完成了基于PCP技术的地下货物运输系统的技术与经济可行性研究。研究设计了六套不同的方案：

(1) 隧道建设——为地下建设的隧道运出及运入建筑材料(比如：预制混凝土)；

(2) 固体废物运输——从大的转换站到大的废物处理及再循环工厂；

(3) 装运邮件和包裹——沿着主要的运量很高的运货路线运送包裹和邮件；

(4) 一般的货物运输(普通的搬运)——一个类似于地铁的地下隧道网络，用于专门的货物运输，由于囊体空间足够大，从而保证了运载货物的托盘、箱子、板条箱、袋子及小的集装箱都能使用；

(5) 集装箱集疏——在城市的一个或多个集装箱港口和位于内陆边远地区的集装箱检查和转运站之间穿梭；

(6) 工业应用——大型工厂。

6.2.3 电力驱动

发展隧道形式的地下物流系统运输工具主要以电为动力，并具有自动导航等功能，最高速度可达到 100 km/h,管道直径一般为 1~3 m。目前国外地下物流系统以电为驱动的运载工具主要有三种:荷兰的自动导向车(Automated Guided Vehicle,AGV)、德国的 Cargocap 和日本的两用卡车(Dual Mode Truck,DMT)。

1. 荷兰 AGV

AGV 是一种通过电力驱动的运载工具,能够在地下物流管道中实现自动化运输。AGV 的最高运行速度可达 100 km/h,运输管线的直径通常为 1~3 m,可适用于不同类型的货物及包裹。AGV 配备有先进的自动导航系统,在地下物流网络中能高效运行。荷兰地下物流系统提出了三种运输车辆的概念设计方案,对这三种运输车辆的要求是:

- 能够运输手推车、标准空运集装箱和 10 英尺空运托盘;
- 完全自动化(所有都是自动化控制的);
- 电驱动(所有的驱动在终端完成);
- 以 6 m/s 的中等速度行驶(也可以选择 10 m/s);
- 在最小速度 3 m/s 时可以有 12% 的坡度;
- 最大加速度为 1 m/s^2;
- 最大负加速度为 2 m/s^2;
- 终端上运输方式随机排列;
- 终端上的速度可以达到 2 m/s。

表 6-2 荷兰地下物流系统的运载工具设计原型

Spykstaal 车	Lodige 车	DTM 车
• 使用橡胶车轮的自动导向车 • 全程电子导航 • 前轮控制 • 车轮位于装载板之下 • 从前部和侧面装载 • 采用直流电驱动 • 使用电池作为动力	• 使用橡胶车轮的 AGV 在隧道中的轨道上行驶,并在终端采用电子导航 • 四轮控制 • 装载板位于车轮之间 • 侧面装载 • 交流电驱动 • 在终端用电池作为动力,在轨道上运行时由铁轨提供动力	• 使用橡胶车轮的 AGV • 在管道中运行(车轮位于管道上),在终端采用电子导航 • 前轮控制 • 装载板位于车轮之间 • 侧面装载 • 交流电驱动 • 使用电池作为动力

2. 德国 Cargocap

德国 Cargocap 地下管道物流配送系统应该是目前管道物流系统的最高级形式。运输工具按照空气动力学的原理进行设计,下面采用滚轮来承受荷载,在侧面安装导向轮来控制运行轨迹,所需的有关辅助装置直接安装于管道中。运输工具由传统的三相电机驱动,由变频器供电,在无人驾驶的条件下,在直径约为 1.6 m 的地下管道线路中运行,同时通过雷达监控系统对其进行监控。在系统中单个运输车的运行是自动的,通过计算机对其进行导向和控制;尽管运输车之间不通过任何机械的方法进行连接,在运输任务较大时,也可以使它们之间的距离很小,进行编组运输,其最小间距可通过雷达控制在 2 m。在该控制系统中,运输车可以自由地出入每一个运输编组而不会导致运行速度的降低,一般情况下通过这种系统可以实现 36 km/h 的恒定运输速度。

图 6-4 德国 Cargo-cap

从根本上讲,Caps 是单独运行且受电脑控制的运输单元。每个运输单元能装载 2 个符合 CCG1(长×宽×高:800 mm×1 200 mm×1 050 mm)标准的欧洲托盘。为了更快更经济的实施,在 Cargocap 的设计中基本使用的是一些易买和常见的构件。该系统是一个开放的系统,主要是考虑将来能方便地把一些新技术应用到系统中,比如线式感应电机、磁悬浮技术以及无接触能量传输(contact-less energy transmission)。

这种地下管道快捷物流运输系统,能与传统地面交通和地下轨道交通共同组成未来城市立体化交通运输系统,其优越性在于:可以实现污染物零排放、对环境无污染,且没有噪声污染;系统运行能耗低、成本低;运输工具寿命长、不需要频繁维修,可实现高效、智能化、无中断物流运输;运行速度快、准时、安全;可以构建电子商务急需的现代快速物流运输系统,不受气候的影响等。

3. 日本两用卡车(DMT)

两用卡车以电力作为驱动能源,既可以在常规道路上运行,同时也可在地下物流系统的特殊的轨道上运行。在地面上由司机驾驶,在地下则借助自动导航系统进行无人驾驶,采用激光-雷达系统自动控制车

图 6-5 日本 DMT

距。由于完全采用电能驱动，DMT 能够减少传统货运卡车所带来的空气污染，但鉴于其动力的限制，单位卡车的承载量需要控制在 2 t 以内。它全程的送达速度能达到 45 公里/小时，为正常道路行驶速度的 2 倍。

6.3 城市地下物流系统规划建设关键问题

城市地下物流系统的实施是一项庞大复杂的系统工程，涉及到交通运输、土木、机械、电子信息、物流、经济、环境等多学科领域，需要考虑城市布局、交通规划、物流管理、工程建设、运输方式、运输安全、信息传递与自动控制、技术经济分析、环境影响评价等多个方面。进入 20 世纪 90 年代以来，城市地下物流系统的研究受到了西方发达国家的高度重视。

6.3.1 规划方面

1. 功能需求

一个成功的地下物流系统最重要的是看它满足用户对其期望的程度。城市地下物流系统作为一个新型系统，其难点就是在于规划时要明确系统未来的功能需求。如荷兰首都阿姆斯特丹准备建设的地下物流系统主要服务于花卉运输，鲜活农产品的新鲜度就是其价值所在，为了达到保鲜的目的，系统进行了相关的规划及技术设计。英国改造的地下邮政系统主要服务于邮件的运输，而德国的轨道系统主要服务于集装箱式的运输。不同系统应根据自己的需要在服务对象上有所侧重，这种服务对象上的倾向使得系统能有针对性地提供服务，是系统高效运行的保证。

根据功能需求分类，主要考虑以下方面：(1) 容量；(2) 负载单元；(3) 运输货物和运输条件；(4) 有效性；(5) 可达性；(6) 安全性；(7) 系统交叉边界；(8) 经费等。

2. 系统开发技术

地下物流系统的开发技术主要包括管道和隧道两种形式。管道运输又分为气力管道运输和液体管道运输，这种运输技术的应用难点在于在货物始发地和接收地需要进行一定的技术处理，相对于轨道运输来说不是很方便。

由于英国、德国已经存在了大量的地下管道设施，而且管道运输技术也比较成熟。因此，在这些国家和地区，地下物流系统规划将侧重点放在整合原有管道系统、扩大系统应用范围等方面。

而像日本等一些国家，人口密度相对较高，商店普遍施行了即时送货制度，近年来又由于个性化消费风气的形成，使得多样化的货品配送成为商店经营的必备条件，这些需求大大增加了物流配送的难度。新建的地下物流系统在客观上要求满足配送服务的要求，而且能实现及时配送。因此，这些国家将研究的重点放在新建物流专用隧道并实现网络化，建立集散中心，形成地下物流系统。

3. 系统的构建模式

地下物流系统的构建模式有两种：一种是专业的独立的地下物流系统，如荷兰致力于建立专业的地下物流系统。荷兰计划在首都阿姆斯特朗的 Schiphol 机场和 Aalsmeer 花卉市场之间建立一个专业的城市地下物流系统，整个花卉的运输过程全部在地下进行，只在目的地才露出地面，以期达到快捷、安全的运输效果。由于服务对象明确，针对性强，因此要求系统设计、构建和运行等过程必须全部按照货物质量要求的标准来规划，所以建造费用高，工程量大。

另一种是整合原有地下设施，发展地下物流系统。如上面提到的英国、德国等国家将侧重点放在如何利用原有管道系统以及扩大管道系统应用范围等方面。

4. 网络规划

地下物流系统网络的作用主要是承载整个物流系统的功能，为地下物流系统的高效运行提供服务。作为网络结点的物流中心和配送中心是系统的终端，除负责对系统的管理控制功能外，还肩负着对货物的前期处理以及存储保管等功能。网络路线则是货物输送的承载体，保障着货物运输的畅通无阻。需要强调的是，地下物流不同的网络布局结构将直接影响到运输的效率。地下物流系统的网络模式可概括为两种：

(1) 将网络结点分级：配送中心结合物流中心模式，如图 6-6(a) 所示，如休斯敦地下物流系统设计，配送中心与物流中心功能相似，但其组成和运作比物流中心相对简单。整个网络拥有一个物流中心 (Hub) 和若干配送中心 (DC)，通过地下运输路线相互连接。

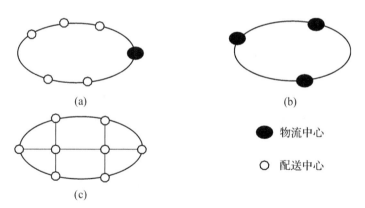

图 6-6　地下物流系统网络模式示意图

(2) 网络结点不分级：完全由物流中心或配送中心单一相互连接模式，如图 6-6(b)、(c) 所示，如日本东京 23 区地下物流系统和荷兰地下物流系统设计。

另外，从物流结点与网络路线之间的连接方式来看，可分为三种连接模式：

(1) 配送中心与物流中心相互连接模式：如休斯敦的地下物流系统可行性研究中，网络中只有一个物流中心 (Hub)，其他都为配送中心。

(2) 配送中心相互连接模式：具有代表性的是日本东京地下物流网络规划，如图。

东京23区规划了总长达到201 km的网络路线,将在30年内建成拥有几十个配送中心的地下物流网络。

(3) 物流中心相互连接模式:比较典型的是荷兰阿姆斯特丹地下物流系统网络。地下物流网络路线把机场、火车站以及花卉市场三处的物流中心直接连接起来。

6.3.2 设计方面

1. 运输工具的结构设计和驱动

目前,城市地下物流系统采用的运输工具主要有两类:(1) 囊体管道运输(Caspule Pipeline Transportation),根据驱动方式又分为气力囊体管道(Pneumatic Capsule Pipeline,PCP)和水力囊体管道(Hydraulic Capsule Pipelines,HCP),后者实际应用较少,近年来还出现由线性马达(Linear Motors)驱动的;(2) 车辆运输,主要有cargo-cap、自动导向车(Automatic Guided Vehicles,AGV)和地上地下两用卡车(Dual Mode Truck,DMT)。

在设计运输工具时,必须考虑系统中需要满足的运行条件、运输的各类货物能否实现全自动导航运行、自动控制车距和自动装卸货物,并尽可能采用无污染驱动方式。HCP和PCP的运输速度一般在10~40 km/h,目前这类运输主要应用于矿石、固体废物等同质物质的运输,也可以通过标准包装进行封装运输,但此类运输方式目前尚不具备自动导航系统,货运单元上没有发动机或者其他动力装置,是靠管道中流动的气体形成的强大推力前进的。不设动力装置的货运单元构造更加简单,制造成本也更低,自身的重量也比较轻,可以装载更重的货物。

AGV和DMT等采用电力驱动的运输工具,配备有先进的自动导航系统,能够在地下物流管道线路中实现自动化运输,最高速度可达到100 km/h,可适用于不同类型的货物及包裹。

2. 货物处理

对于已经负载和未负载的车辆应该有不同的货物处理方式:提装或者滚装。托盘的使用使得对不同货物采用相同装卸方式成为可能。荷兰的地下物流系统给出了四种货物处理的方法,并且说明了它们的特性。

表6-3 四种货物处理方式

滚动货物(rolling cargo)与使用随动托盘(slave pallets) 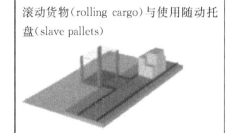	<ul><li>预计装载和卸载时间为49 s;</li><li>已有技术,与现有系统兼容;</li><li>随动托盘简化了装载过程但产生空闲时间;</li><li>需要精确的水平定位能力。</li></ul>

（续表 6-3）

提装货物(lifting cargo)与使用随动托盘(slave pallets) 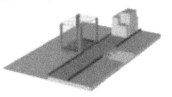	• 预计装载和卸载时间为 82 s； • 通过提升货物完成货物水平定位； • 提升设备免除了运输车上的滚动装置； • 新的概念，与现有装置兼容性弱； • 随动系统简化了装载过程但产生空闲时间。
滚装货物(rolling cargo)与采用分别处理的方式(separate cargo handling) 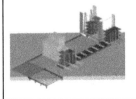	• 预计装载和卸载时间为 68 s； • 技术先进并与空运托盘有很好的兼容性； • 新的概念，与现有手推车兼容性弱； • 每个货物分拣处理较随动系统无时间浪费，但不同型号的货物需要不同且复杂的装载过程； • 需要精确的水平放置货物能力。
提装货物(lifting cargo)与采用分拣处理的方式(separate cargo handling) 	• 预计装载和卸载时间为 68 s； • 提升设备免除了运输车上的滚动装置； • 提升货物时要完成货物的水平定位； • 新的概念，与现有装置兼容性差些； • 货物分拣处理较随动系统无时间浪费；但不同型号的货物需要不同且复杂的装载过程。

3. 终端设计安排

根据所用运载工具及其货物装卸方式、进站方式以及物流管线布局方式，可以形成不同形式的终端。例如，荷兰的地下物流系统设计了两种终端概念：一种是终端建在地面，自动导向车需要经过斜坡进入，沿着终端内的环形路线运行并进入装卸码头装卸货物，之后重新进入环形路线运行并离开终端，或暂时停在终端内的停放区，如图 6-7(a)。这种终端长 140 m，宽 40 m，8 个装卸码头。货物在装卸码头上由一个 AGV 装卸到它旁边的 AGV 上。

另一种是将终端设计在地下，但是比紧邻的隧道高一点点，所以在自动导向车进出的时候会有一定的坡度。在地下停车场，自动导向车可以停泊到设计好的停车点，也可以在装卸完货物后重新进入隧道系统，如图 6-7(b)。终端长 187 m，宽 28 m，10 个装卸码头，既可以将货物搬到 AGV 的前面，又可以运到 AGV 的旁边。

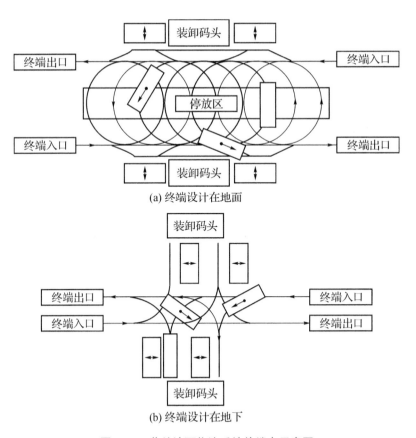

图 6-7 荷兰地下物流系统终端布示意图

4. 隧道设计和系统竖向布置

主体隧道的设计需要考虑隧道采用的是单线还是双线。单线易于建造,占用的空间少,投资低,但是在一个特定的时间内,必须控制行车方向,以保证双向行驶。双线系统有单管(双线同时位于一个直径较大的管道)和双管(双线各自位于一个直径较小的管道)。如休斯敦的主体隧道设计由双线双管组成,主要是由于这种结构比双线单管的成本更小,并且这种结构具有地质结构上的优势。此外在双线双管中,来往的车辆可在不同方向行驶,不会相撞,从而更加安全。同时,运载工具的型号也是隧道设计中需要考虑的指标。

系统的竖向布置,也就是说系统哪一部分建于地表,哪一部分建于地下,是设计方面要考虑的问题。其原则就是预定的网络在穿越已有设施或障碍时(如马路、河流或湖泊)必须建在地下。

5. 控制和信息系统设计

自动化物流控制系统是城市地下物流系统的中枢。对于全自动、大规模的城市地下物流系统而言,其自动化控制系统非常复杂。为降低系统的复杂性和提高系统的可维护性,通常采用分层控制结构,如图6-8。上层是物流控制模块,用来产生运输指令;中层是交通控制模块,用来协调运载工具的运行,避免发生冲突;下层表示物流设备的自我控制,它不作为整个ULS控制系统的组成部分,而是设备制造商根据规定接口开发的控制单元。系统中的控制指令自上而下传递,系统中有关时间发生的信息自下而上反馈。

为便于系统升级,还应该采用分布式控制和本地自治结构。分布式控制系统可以采用面向对象编程技术实现,不同控制组件之间尽可能独立,且可以并行执行。设备应高度自治(自我控制),这样当控制系统的某一部分出现故障时,其他部分仍可正常运行。在地下管道中,与运载工具进行通讯比较困难,通常需要昂贵的专用通讯设备,而设备自治可以有效减少通讯需求。

6. 运输管道直径

增大管道的横截面积可以增大车辆与管道间的空隙,从而达到减小空气阻力的目的,但是这会增加

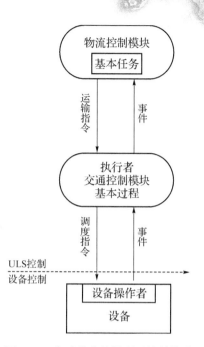

图6-8 自动化物流控制系统的构成

管道系统的建设费用,当管道穿过市区时由于建筑物限制还可能会增加技术上的困难。目前应用中的PCP管道系统最大可以通过直径为1 m的圆形截面货运单元,或者截面为1 m×1 m的矩形截面货运单元。更小直径的管道系统一般没有应用,也不推荐使用,因为它们的容量有限,无法容下工作人员在必要的时候进入管道进行检修。

管道直径的设计也受应用领域的影响。图6-9表示不同的地下货物运输系统、适用范围及其发展状态。PCP和HCP系统的管道直径较小,它们只能运送一种类型的货物,速度相对较低,运距短。大直径系统的地下货物运输可以长距离高速度运输不同类型的货物,如德国的Cargocap系统管道直径为1.6 m。

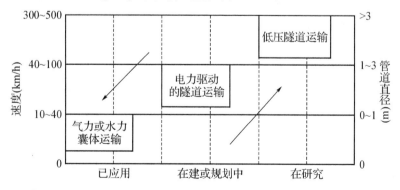

图6-9 地下货物运输系统、适用范围及其发展状态

6.3.3 建设方面

1. 隧道建设方法

影响城市地下物流系统成败的关键问题之一是施工问题。施工方法的选择应根据工程性质、规模、土岩层条件、环境条件、施工设备、工期要求等要素,经技术、经济比较后确定。应选用安全、适用、技术上可行、经济上合理的施工方法。

对埋置较浅的工程,在条件许可时,应优先采用造价低、工期短的明挖法施工。根据地质条件和周围环境情况,明挖法可用敞口开挖,钢板桩或工字钢侧壁支护;近年常采用"地下连续墙",盖挖逆筑法施工,可避免打桩的噪声与振动,减少明挖法对地面的影响。

当埋深超过一定限度后,常采用暗挖法施工,暗挖最初多用传统的矿山法,20世纪中叶创造了新奥法,该法是尽量利用周围围岩的自承能力,用柔性支护控制围岩的变形及应力重分布,使其达到新的平衡后再进行永久支护,目前应用较广。

地下物流系统隧道最好最便宜的施工方法是顶管法,这种方法被普遍用于休斯敦周围的石油管道和其他管道设施。这种方法还可以进行管道转向。顶管可能对环境造成某些有害影响(例如使地面下陷和使地下水位改变),但可以采取一些措施来降低这些负面影响。如果顶管遇到一个断层,那么隧道建设中就需要把刚性管段和柔性管段结合起来使用,以便应对发生在这些断层处隧道两边的不同应力。

2. 地下物流中心建设

地下物流中心的建设由两个阶段组成:第一阶段通过挖掘工程产生地下空间;第二阶段根据独立的地上中心规格标准,实施地下空间到标准仓储物流中心的空间转换。地下物流中心的建设需要在空间消耗和物流绩效间取得平衡。例如,在充足的空间里,车辆相互间可以实现无干扰运行,从而缩短吞吐时间,然而由于现存的结构,地下空间建设技术等方面的因素,可用的空间是有限的。

地下空间可分为以下功能区:安全通道、仓储区、出入库暂存区(集货区)、出入库月台、车辆停泊点和普通生活区(如办公室、休息室等)等,如图 6-10。普通生活区一般设置在特定的区域,保障其与仓储区的可见性,从而更好地实施管理。希腊雅典的一个地下物流仓库为了能像地上物流中心一样高效、功能齐全,且符合人类环境改造学,设计了必要的附属设施,包括相关管网的安装(如供电、通讯、给排水、通风和照明)和入

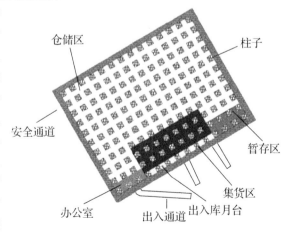

图 6-10 地下物流中心空间布局

库月台的建设(坡道)。根据火警安全规定,安装了烟雾探测器和洒水装置,还包括可选的安全系统(监控电视网络等)。值得注意的是,虽然出现严重的水淹情况不可能发生(地下水在中心地面150 m以下的位置),但是由于对地下水的状态没有进行完整、详细的研究,还是装备了完整的防水系统。

3. 建设资金保证

城市地下物流系统具有投资巨大、回报周期长、工程规模大、涉及面广等特点。由于目前世界上还没有地下物流系统建设的成功经验,结合城市轨道交通建设的模式,城市地下物流系统建设可采用以下两种模式:

一是政府财政投资建设模式。地下物流系统的规划设计、市政动迁、管线搬迁、交通改道组织、工程招投标、土建施工、机电施工、载运设备采购、全线试运营等所需资金皆由政府财政投入或作为信贷担保人,进行融资、贷款等活动。

二是市场运作的多元化投资建设模式。这种模式,亦称商业投资建设模式。运用商业投资建设模式,地下物流系统建设的大部分资金通过市场运作的投融资渠道筹集,政府提供全部或部分担保,并将系统沿线的土地,以市场运作的方式综合开发,多元经营,所得利润用于偿还系统的资金投入。

6.4 对我国地下物流系统规划建设的启示

以地下管道形式弥补甚至代替以地面车辆为主要形式的城市配送物流,无论研究还是实施,在国内外尚处于起步阶段。目前,在世界上还没有建成一条正式商业运作的现代城市地下物流线路。为了使我国地下物流系统的建设尽可能少走弯路,引导其顺利发展,有必要借鉴发达国家地下物流的先进经验。

依据以上对发达国家地下物流实现模式的分析和归纳比较,总结出了以下可供我国借鉴的先进经验。

6.4.1 建设城市选择

在建设城市选择方面,应首先将发展重点放在特大中心城市,针对我国整体经济欠发达这样一个不可否认的客观事实,可先从北京、上海、广州等一些特大中心城市展开,然后再逐步延续到其他城市。这样做是基于两点考虑:首先,目前只有特大城市才有建设城市地下物流系统的必要。特大城市人多地少,交通拥挤带来的各种负面影响如交通事故、环境污染相对更严重一些,同时这些特大城市在国家政治、经济、文化生活中扮演着举足轻重的角色,它们对周边地区乃至整个国家的影响力更强,解决好它们的问题意义重大;其次,也只有特大城市才有足够的人力、物力、财力来建设地下物流系统,建成之后系统的利用率也较高。利用特大城市的"中心辐射"功能而发展的地下物流系统能实现区域性的整体优势。

6.4.2　城市地下空间保护

近年来,日本通过立法致力于把地下深层空间(例如地表 40 m 以下的空间)作为政府保护的空间,私人开发者没有经过政府的批准和严格的审查不能使用这部分空间。这对城市的规划是一个明智的法案,我国应该在国家层面通过一个法律保护巨大的地下空间资源,已有利于未来对地下深层空间的使用,地下物流系统的使用将是其获益的一部分。

作为可持续发展的新型货运系统,开展地下物流系统的研究不仅仅是工程技术问题,鉴于我国分管货运的主管部门分割交叉的实际情况,更重要的是从法律上明确主管的职能部门。如美国,在 1992 年,国会通过了《混合运输效力法案》(the Intermodal Surface Transportation Efficiency Act,即 ISTEA),在这个方案的 6020 部分从法律的角度赋予交通部研究"地下管道"任务,具体表述为:"交通部应该主导一项研究来评估建设和运营气力囊体管道的可行性、费用及效益,该管道承担除有毒液体和气体外的物品的地下物流运输任务。"荷兰在 1997 年成立了地下交通小组,由来自荷兰交通部、公共事物与水管理部门的代表组成,负责对地下货物运输进行探索性研究。

因此,我国也应明确相关的职能部门,开展地下物流系统的相关研究活动。

6.4.3　借助城市地理信息系统

如果地下货物运输系统的管道路线与原有的未被查明的管道相冲突,或者造成旧有管道的破坏,或者给原本就不稳定的地基带来更大的压力,那么地下货物运输系统在建设时就会严重影响到居民的正常生活生产,同时也会增加地下货物运输系统的建设成本。严重的话,还会影响到整个系统管道的设计和建设。

因此,在建立地下物流网络模型之前,要对城市的地理信息进行深入的调查和细致的分析,以获取相关的信息,主要包括城市的自然环境因素,例如地质、水文、地形等信息,此外还应包含城市用地信息,特别是与物流联系较为紧密的工业、商业、交通等方面的信息。调查和分析的主要方法有实地考查、资料搜集、网上查询、模拟计算等。要获取与地下物流开发相关的地理信息资料,很大程度上要借助城市地理信息系统(GIS),通过 GIS 能够较为快捷地获得城市中对地下物流有需求的地区,并且能够借助 GIS 系统对各个地区展开一定的分析。

6.4.4　运输包装件的标准化

作为一种新型货运系统,利用地下物流系统运输货物,要充分考虑内装货物本身尺寸,如承载工具长、宽、高尺寸等。目前,运输包装件以袋、箱、桶等包装形式为主,其中以箱装形式最多,最有可能超出尺寸限界。为了在运输包装件投入运输前不超过所拟定的运输工具尺寸,减少不必要的货物积压损失,事先需要对运输现行包装件尺寸可行性进行分析,提出装运方案,以加速城市货运周转,提高运输效率,充分利用地下物流系统的有效容积。

6.4.5 投资与运营

城市地下物流系统建设作为一项庞大的市政基础设施建设,既不能单纯依靠政府资本,也不能过分依赖国内外金融机构的贷款。在投资方面,应以市场为导向,在加大政府宏观调控和"政策投入"的前提下,吸引其他社会力量,民间资本共同参与投资建设。其一,吸引民间资本。在引进市场机制和竞争机制的同时,吸引民间资本和社会闲置资金,使投资主体向多元发展,以有效降低和控制建设造价。其二,融资租赁。对系统建设的部分专项设备通过租赁获取。如:盾构设备,建设方可利用专业租赁公司向租方租借。车辆购置费也可通过分期支付较小的租赁资金,投入运营后以租金形式偿还。

在运营方面,可以采用共同承运人的做法。所谓共同承运人是在荷兰出现的有创新性的地下货物运输系统概念,它是指管道由几家公司合资经营。这种方法避免了过去那种由每家公司独立经营自己的管道系统的弊端,把原来各个独立的管道连接起来,形成一个管道网,大家共同经营。这样一来,就可分散经营风险。

问题思考与训练

1. 随着能源和环境危机的加剧,城市建设地下物流系统有何积极意义?会遇到哪些发展障碍?
2. 目前世界上有哪些类型的地下物流系统,各自有什么样的特点和适用条件?
3. 你认为我国是否已经具备大规模建设地下物流系统的条件?为什么?
4. 我国现阶段的物流业总体水平还比较低,请你谈谈要建设城市地下物流系统的巨额资金来源渠道,地下物流系统能创造巨大经济效益吗?

参考文献

1. 王之泰.新编现代物流学[M].北京:首都经济贸易大学出版社,2005
2. 何明珂.物流系统论[M].北京:高等教育出版社,2004
3. 谢如鹤,张得志,罗荣武.物流系统优化[M].北京:中国物资出版社,2007
4. 彭扬,伍蓓.物流系统优化与仿真[M].北京:中国物资出版社,2007
5. 张晓萍.物流系统仿真原理及其应用[M].北京:中国物资出版社,2005
6. 张锦.物流系统规划[M].北京:中国铁道出版社,2004
7. 张晓川.物流学:系统、网络和物流链[M].北京:化学工业出版社,2005
8. 王转,程国全,冯爱兰.物流系统工程[M].北京:高等教育出版社,2004
9. 张可明.物流系统分析[M].北京:清华大学出版社,2004.
10. 王健.现代物流网络系统的构建[M].北京:科学出版社,2005
11. 李波.现代物流系统规划[M].北京:中国水利水电出版社,2005
12. 吴清一.物流系统工程:高级[M].北京:中国物资出版社,2004
13. 董千里.物流工程学[M].北京:人民交通出版社,2005
14. 冯耕中.现代物流规划理论与实践[M].北京:清华大学出版社,2005
15. 罗纳德.H.巴罗;王晓东,胡瑞娟,等,译.企业物流管理——供应链的规划、组织和控制.北京:机械工业出版社,2002
16. 李云清.物流系统规划.上海:同济大学出版社,2004
17. 钱颂迪.运筹学.北京:清华大学出版社,1990
18. 朱道立,龚国华,罗齐.物流和供应链管理.上海:复旦大学出版社,2001
19. 大卫·辛奇-利维,菲利普·凯明斯基,艾迪斯·辛奇-利维著,季建华,等,译.供应链设计与管理:概念、战略与案例研究.上海:上海远东出版社,2000
20. 龙江,朱海燕.城市物流系统规划与建设[M].北京:中国物资出版社,2004
21. 东南大学交通学院.常州现代物流发展规划[R].南京:东南大学,2002
22. 东南大学交通学院.常州现代物流空间布局专项规划[R].南京:东南大学,2006
23. 刘兴景,戴禾,杨东援.物流信息平台发展规划分析[J].物流技术,2001,(1):16-18
24. 王淑琴.枢纽城市物流系统规划关键技术研究[D].东南大学,2005
25. 牛慧恩,陈憛.国外物流中心建设的一些经验和做法[J].城市规划汇刊,2000(2):65-67
26. 东南大学交通学院.江苏现代物流业"十一五"发展规划[R].南京:东南大学,2006
27. 东南大学交通学院.贵阳市现代物流业发展规划修编报告[R].南京:东南大学,2006
28. 闫枫逸.城市物流系统布局研究[D].东南大学硕士学位论文,2005
29. 陆大道.区域发展及其空间结构[M].北京:科学出版社,1998
30. 丁四保,王荣成,等.区域经济学[M].北京:高等教育出版社,2003
31. 凯文·林奇;林庆怡,陈朝晖,邓华,译.城市形态[M].北京:华夏出版社,2001
32. 李玉民,李旭宏,毛海军,等.物流园区规划建设规模确定方法[J].交通运输工程学报,2004,4(2):76-79
33. 何国华.城市总体规划中物流园的用地规模问题[J].规划师,2008,03:63-66

34. 张利学.城市物流需求预测方法研究[D].东南大学硕士学位论文,2006
35. 王转,程国全.配送中心系统规划[M].北京:中国物资出版社,2003
36. 李云清.物流系统规划[M].上海:同济大学出版社,2004
37. 孙焰.现代物流管理技术——建模理论及算法设计[M].上海:同济大学出版社,2004
38. 张晓东.物理园区布局规划理论研究[M].北京:中国物资出版社,2004
39. 陈宽民,严宝杰.道路通行能力分析[M].北京:人民交通出版社,2003
40. 毛薇.物流园区优化布局和物流运行关键技术研究[D].长春:吉林大学博士学位论文,2004
41. 陶经辉.物流园区布局规划方法及运作模式研究[D].南京:东南大学博士学位论文,2005
42. 胡良德.城市物流园区规划研究[D].武汉:武汉理工大学硕士学位论文,2005
43. 中华人民共和国交通部.厂矿道路设计规划(GBJ 22-87).中华人民共和国国家计划委员会,1988
44. 中华人民共和国公安部,中华人民共和国建设部.停车场规划设计规则(试行),1988
45. 王淑琴,刘伟.物流园区内部总布局模式分析[J].物流技术,2008(4):30-31
46. 李玉民,李旭宏,毛海军.物流园区规划建设规模确定方法[J].交通运输工程学报,2004(2):76-79
47. 郝艳红.基于遗传算法的物流园区功能区布局方法研究[D].北京:北京交通大学硕士学位论文,2005
48. 闫振英.物流园区功能布局及其道路交通的研究[D].北京:北京交通大学硕士学位论文,2007
49. 刘培忠.物流园区交通系统规划设计[D].南京:东南大学硕士学位论文,2008
50. 王媛媛.物流园区规划与运作若干问题研究[D].成都:西南交通大学硕士学位论文,2005
51. 邵岩.物流园区规模优化与交通布局匹配的研究[D].大连:大连交通大学硕士学位论文,2006
52. 卢云帆.物流园区信息平台建设研究[D].武汉:武汉理工大学硕士学位论文,2006
53. 东南大学交通学院.郑州国家干线公路物流港规划[R].南京:东南大学,2006
54. 东南大学交通学院.中国汽配城工程机械博览物流中心规划[R].南京:东南大学,2008
55. 东南大学交通学院.中国物流常州综合物流中心规划[R].南京:东南大学,2008
56. 东南大学交通学院.贵阳市二戈寨铁路转运中心规划[R].南京:东南大学,2008
57. 东南大学交通学院.贵阳市改貌集装箱物流中心规划[R].南京:东南大学,2008
58. 王转,程国全.配送中心系统规划[M].北京:中国物资出版社,2003
59. 林立千.设施规划与物流中心设计[M].北京:清华大学出版社,2003
60. 刘有权.EIQ分析法在连锁经营配送中心的应用及实例研究[D].武汉:华中科技大学硕士学位论文,2005
61. 刘昌祺.物流配送中心设计[M].北京:机械工业出版社,2001
62. 马祖军.城市地下物流系统及其设计[J].物流技术,2004(10):12-15
63. 张敏,杨超,杨珺.发达国家地下物流系统的比较与借鉴[J].物流技术,2005(3):81-91
64. 陈志龙.城市地下空间规划[M].南京:东南大学出版社,2005
65. Henry Liu;崔建强,林冬,郭东军,译.纽约市地下物流可行性研究及对世界其他主要城市的启示[J].现代交通技术,2008(5):87-92

66. I. E. Zevgolis, A. A. Mavrikos, D. C. Kaliampakos Construction, storage capacity and economics of an underground warehousing logistics center[J]. Tunneling and Underground Space Technology, 19(2004):165-173
67. 赵超. 北京市发展城市地下货物运输系统的探讨[D]. 经济贸易大学硕士学位论文, 2007
68. Henry Liu. Use of Pneumatic Capsule Pipeline for Both Underground Freight Transport and Tunnel Construction. IACUS. 2006
69. 李鹏, 朱合华, 王璇, 彭芳乐. 地下物流系统对城市可持续发展的作用探讨[J]. 地下空间与工程学报, 2007, (3):2-4
70. 张明聚, 钱七虎, 唐劼. 现代地下货物运输系统的研究与进展[J]. 北京工业大学学报, 2005 (3):581-584
71. 钱七虎, 郭东军. 城市地下物流系统导论[M]. 北京:人民交通出版社, 2007
72. 马保松, 曾聪. 世界管道物流运输的发展现状及关键技术分析[J]. 世界科技研究与发展, 2004(12):48-52
73. Taniguchi E, Thompson R G. Innovation in Freight Transport[M]. Boston: Witpress Southampton, 2003
74. 陈宏勋. 管道长距离输煤新技术——CLP技术的研究和开发现状[J]. 水力采煤与管道运输, 1995(1):7-12
75. 东南大学交通学院. 常州市"十三五"现代物流业发展规划[R]. 南京:东南大学, 2015
76. 东南大学交通学院. 江苏苏中沿江化工物流园区发展规划[R]. 南京:东南大学, 2009
77. 东南大学交通学院. 江苏省"十三五"物流业发展规划[R]. 南京:东南大学, 2015
78. 东南大学交通学院. 江苏省物流园区发展规划[R]. 南京:东南大学, 2014
79. 中国物流与采购联合会. 中国物流园区发展报告[R]. 北京:中国财富出版社, 2015
80. 刘文静. 现代物流园区建筑外部空间设计研究[D]. 湖南:湖南大学硕士学位论文, 2014
81. JTS 165-2013, 海港总体设计规范[S]
82. JT/T 402-1999, 汽车货运站(场)级别划分和建设要求[S]
83. Q/CR 9133-2016, 铁路物流中心设计规范[S]
84. GB/T 28581-2012, 通用仓库及库区规划设计参数[S]
85. GB 21334-2008, 物流园区分类与基本要求[S]